ΣBEST
シグマベスト

受験国語の読解テクニック 実戦問題集

竹中秀幸 編著

JN237600

文英堂

はじめに

問題を解く楽しさを手に入れる

「問題を解く」というのは、実に楽しいものです。というより、「問題を解く」のが楽しくなれば、勉強は非常に楽になります。しかも、それは正答率とは関係がありません。

国語の問題演習に手応《てごた》えを感じにくいのは、みなさんが道筋《みちすじ》を考えずに解いているからかもしれません。問題を読み解いて、手順を組み立てて、答えを書く、そして答え合わせをして正解ならバンザイ！というのが国語の楽しさです。ですから、その楽しさを一〇〇パーセント味わうためには、道筋を立てておく必要があります。「答えが正しい」ということは、「道筋が正しい」ということでもあります。また、バツになったら、なにがまちがいだったのか、改めて道筋を確かめるようにすれば、国語の力は飛躍的《ひやくてき》に伸《の》びていきます。そうやって、常に真剣《しんけん》勝負で問題を解いていく楽しさを、この問題集で見つけてくれれば幸いです。

演習の時間を短縮する

この問題集は前半で基本テクニックを紹介《しょうかい》し、そのテクニックの積み重ねで問題を解くことを覚えます。また、通読の流れや問題を解く順序など時間の管理についても学んでもらいます。国語のテストの失敗で、いちばんくやしいのは時間切れです。国語のテストはやさしい順に並《なら》んでいませんから、前の方で時間を盛大《せいだい》に使ってしまい、点数がかせげるやさしい問題に取り組めない、ということはよくあります。時間配分を意識すれば、そのような失敗が減り、点数が安定します。

すべての問題に取り組む時間の流れを示してあります。演習にかかる時間を短縮《たんしゅく》し、スピード感覚を身につけてください。今、取り組んでいる勉強量が半分ですんだら、どれだけ心のゆとりが生まれるでしょうか！　考えただけでわくわくしますよね。がんばればがんばるほど時間が生まれるというのが、これからの受験勉強です。

特色と使用法

❶「国語の点数を伸《の》ばす」ための工夫《くふう》が満載《まんさい》の問題集

国語の問題は、何となく解いているだけでは力がつきません。本書は、国語の問題を解くための**「読解テクニック」**、スピードアップのための**「時間管理テクニック」**を示しながら、問題解説を行うことで、何に注意して問題を解いていくべきかを明確に示しています。

❷「第1編」でテクニックを確認《かくにん》

「第1編」では、まず「読みの基本」「傍線《ぼうせん》の手順と設問チェック」といった、問題を解くための基本的なテクニックを確認します。次に、「ぬき出し問題」「記号選択《せんたく》問題」「記述問題」などといった、パターンごとのテクニックをおさえていく構成になっています。

各章ごとに**「例題」**と**「基本問題」**（説明的文章・文学的文章の二題）があります。

●**「例題」**……テクニックの基本を確認する問題です。**「解き方」**と**「答え」**を次のページで解説し、**「時間管理テクニック」「読解テクニック」**を示しました。

●**「基本問題」**……少し長い問題に挑《ちょう》戦《せん》することで、「テクニック」を確実に自分のものにすることができます。

❸「第2編」で本格的な入試問題に挑戦

「第2編」は、さまざまな設問パターンが交ざって出題されている、実際の中学入試問題を収録《しゅうろく》しています。「第1編」でおさえたテクニックを応用して、本格的な入試問題に挑戦できます。

❹くわしくてわかりやすい別冊《べっさつ》解答つき

くわしくてわかりやすい二色刷の別冊正解答集です。

●第1編の**「基本問題」**では、上段《じょうだん》に縮刷《しゅくず》りを掲載《けいさい》しました。縮刷りには線引き例を示し、どのように作業していくかが視覚的《しかくてき》にわかるようにしました。

●各問題には、時間配分の目安を提示しています。**「時間管理」**の意識を育てます。

●**「読解チェック」「設問チェック」**など、注目する項目《こうもく》を明確に示しています。

❺『受験国語の読解テクニック』とペアで使うと、理解力がさらにアップ

本書は**『受験国語の読解テクニック』**とペアになっています。『受験国語の読解テクニック』と合わせてご使用いただくと、それぞれの「テクニック」をよりくわしく理解することができます。

＊本書は、実際の中学入試問題を使用していますが、構成に応じて、設問の一部を改変している場合があります。

もくじ

第1編 テクニックの確認《かくにん》

第1編

テクニックの確《かく》認《にん》

第1章 読みの基本

例題1

線をなぞってみよう

通読時間を計ってみよう　□分□秒　〈目標2分〉

● 次の文章を読んで、後の問いに答えなさい。［目標時間10分］

（多摩大目黒中・改　只木良也『新版　森と人間の文化史』）

1 森林の作る風景は美しい。森林それ自体で美しいのみならず、草原、農地、水面、岩石などと結び付き、また前景、背景《はいけい》、添《てん》景《けい》としても優《すぐ》れた風景を描《えが》き出《だ》すのに貢献《こうけん》する。レクリエーションの場としても、緑と人々との触《ふ》れ合《あ》いの場としても、森林は美しいことが条件である。いやな風景をわざわざ求めて出《で》掛《か》ける人はいないからである。

2 森林がなくてもすばらしい景色はある。（　A　）その景色は、過酷《かこく》、恐怖《きょうふ》、単調となることを免《まぬが》れえない。（　B　）岩山はそれ自体すばらしく、人を圧する景色を作る。しかしそれを彩《いろど》る樹木《じゅもく》の緑は、その風景をあるときは引き立て、あるときは潤《うるお》いを与《あた》えて厳《きび》しさを和《やわ》らげる。水面と森林も良い組み合わせであり、山水画というがごとくに、古くから人気は高い。

3 森林や巨木《きょぼく》は、景色を和らげるだけでなく、それに風格を与える。①それが歴史や伝説あるいは宗教《しゅうきょう》や信仰《しんこう》と結び付くとき、風景は重みと価値《かち》を増す。

4 これは都市の森林についても同じである。森林はその街に重みと風格を与える。現実に、わが国の都市に森林と呼《よ》べるほどのものは稀《まれ》であるかもしれない。（　C　）それに類するものがあったとしても、本来の自然の森林とは量的質的に劣《おと》っているであろう。しかし、ストレスの多い都市市民にとって、②それは憧《あこが》れの美しい大自然に向かって開かれた窓《まど》なのである。

5 美は人間の五感によって発現する。視《し》、聴《ちょう》、臭《しゅう》、触《しょく》、味の五つの感覚である。森林の美しさは主として視覚《しかく》によるものであるが、それだけではない。梢《こずえ》にさえずる鳥の声や風の渡《わた》る音、草むらにすだく虫の音、渓流《けいりゅう》のせせらぎなどは聴覚《ちょうかく》に訴《うった》える。木々や草の香《かお》り、枯草《かれくさ》の匂《にお》いなどは臭覚《しゅうかく》に、木の肌《はだ》のぬくもり、空気の湿《しめ》り気《け》、清冽《せいれつ》な水などは触覚《しょっかく》に、冷たい水、きのこや山菜、木の実などは味覚に訴える。森林の美しさは五感すべてに関与《かんよ》するものなのである。それに加えて、画趣《がしゅ》や詩趣《ししゅ》といった言葉で表現される精神的な美も森林は持っている。

6 （ D ）森林は、四季折々に違《ちが》った表情を見せ、その変化はわれわれに感銘《かんめい》を与え、またわれわれの豊かな情感を育ててくれた。

問1 （ A ）〜（ D ）の中に入る語として最も適当なものを、それぞれ次の中から選び、記号で答えなさい。ただし、同じものを二度以上用いてはいけません。

ア たとえ　**イ** そして　**ウ** たとえば　**エ** しかし

A □　B □　C □　D □

問2 ——線①「それ」、——線②「それ」の指示する内容を、本文中からそれぞれ五字でぬき出しなさい。

① □□□□□

② □□□□□

例題1の解き方　説明的文章

読解チェック

□まずは「話題」を探《さが》す。

国語の問題を解く時は、**文章を通して読む「通読」をしましょう**。「通読」では、**声に出して文章を読む時の二倍の速度**が目安です。通読では、**「話題」**を探します。本文中に何度も登場するのは「森林」です。「森林」という言葉をたどると、「森林は美しい」ということが中心になっているとわかります。**話題＝「森林は美しい」**

問1

設問チェック

□（　）の前後を確かめてつながりを見ぬく。

接続詞《せつぞくし》・副詞が入る文を確認《かくにん》してみましょう。

A　森林がなくてもすばらしい景色はある**が**、森林がないと、過酷《かこく》、恐怖《きょうふ》、単調となってしまう。……逆接が入ります。

B　森林がなくてもすばらしい景色の**例**＝岩山……例を表します。

C　ここは、（　）の後の**「〜あったとしても」に対する呼応《こおう》の副詞**が入ります。

D　森林の美しさは五感に働きかけ、精神的な美も支える。**さらに**、四季

時間管理テクニック

国語の勉強をスピードアップするために

● かかった時間を計る

まず、**自分が通読にかかった時間を計りましょう**。設問を解くのにかかった時間、そして、その時間を半分にすることを目標にします。また、この問題集で紹介《しょうかい》されているテクニックを一つ一つ実行することも忘《わす》れないでください。

● 手順を一つ一つ守る

大切なのはスピードとていねいさの両立です。手順を守ればミスはしません。テクニックを順序よく実行すれば、自分のリズムがつかめていきますから、あとはそのテンポを速くしていくことでスピードが身につきます。

● 短い時間で区切って考える

長い時間集中するのは、高学年でも難《むずか》しいものです。**十五分を一つの単位として**、取り組みを確かめるといいでしょう。

折々に違《ちが》った表情を見せてくれる。……後に付け加えます。
というように、（　）の前後のつながりを考えましょう。

答え A エ　B ウ　C ア　D イ

問2

設問チェック

□ 指示語が一番下になるように書きかえる。
□ 指示語の前の文や、前の段落《だんらく》、同じ段落を確認する。

指示語が一番下になるように一文を書きかえてみましょう。

――線①は**「歴史や伝説あるいは宗教《しゅうきょう》や信仰《しんこう》と結び付く（それ）→風景に重みと価値《かち》を与《あた》える」**と書きかえられます。前の文を見てみると、「森林や巨木《きょぼく》は、景色を和らげるだけでなく、それに風格を与える」とあるので、**「森林や巨木」**があてはまります。

――線②は**「都市市民にとって、憧《あこが》れの大自然に向かって開かれている窓《まど》＝（それ）」**と書きかえられます。同じく前文を見てみると、「自然の森林」が見つかります。ただし、ここは「都市市民にとって」のものなので、もう少し前まで見てみましょう。すると、4段落のはじめに**「都市の森林」**が見つかります。

答え ① **森林や巨木**　② **都市の森林**

読解テクニック

解く力を生み出す読み方を覚える

■ 一気に読んで後で確かめる

まず、**通読は一気に読み通してください。**通読では、「話題」がつかめる程度の読み取りでかまいません。

実際の入試では、①話題をつかむための通読、②設問を解くための精読、③見直しのための通読、と三回読むのが望ましいのです。

■ 線引きの基本を身につける

スピードを上げて読む時には、細かな作業はできません。**線引きも「うすく」「短く」**を心がけて引いてください。

頭の中でひらめいたことは、忘れたりかんちがいをしたりしますが、書いたことは後に残るので、スピードアップには欠かせないポイントです。

そして、単純《たんじゅん》に書くことで、発想を妨《さまた》げないようにします。それが「解く力」につながります。

基本問題 1

説明的文章

通読時間を計ってみよう　□分　□秒
〈目標２分〉

●次の文章を読んで、後の問いに答えなさい。［目標時間15分］

（須磨学園中・改　松井孝典『われわれはどこへ行くのか？』）　答え▼別冊 *p. 4*

1　ものごとの考え方としていちばん問題だと思うことは、やはり人間圏《けん》をつくって生きはじめたときから、われわれは地球を所有していると思《おも》い込《こ》んでしまったことです。

2　とくに物質循環《じゅんかん》をコントロールするようになってから、地球はわれわれのものだという感覚が基本になってしまいました。

3　その最たるものが国家という概念《がいねん》です。近代国家というのは陸上を線で区切って、ここが日本なら日本だ、中国なら中国だというような大地の所有をしているわけです。もともとはそんなことはありえないでしょう。誰《だれ》のものでもありません。そういうことを考えてみてもわかるように、われわれは地球に対して所有感覚を持ってしまっているのです。

4　自分の体についても同じことがいえます。みなさん、自分の体は自分のものだと思っていますね。自分の体なんだから、自由勝手にしていいと思っているわけです。

5　ところが死んでしまえば、元素的な意味で、地球に戻《もど》ります。人口の増減によって、その体重のぶんだけ地球が重くなったり軽くなったりすることはありません。ということは、モノとして考えれば、体だってもともと地球のものなのです。

6　このように考えてみると、じつはわれわれにとって重要なのは、モノではなくてその機能なのだということに気づきます。

7　心臓《しんぞう》であるとか肝臓《かんぞう》であるとか、脳《のう》であるとか、身体を構成するそれぞれの臓器《ぞうき》の機能を使って、われわれという身体やその活動を維持《いじ》しているわけです。身体や臓器という物体ではなくて、各臓器の機能と、それらが全体として関連しあい、ひとつの安定状態を維持するということが重要なわけですね。

8　ところがなぜか、われわれはモノとして所有することにこだわるわけです。自分の欲望《よくぼう》を、モノを所有することで満たそうとしているのです。

9 これはよく考えてみるとおかしいことですね。国家という問題を考えても、自分の体という問題を考えても、われわれが人間圏をつくって生きていなければきっと所有という感覚はないはずです。人間圏をつくって以来、特にストック依存型《いぞんがた》人間圏になって以来、われわれがたまたまそう思いこんでやっているだけのことです。

10 結局、地球やモノを所有しているというその発想がおかしいということです。

11 重要なことは機能を利用しているということで、このことはじつはモノとしてはレンタルしているということを示唆《しさ》します。「モノとしては借りているのだけど、その機能を利用している」というふうに考えることが重要なのです。

12 人間圏の未来を考える時に、したがって「レンタルの思想」という考え方がこれからは重要だろうと私《わたし》は考えます。すべて借り物なのだと考えて暮《く》らしていけば、時間を速めて物質的豊かさを手にしている云々《うんぬん》の問題解決も、後からついてくるのではないかと思います。

13 このように考えると、われわれが生産活動をやって何か製品をつくっても、重要なのは製品の所有ではありません。製品を、本当は所有する必要はないのです。

問1 この文章で話題となっていることとして、ふさわしくないものを一つ選び、記号で答えなさい。

ア モノを所有するという考え方。
イ 人間にとって重要なことがら。
ウ 地球の自然環境《かんきょう》を守ること。
エ 「レンタルの思想」の重要性。

問2　この文章で、筆者の意見が書かれているのはどの段落《だんらく》ですか、番号で答えなさい。

問3　[1]段落から[5]段落までを次のようにまとめました。（　　）に入る言葉を、指定された字数で本文中からぬき出して答えなさい。

[1]　現代の人間の考え方の問題点は、「人間は①（九字）という思《おも》い込《こ》み」である。

[2]　どうして[1]段落のように思い込んでしまったのか。→②（十三字）ようになったから。

[3]　この考え方がよくわかるのが、「国家」という考え方である。

[4]　人間の体も人間の所有物であると思い込んでいる。

[5]　ところが、人間の体はもともと③（五字）である。

①

②

③

問4　「レンタルの思想」とはどのような考え方ですか。「〜という考え方。」につながるように、本文中の言葉を二十七字でぬき出して答えなさい。

という考え方。

例題2　線をなぞってみよう

通読時間を計ってみよう　□分□秒
〈目標2分〉

● 次の文章を読んで、後の問いに答えなさい。［目標時間10分］

火曜日、清水さんはやっぱり来なかった。

大熊《おおくま》さんはあいかわらず、ぼくの授業に茶々を入れた。

女子グループはおしゃべりをやめなかった。

神田さんはミートソーススパゲッティーをおかわりした。

ぼくは、帰りの会のときに、①宿題を出すことにした。

「このごろ、みんなはとても落ちつきがありません。先生はもう、怒《おこ》るのにつかれました。」

ぼくが、まだいくらかかすれた声で話しはじめるとこどもたちはみんなぼくを見た。おどろいた。できるじゃないか。みんなをふりむかせる言葉。みんなの気持ちをひとつにする言葉。ぼくにだって。

「そこで、みんなに、むずかしい宿題を出すことにしました。」

えーっという声。でも、こんなにみんなの声がそろったのは久しぶりだ。神田さんさえ、口を大きく開けている。

「その宿題は、家族に抱《だ》きしめられてくること、です。」

もっと大きな、えーっという声。でも、顔はわらっている。顔を見合わせて、わらいだしたこどももいる。

「なにそれー」

「先生エッチー」

「変態じゃん」

「絶対無理」

口々に文句を言うが、顔はわらっている。なかでも大熊さんは立ちあがって不平を述べている。でもその顔はわらっている。ぼ

（東京都市大等々力中・改　中脇初枝『きみはいい子』「サンタさんの来ない家」）

くはかまわずにもう一度言った。

「はい、今日の宿題は、家族に抱きしめられてくること。だれでもいいです。おとうさんでもおかあさんでもおばあちゃんでもおにいちゃんでも。妹でもいいです。」

「猫《ねこ》にでもいい？」

大熊さんがまぜかえす。

「猫とか犬はだめです。人間の家族だけです。家族のだれかに、ぎゅっと抱きしめてもらってきてください。明日、宿題ができたかどうか、ききますから、忘《わす》れないようにしてください。」

まだおさまらないざわめきの中、日直があいさつをした。

ぼくは神田さんを見た。神田さんだけは、わらっていなかった。

問1 ——線①「宿題」とはどのようなものでしたか。本文中の言葉をぬき出して答えなさい。

問2 この教室の生徒の中で、ひとりだけ宿題に対する反応が異《こと》なる生徒がいます。その生徒の名前を答えなさい。

例題2の解き方　文学的文章

読解チェック

□ まずは「人物」「場所」「時間」に注目する。

物語文や随筆文《ずいひつぶん》のような**文学的文章は、まず、「人物」「場所」「時間」に注目しましょう。**これが、説明的文章の「話題」「構成」にあたります。

「ぼく」は学校の先生です。はじめの四行ではクラスの生徒たちの様子が描《えが》かれていますが、このクラスはどうもばらばらであることがわかります。

大きく話が動くのが、「ぼく」が宿題を出した時ですね。「みんなの気持ちをひとつにする言葉」というのは、注目すべきキーワードです。

問1

設問チェック

□ キーワードは「宿題」。

□ ぬき出しは正確に写す。

「宿題」というキーワードに印をつけていきましょう。すると、「ぼく」のせりふの中に「宿題」がいくつも出てきますね。本文中の言葉をぬき出して答えるので、それだけで内容がそろっているところを探《さが》さなければなりません。答える時は「家族に」という言葉を忘《わす》れないようにしてください。

時間管理テクニック

文学的文章は「深入りしない」こと

いちばん変化のあった人物を探《さが》す

文学的文章を手早く仕上げるには、通読の時に、登場人物の行動のみに注意して読み進め、あらすじをまとめてしまうことです。

テストにおける問題文は、作品の一場面をつまみ出したものがほとんどですから、主人公にこだわらず、その場面でいちばん変化のあった人物に着目するといいでしょう。

また、人物、場所、時間の変化を手がかりに文章を場面で分けていきましょう。

設問を積み重ねる

細かな心情などで、本当に読み取りが難《むずか》しいところは、答えの手がかりがあまりに少ないため、かえって問題になりにくいものです。

一つ一つの設問についても、**解きやすい問題を解くことを積み重ねることで、難問《なんもん》が解けるようになる**のも、文学的文章の特徴《とくちょう》です。

答え　家族に抱きしめられてくること

問2

設問チェック

□ 生徒一人一人の様子をていねいに確かめる。

□ すべての登場人物に共感する。

家族に抱《だ》きしめられること、というのは、少し（大いに？）はずかしいことであると考えられます。しかし、「絶対無理」などと言いながらも「顔はわらっている」とあります。照れくさいながらも少しうれしい宿題なのかもしれません。しかし、**神田さんだけは「わらっていなかった」**のです。

このように、**同じ状況《じょうきょう》で周囲とちがう反応をしている人物がいたら、要注意です。**

文学的文章の仕組みをつかむコツは、文章のはじめと終わりに注目することです。文学的文章は少しずつ変化していくので、明確な切れ目を見つけるのが難しいものです。**登場人物の中で、気持ちが大きく変わった人はいないか、できなかったことができるようになった人はいないか……。**そんな変化を見つけるつもりで読んでください。

答え　神田（さん）

読解テクニック

文学的文章を読む時の心構え

■ すべての登場人物に共感する

文学的文章を読むうえで大切なのは、「客観的に」読むことだと言われます。つまり、読み手（みなさん）の思いこみを持ちこまないということです。

そのためには、**すべての登場人物に共感する**という気持ちで、文章を読むようにしてください。悪役であったり、いやなことをする人であったりしても、とりあえずはその人物の気持ちに共感してみましょう。それだけでも、かたよった読み方になることを予防できます。

■ 心情や様子を表す言葉に注目する

文学的文章を読み取るうえで、実際の動作をどう表現しているか、というのは、大きなポイントです。特に、**心情や様子を表す言葉、慣用句に気をつけましょう。**

基本問題 2 文学的文章

通読時間を計ってみよう　□分□秒　〈目標3分〉

●次の文章を読んで、後の問いに答えなさい。［目標時間15分］

（東京農大一高中等部・改　重松清『小学五年生』）　答え▼別冊 p.8

六月の手紙は、葉書だった。〈遊びに来るのを楽しみにしています〉とあった。

手紙のやり取りは、そこまでだった。S市を訪《たず》ねる段取《だんど》りは、夏休み前にお母さんとおばさんに決めてもらった。「自分で電話すればいいのに」とお母さんはあきれ顔になって言ったが、少年は「いいよ、お母さんが決めて」と電話番号のメモを渡《わた》しただけで、自分では受話器を取ろうとしなかった。

「もしも断られたら嫌《いや》だから？」とお母さんはいたずらっぽい口調で訊《き》いた。

「違《ちが》うよ」と少年はすぐさま首を横に振《ふ》った。

「じゃあ、アレでしょ、三上くんとしゃべるのが恥《は》ずかしいんでしょ」

「違うってば。いいから早く電話してよ」

三上くんの家に電話したお母さんは、おばさんと長話をして、「そうなんですよ、トシユキが、もう、とにかく三上くんに会いたい会いたいって言ってるんで……」と笑った。①頰《ほお》を赤くした少年は、電話を終えたお母さんに「違うよ、そんなこと言ってないよ、嘘《うそ》つかないでよ」と抗議《こうぎ》した。でも、お母さんにきょとんとした顔で「でも、会いたいから遊びに行くんでしょ？」と訊かれると、なにも答えられなかった。

三上くんの家は県の職員住宅《じゅうたく》だった。前に住んでいた家よりも広い。まだ三上くんは帰っていなかったので、おばさんが「ケイジには内緒《ないしょ》よ」と勉強部屋を見せてくれた。

机《つくえ》や本棚《ほんだな》は昔と同じだったが、机に出しっぱなしだった算数の教科書は、南小で使っているのとは違うものだった。壁《かべ》に貼《は》った時《じ》間割表《かんわりひょう》も違う。月曜日の一時間目から算数なんてかわいそーっ、と笑った。南小では、月曜日の一時間目はどのクラスでも学級活動の時間だ。②南小のほうがいい。ずっといい。

部屋に入ったときに、すぐに気づいたことがある。

三上くんが引《ひ》っ越《こ》す前に、仲良しの友だちみんなと写真を撮《と》った。すぐにプリントをして、みんなでお金を出し合って買った写真立てに入れて三上くんに渡した。

三上くんはそのプレゼントをすごく喜んでくれて、「部屋に飾《かざ》っとくから」と言った。少年たちも「そうだよ、ずーっと一緒《いっしょ》だから」「もし新しい学校でいじめられても、俺《おれ》たちがついてるから」とうれしそうに言った。

でも、部屋のどこにも写真はない。何度見回しても、同じ。だから——写真なんて最初から探《さが》さなかったんだ、ということにした。

「トシくん、カルピスつくったわよお」

台所にいるおばさんに呼《よ》ばれて部屋を出る前、蛍光灯《けいこうとう》のスイッチの紐《ひも》の先に、軽く一発、右フックをぶつけた。

紐は思いのほか大きく揺《ゆ》れて動いて、ろくに狙《ねら》いをつけずに放った二発目のパンチは、空振《からぶ》りになってしまった。

正午を回った頃《ころ》、やっと三上くんが帰ってきた。居間でテレビを観《み》ていた少年に、「おーっ、ひさしぶりぃ！」と笑顔《えがお》で声をかける。息が荒《あら》い。顔が汗《あせ》びっしょりになっている。自転車をとばして帰ってきた——早く会うために帰ってきてくれた、のだろうか。

一瞬《いっしゅん》ふわっとゆるんだ少年の頰は、三上くんと言葉を交《か》わす間もなく、しぼんだ。

三上くんはおばさんに「お昼ごはん、なんでもいいから、早く食べれるものにして」と言ったのだ。「一時から五組と試合することになったから」

おばさんは台所から顔を出して、「ケイジ、なに言ってんの」と怒《おこ》った。

「トシくんと遊ぶんでしょ、今日は」

三上くんは、あっ、という顔になった。あわてて「わかってるって、そんなのわかってるって」と繰《く》り返《かえ》したが、あせった目があちこちに動いた。

けろっと忘《わす》れていたのだろう。ソフトボールの練習中に急に「試合しよう」という話になって、「じゃあ、俺も行く」と安請《う》け合《あ》いしてしまったのだろう、どうせ。「ケイジ、あんたねえ、せっかくトシくんがわざわざ遊びに来てくれたのに、迎《むか》えもお母さんに行かせて、ずーっと待ってもらって……もうちょっと考えなさい」

しょんぼりと肩《かた》を落として「はーい……」と応《こた》える三上くんよりも、少年のほうがうつむく角度は深かった。おばさんが味方についてくれたのが、③うれしくて、悔《くや》しくて、恥《は》ずかしくて、悲しい。

問1 この文章を時間の流れに注目して分けると、三つの部分に分けることができます。二つめと三つめのはじめの七字をそれぞれ答えなさい。

二つめ

三つめ

問2 ——線①「頬を赤くした少年」とありますが、このときの少年の気持ちとして最も適当なものを次から選び、記号で答えなさい。

ア お母さんに、考えてもいなかったことを言われて、三上くんのお母さんにもからかわれ腹《はら》が立つ気持ち。

イ お母さんに本心を見ぬかれ、それを三上くんのお母さんに言われるのが恥ずかしいという気持ち。

ウ 三上くんに会いたいことをお母さんに伝えたら、それを三上くんのお母さんにまで言うので恥ずかしい気持ち。

エ 三上くんが少年に会いたがっていることを、三上くんのお母さんに言われ、てれくさいという気持ち。

問3 ――線②「南小のほうがいい。ずっといい」という部分から伝わる少年の気持ちとして、最も適当なものを次から選び、記号で答えなさい。

ア 三上くんに南小にもどってきてほしいという気持ち。
イ 新しい環境《かんきょう》になれない三上くんがかわいそうだという気持ち。
ウ きびしい勉強をしている三上くんをライバルだと思う気持ち。
エ 新しい学校でがんばっている三上くんをはげます気持ち。

問4 ――線③「うれしくて、悔しくて、恥ずかしくて、悲しい」からわかる少年の気持ちとして、ふさわしくないものを次から一つ選び、記号で答えなさい。

ア 自分のことを大切にしてくれない三上くんにいらだちを覚える気持ち。
イ 三上くんも自分と会いたがっていると期待していた自分を恥ずかしく思う気持ち。
ウ がっかりしている自分に気をつかってくれる三上くんのお母さんに感謝する気持ち。
エ これだけみんなが親切にしてくれるのに、三上くんと同じ学校にいけない自分が悲しいという気持ち。

第2章 傍《ぼう》線《せん》の手順と設問チェック

通読時間を計ってみよう　□分□秒　〈目標2分〉

例題3　線をなぞってみよう

● 次の文章を読んで、後の問いに答えなさい。［目標時間10分］

1　一冊《いっさつ》の本には、著者《ちょしゃ》の考えや思いが込《こ》められています。全部、読まなければ、著者が言いたかったことを理解したとは言えません。こう考えられていましたから、本は読みとおすのがあたりまえだったのです。

2　ところが、最近では、①そういう読み方をする人ばかりではなくなりました。いろいろな本から、必要なところだけを拾って読む人が増えたようです。料理に例えると、一冊をじっくり味わうのではなく、おいしそうなところをチョコチョコっと、つまみ食いするようなものです。

3　②このような傾向《けいこう》が進んでいる理由として、いくつか考えられます。情報を得る媒体《ばいたい》が、多様になったことが、その一つです。インターネットや専門雑誌《せんもんざっし》から、欲《ほ》しい情報だけピックアップすることに慣れてしまった人は、本を通して、著者の思想にふれたり、知識を得るのは、いかにもめんどうです。

4　また、本を通して成立していた、著者と読者の関係も変わりました。人気のある作家の本や、社会現象になっているテーマを扱《あつか》った本は、新刊がつぎつぎに出版されます。マスコミが取りあげたり、さまざまなメディアに登場するので、著者の人間性や考えを知る機会は、本だけではなくなりました。

5　つまみ食い型の読書をする人が多くなって、時間をかけてじっくり読む人が、目に見えて減ってくると、出版される本の傾向にも影響《えいきょう》してきます。これは、経済《けいざい》の問題、文化の問題として考えるべきことでもあります。ここでは、これ以上話を広げないことにします。

（日本大中・改　田中共子『図書館へ行こう』）

6 みなさんの読み方は、読みとおし派《は》ですか。つまみ食い派ですか。両方、バランス良く取り入れている人は、読書の達人です。達人に近づくために、一冊、一冊を心ゆくまで読むことを、無上の喜びとしている人の気持ちをたどってみましょう。

問1 ——線①「そういう読み方をする人ばかりではなくなりました」とありますが、その理由として考えられるものを次の中から二つ選び、記号で答えなさい。

ア 最近の読書家は一冊の本を読み通すのが当たり前になったから。
イ 最近は本だけが情報を得ることができる手段《しゅだん》ではなくなったから。
ウ 昔と変わって著者の考えを様々な媒体で知ることができるから。
エ 昔と違《ちが》い最近は本を通して著者の思想に触《ふ》れることが増えたから。
オ 昔の読書家の本への関心が、出版される本の傾向に影響したから。

問2 ——線②「このような傾向」とありますが、「このような傾向」で本を読む人々に筆者はどんな名前をつけていますか。本文中より六字でぬき出して答えなさい。（句読点などは字数にふくまない）

例題3の解き方

読解チェック

□まず「話題」を探《さが》す。

この文章では、**「読書」**が話題になっています。そして、**「読みとおす」と「つまみ食い」が対立している**ことに注目しましょう。

問1

設問チェック

□指示語をふくんだ問題。
□――線をのばして同じ段落《だんらく》を確認《かくにん》する。
□前の段落からキーワードを探して記号を選ぶ。

まず、**――線の中の指示語は言いかえます。**前の段落、1段落を読み直しましょう。「本は読みとおすのがあたりまえ」に線を引いています。また、**――線をのばして、2段落を確認する**と、「読みとおす読書」が「つまみ食いするような」読書へ変わった理由を考える問題だということがわかります。

3段落に**「このような傾向が進んでいる理由」**とあります。あとは、**「その一つ」「また」**に注目して材料を集めていきましょう。

時間管理テクニック

「手順」をパターン化すると迷わなくなる

設問条件にどんどん印を入れる

設問の条件はヒントになります。テストで条件を見落とす人は、おそらく問題を解くスピードもかなり落ちているでしょう。

- **記号選択《せんたく》問題**……　どんなことを　いくつ選ぶのか。
- **ぬき出し問題**……　どんなことを　どこから　どれだけ　探すのか。
- **記述問題**……　どんなことを　どうやって　何字ぐらい　答えるのか。

には印を入れましょう。

近くに指示語がないかを確かめる

答えの内容を考えていく前に、――線の近くに指示語がないか、また――線の中に指示語がないかを確かめるだけでも、スピードはアップします。**指示語はきちんと言いかえる**ようにしましょう。

答え イ・ウ

問2

設問チェック

□ 指示語をふくんだ問題。
□ 六字でぬき出す問題。

――線の中の指示語は言いかえます。前の段落、[2]段落を探しましょう。すると、「つまみ食い」という言葉が見つかります。しかし、それでは字数が合いません。そこで、今度は**「つまみ食い」をキーワードにして本文を読み進める**ことになるのです。

文章はたいてい読み進めるほどまとめに近づくので、「つまみ食い」という言葉に印をつけながら、探していきましょう。ここでは[6]段落にある**「つまみ食い派」**が正解です。

「何かの傾向《けいこう》をもった人のグループ」に「〜派」という表現を使うことも覚えてください。

答え **つまみ食い派**

読解テクニック

設問パターンから正答率を上げていく

■ ――線をのばして段落を読みこむ

設問パターンを意識して、――線をのばしていきます。**問題を解く時の基本は**「段落の読みこみ」にあります。

- 短い――線をのばす
- ――線の中のキーワードを探す
- 穴埋《あなう》め問題を――線として考える

といった作業をした後、**段落の内容をふまえたうえで問題を解いていきます。**

文学的文章であれば、――線で中心になっている**人物を確かめて、その人物の行動や心情を読み解く**ことになります。

■ すぐやるか後回しにするかの判断をする

字数の多い記述問題や全体をふまえての心情を問う問題だと、かなりの時間を割《さ》くことになります。**近くで答えを作れない場合は、後回しにすることもあります。**

通読時間を計ってみよう □分□秒 〈目標5分〉

●次の文章を読んで、後の問いに答えなさい。［目標時間25分］

（神戸女学院中学部・改　見田宗介『社会学入門』）

一九九〇年四月の初めに、わたしはインドのコモリン岬《みさき》（カニャ・クマリ）にいた。コモリン岬はインド亜大陸《あたいりく》の最南端《さいなんたん》で、朝はベンガル湾《わん》から陽《ひ》が昇《のぼ》り、昼はインド洋を陽が渡《わた》り、夕方はアラビア海に陽が沈《しず》む、という場所である。

ある朝わたしは、そのベンガル湾から陽が昇るときに立ち会おうと、暗いうちから磯《いそ》に出てみた。ごつごつとした岩場みたいな足《あし》触《ざわ》りの岸に、漁船がたくさん上げられて休息している。目がなれてくると、一つ一つの漁船の陰《かげ》に、二つとか三つ、布にくるまって眠《ねむ》っているような人間がいる。それからまた別の漁船の向こうでは、いくつもの目が息をひそめてわたしを見守っているように感じた。

東の雲のすきまから朝の最初の陽の光が一条射《い》るようにさし渡ってくると、岩肌《いわはだ》はいっそう黒々と陰影《いんえい》を見せて立体を立ち上がらせるが、向こうの海は紫《むらさき》や朱《しゅ》や、黄金色《こがねいろ》や緑を点滅《てんめつ》する刻々《こっこく》の変幻《へんげん》を開始している。①遠い変幻に吸《す》い込《こ》まれるみたいに岩場を渡って行くと、不意に激《はげ》しく切迫《せっぱく》した、ほとんど金切り声みたいな人間の声が聞こえる。声はいくつもの声と重なって、言葉の意味は分からないが、わたしにそれ以上先に行ってはいけないと叫《さけ》んでいることだけは分かった。暗がりに②いくつもの目が光って近づいてくる。それは漁船の陰で寝《ね》ていたあの人間たちの目であると、それから別の漁船の向こうからわたしを見ていた目であると、わたしは思った。〈聖域《せいいき》〉があるな、とわたしは思った。人間が立ち入ることのできない、少なくともわたしのような異教《いきょう》の人間が立ち入ることを許されていない、〈A聖域〉があるな。あの切迫した金切り声のような制止の声は、彼《かれ》らにとって大切な〈聖なるもの〉を、守る声だな。

（中略）

とにかくその土地の信仰《しんこう》を大切にするということは、旅する者の大切な心がけだから、わたしは現代人間として釈然《しゃくぜん》としない気持

答え▼別冊 p.12

ちはあったが、その地点から先に踏《ふ》み込《こ》むということをしなかった。

わたしが足を踏み入れるつもりのないことがわかると、金切り声は止《や》んで、一転して屈託《くったく》のない明るい声があちこちから話しかけてきた。明るくなってきた光の中で見ると、みんな一〇代の前半くらいの男の子たちだった。思ったとおり、さっきまで漁船の陰でころがって寝ていた子どもたちである。家の中で寝るよりも気持ちがいいのだという。彼らはわたしがそれ以上足を踏み入れなかったことに、③ほんとうに喜んでいた。けれども理由は、わたしが想像していたものとは全然ちがった。

わたしが立っていた場所のもう一歩先は、突然《とつぜん》の淵《ふち》になっていて、どのくらい深いのかわからなかった。そういう場所は他にもあって、彼らはわたしがどんどんと歩いて行くので、どきどきしながらずっと見ていたのだという。よかったと、彼らは口々に言って、くり返しうれしそうにうなずいてみせた。

それからいろんなとりとめのないことをネタに、結局その朝は陽の高く昇りきるまで、わたしはこの底ぬけに気のいい少年たちとふざけ合い、笑い合ってすごした。わたしがカメラをもっている事を見つけると、ひしめいて写真を撮《と》ってくれとせがんだ。意味もなく*無為《むい》に過ごした朝だったのだが、ふしぎに忘《わす》れることのできない一日となった。

人に話しておもしろいような「事件」は何もないから、旅の話をするようなときも、この日の話をすることはなかった。「現代社会の比較《ひかく》社会学」という主題で話をするときに、伝えようとしたことの核心《かくしん》、「数値《すうち》にならないもの」「言葉にならないもの」の次元の存在《そんざい》ということにふれるとき、思い起こされているいろんな情景たちのひとつに、いつもこの子どもたちと、この朝の記憶《きおく》とがあったけれども、意味のない予感の切れはしみたいに、話の中からは削除《さくじょ》されていた。

一五年もたって、二〇〇四年の一二月になって、突然④この朝の経験の「意味」が、くっきりとした立体のようにわたしの中で立ち上がってくるということがあった。

二〇〇四年一二月の「スマトラ沖大地震《おきだいじしん》」は、南インド一帯を襲《おそ》う空前の津波《つなみ》となって、とりわけ東海岸の漁村漁村に壊滅的《かいめつてき》な被《ひ》害《がい》を与《あた》えた。日本人の行かないカニャ・クマリについての報道は何もなかったから、インターネットで地域《ちいき》の現況《げんきょう》を検索《けんさく》してみると、一件だけカニャ・クマリのレポートがあった。

ヴィヴェーカーナンダ・ロックというカニャ・クマリの沖合の岩場の上に、数百人の旅行者たちが津波のために取り残された。救助に向かったインド空軍のヘリコプターも、数回の「出撃《しゅつげき》」の試みの末に結局救助を断念し、水と食料を投下するほかは手の下しようもなかった。このとき一〇〇人以上ものカニャ・クマリの漁師たちが、高潮《たかしお》の逆巻《さかま》く海に生命の危険《きけん》を賭《と》して小さい漁船でくり返し乗り出して行き、五〇〇人以上の旅行者たちの生命を救った。「わたしたちが今日生きているのは、この土地の漁師たちのおかげです。」と、プーナからの旅行者は証言している。取材した記者に漁師の一人は、「助けを求める人たちがいる。やるしかないでしょう。」と答えている。

一五年前のあの底ぬけに屈託のない少年たちは、今立派《りっぱ》な漁師たちになっている年頃《としごろ》である。少年のうちの幾人《いくにん》かは、この果敢《かかん》な行動に加わっていることはまちがいないと、わたしは思う。「やったな。あいつら！」わたしは自分の身内のことでもあるように誇《ほこ》りに思った。もちろんわたしにそんな権利《けんり》など何ひとつないことは分かっているのに。それでもうれしくて仕方がなかった。大人になったら失われる、ということのない〈きれいな魂《たましい》〉というものがある。〈きれいな魂〉の生きつづける世界というものがある。この世界を行動によって再生産し、守りつづける人びとがある。

一五年前、現代人間の感覚からすれば「何の関係もない」ひとりの旅の人間の、勝手な独り歩きを危険から守りぬくために、あんなにも金切り声を上げ、夢中で制止した少年たちの声は、やはりひとつの〈B聖域〉を、守りとおす声であったのではないか。失われてはならないひとつの〈世界〉の存在を、守りぬく声であったのではないか。少年たちの精神はそれを意識しないが、少年たちの身体がそれを反応してしまう。身体は精神よりも真正である。この〈聖域〉は、けれども区切られた聖域ではない。排除《はいじょ》するための聖域ではない。全世界にひろがって行くこともできる聖域である。わたしたち自身の方でそれを拒否《きょひ》しているのでないなら。

（注）　＊無為に……何もしないで

問1　——線①は「わたし」のどのような様子を表しているか、その説明として最も適当なものを次の中から選び、記号で答えなさい。

ア　はるかな過去を回想し続けている様子
イ　雲のすきまから差す日光に目を奪《うば》われる様子
ウ　移り行く時の流れに思いをはせる様子
エ　海の情景が移り変わっていくことに心ひかれる様子

□

問2 ――線②はどのような目的のために「目が」「近づいてくる」のか。解答らんのA・Bに入る三字以内の語をそれぞれ文中からぬき出しなさい。(記号・句読点も一字とする)

A□□□をB□□□するため

問3 ――線③の様子をより具体的に述べている一文をぬき出し、そのはじめの五字を書きなさい。(記号・句読点も一字とする)

□□□□□

問4 ――線④について、「この朝の経験の『意味』」とは、筆者にとって具体的にはどのようなことか、三十字以内で答えなさい。

問5 〰〰線A・Bについて、両者の違《ちが》いがわかるように、それぞれの意味を答えなさい。ただし、文中の言葉を用いて、〰〰線Aについては十五字以内、〰〰線Bについては三十字以内で、解答らんに従《したが》って書きなさい。(記号・句読点も一字とする)

A □□□□□□□□□□□□□□□ 聖域

B □□□□□□□□□□□□□□□□□□□□□□□□□□□□□□ 聖域

通読時間を計ってみよう　□分□秒
〈目標3分〉

●次の文章を読んで、後の問いに答えなさい。字数制限の問題では、句読点も一字として数えます。［目標時間18分］

今週の給食当番は五班《はん》で、五班には「すいちゃん」がいる。水津弥生《すいつやよい》ちゃん。男子は「すいっちょ」と呼《よ》んでいる。すいちゃんちはなんと六人兄弟で、すいちゃんはいちばん上だ。すいちゃんのうちにはいろいろな噂《うわさ》があって、そしてそれは決してよい噂ではなくて、去年の運動会のときなんて、おばさん連中が輪になって、すいちゃんちのお母さんのことを大きな声でべらべらとしゃべっていた。①悪い大人だと思った。

だけど私《わたし》は、今日の②すいちゃんの格好を見て、あーあと思ってしまった。元は白だと思われる黄ばんだTシャツ、丸首の部分はすっかりすり切れてぎざぎざになっている。お腹《なか》のあたりは、泥《どろ》のついた手をそのまままちいさな弟や妹たちが拭《ふ》きました、という具合に茶色の手形がくっきりとついている。スカートは明らかに、サイズが合っていないと思われる(たぶんお母さんのだと思う)まぶしいくらいに真っ黄色のロングスカート。

まあ、たいていはこんな服が多いけれど、たまにまさに新品というような、まるでバイオリンの発表会に着るようなかわいいワンピースや、すてきなブラウスを着てくることもあったりする(ポケットにバラの刺《し》しゅうのついた薄《うす》ピンクのブラウスを着てきたときに、襟《えり》についていた値札《ねふだ》を取ってあげたこともある)。

それにしても今日の格好はあまりよろしくない。給食当番だというのに、これじゃあまた男子がからかうに決まっている。すいちゃんの長い髪《かみ》は、からまったままA無造作《むぞうさ》に結ばれていて、ところどころ痛《いた》そうに引きつっている。髪だって、すごくきっちりと編みこんであったり、かわいいピンでおしゃれにとめてあったりするときが、ごくたまにだけどあるのに、③それが今日でないことを私はうらめしく思った。

（穎明館中・改　椰月美智子『十二歳』）

答え▶別冊 p.16

案の定、すいちゃんが配っている八宝菜《はっぽうさい》のところだけ並《なら》ぶ列が乱《みだ》れて、男子だけが妙《みょう》に間をとってふくらんでいる。ムコーヤマが「ちゃんと並べ」と注意しても、一瞬《いっしゅん》直るだけでなんの効果もない。

男子だけじゃない。私は知っている。リエと美香《みか》がすいちゃんをいじめているのを。でもそんなのほかのだれも知らないかもしれない。リエたちは本当にさりげないから。さりげなく無視《むし》して、さりげなくひどいことを言って、さりげなく笑っている。

だけど私は困《こま》ったことに、リエたちとは仲がいいわけじゃないけど、別にきらいなわけでもないのだ。

「あたし、いらないから入れないで」

「あたしも」

そう言ったリエと美香を、Bおろおろと見つめるすいちゃんを見て、私は耳の奥《おく》がきゅうっとしぼんでいくのを感じた。

「すいちゃん、私の大盛《おおも》りにして」

私の声はあまりにもCそっけなく響《ひび》きすぎて、すいちゃんは一瞬びくっとしてから、そそくさと大盛りによそってくれた。ごめん、すいちゃん。と思いながらも、それでも、にこやかに言わなかった自分を少しばかり誇《ほこ》りに思った。

「鈴木《すずき》、大盛りかよ！　すげー、食いしんぼう」

後ろに並んでいた西田が、大声で言った。

「うるさい。いいじゃん、八宝菜好きなんだから」

そう言ってじろっとにらんだ私に、西田は、

「おれも」

と笑って言って、すいちゃんに

「大盛り！」

と叫《さけ》んだ。④すいちゃんはうれしそうに、二軒隣《にけんとなり》の家に住む西田のプラスチックの皿に、たっぷりと八宝菜をよそった。

問1　〰〰線A～Cの意味として最も適切なものをそれぞれ選び、記号で答えなさい。

A　無造作に

ア　ありきたりに　イ　きっちりと　ウ　みっともなく　エ　自然な感じに　オ　いいかげんに

B　おろおろと

ア　悲しげに　イ　びくびくして　ウ　戸惑《とまど》って　エ　落ち着いて　オ　いらだって

C　そっけなく

ア　なにげなく　イ　愛想《あいそ》がなく　ウ　しらじらしく　エ　わざとらしく　オ　あからさまに

A　B　C

問2　――線①「悪い大人だと思った」とありますが、「私」はどういう点を「悪い」と思っていると考えられますか。最も適当なものを次の中から選び、記号で答えなさい。

ア　噂をたしかめもせずに広めるという、いい加減な点。

イ　内緒話《ないしょばなし》を大声でしゃべるという、はしたない点。

ウ　運動会の最中に噂話をするという、場所をわきまえない点。

エ　みんなで一方的に悪口を言うという、思いやりのない点。

オ　わざと噂を広げ、すいちゃんを困《こま》らせようとする点。

問3　――線②「すいちゃんの格好」から、家庭での「すいちゃん」のどのような様子がうかがえますか。わかりやすく説明しなさい。

問4　――線③「それが今日でないことを私はうらめしく思った」のはなぜですか。次のように説明するとき、空らんにあてはまる内容を三十字以内で答えなさい。

◎（　　　　）のに、今日の格好は清潔さに欠け男子にからかわれそうだから。

問5　――線④「すいちゃんはうれしそうに」とありますが、なぜ「すいちゃん」はうれしかったのですか。四十字以内で説明しなさい。

第3章 ぬき出し問題の手順

通読時間を計ってみよう　□分□秒
〈目標2分〉

例題4　線をなぞってみよう

● 次の文章を読んで、後の問いに答えなさい。［目標時間10分］

（筑波大附駒場中・改　森山卓郎『表現を味わうための日本語文法』）

1 観光地で見知らぬ人にカメラのシャッターを押《お》すことを頼《たの》むとき、「シャッターを押せ！」などと言うとあきらかに無礼です。しかし、「すみません、ちょっとシャッターを押してください」という表現に直しても、まだ、それほど丁寧《ていねい》な感じがしません。①無理矢理《むりやり》やらされるような気持ちになるからです。言うとすれば、「すみません、ちょっとシャッターを押していただけませんでしょうか」といった表現ではないでしょうか。

2 ここで、不思議なことがあります。この「〜ていただけませんでしょうか」という表現は丁寧な表現のはずなのに、例えば、お客様にお茶を出すときには使えないのです。あなたがお客様になったとして、どこかのお宅《たく》を訪問《ほうもん》する場面を想像してください。あなたの前に飲み物が置かれます。そして、「これ、飲んでいただけませんでしょうか？」こう言われると、なんとなく、気味が悪いのではないでしょうか。なにか残り物を処分《しょぶん》してもらいたがっているような、あるいはもしかして何かの実験台にされるような、そんな変な感じになってしまいます。どうしてでしょう。

3 丁寧かどうかは、単に言葉だけで決まるのではなく②相手への心配りが重要です。相手に何かをするよう求める場合、その内容がその相手にとってどのような性質を持つのかを考える必要があるのです。例えば「座《すわ》る」動作を求める場合でも、新しい椅《い》子《す》の開発実験で協力してもらう場合と、電車などで座席《ざせき》を譲《ゆず》る場合とでは、自《おの》ずと表現が違《ちが》ってきます。

4 実は、人にものをさせる場面では、「利益」「負担《ふたん》」といったことが重要な要因になります。例えば、相手にカメラのシャッターを押してもらうような場合、その内容は、相手に負担を強《し》いる、「頼《たの》み事《ごと》」です。わざわざやらなくていいことを私《わたし》のためにやってもらうことになるからです。

5 そうすると、相手に無理矢理押しつけるのではなく、相手に断れる余地をなるべくたくさん残してお願いする方が丁寧な感じになります。まさに、「すみません、ちょっとカメラのシャッターを押していただけませんでしょうか」という表現は、そのように相手に伺《うかが》いをたてる表現なのです。なお、「すみません、ちょっとカメラのシャッターを押していただけますか」という言い方に比べると、「押していただけますか」の方は、「押してくれること」をすでに予想しているような感じになるので、さほど遠慮《えんりょ》がちなニュアンスは出ません。しかし、「押していただけませんでしょうか」「押していただけないでしょうか」のように「ません」「ない」の打ち消しの言い方があると、一応「押してくれないこと」をも予想しているようなニュアンスになり、さらに遠慮がちな表現になります。負担の要求に対して断りやすくなるからです。

問1　――線①「無理矢理やらされるような気持ちになる」のはなぜですか。解答らんにあてはまるように本文の言葉をぬき出しなさい。

相手に□□□□□がないように思えるから。

問2　――線②「相手への心配り」とは、どのような「心配り」ですか。「という心配り。」につながるように、二十九字でぬき出しなさい。

□□□□□□□□□□□□□□□□□□□□□□□□□□□□□という心配り。

例題4の解き方

読解チェック

□ 具体例から話題をつかみとる。

[1]段落《だんらく》で「カメラのシャッターを押《お》すこと」の例が紹介《しょうかい》されています。これは人に「頼《たの》む」ことの例ですね。そのあと、「頼む」時の丁寧《ていねい》さについても、例を挙げながら説明しています。そして、「頼む」ときの心がけを「断りやすさ」という視点《してん》から説明しています。
これらから、この文章の話題は**「丁寧な頼み方」**と考えられます。

問1

設問チェック

□ 理由を聞く問題＝「から」で終わるように答える（今回は設問が、すでにその形になっている）。
□ ――線の中のキーワードは「無理矢理《むりやり》」。
□ 五字でぬき出す。

――線のある[1]段落には「無理矢理」というキーワードが見つかりません。[3]段落では「相手への心配り」というヒントが見つかりますが、**「相手への心配りがないように思えるから。」**では字数が合いませんし、心配

時間管理テクニック

ぬき出し問題を速く解くために

● **最も差がつくぬき出し問題**
テストにおいて最も差がつくのがぬき出し問題です。ぬき出す場所を探《さが》すのに手間取り、大きなタイムロスになることもあります。

● **下準備をしてからぬき出しをする**
ぬき出す場所を探す前に設問チェックをして、キーワードを決めていきます。内容がつかめるのであれば、メモを取りましょう。

● **まずは設問がある段落《だんらく》を探す**
探す範囲《はんい》は、――線の前後から探し始め、設問のある段落を中心として、徐々《じょじょ》に広げるようにします。

● **文章の切れ目をこえる時は後回し**
通読の時に大きく分けたところをこえるようであれば、後回しにします。後回しにした後は、設問を解き進めるごとに探し直します。

りのくわしい説明もありません。

5段落には、「相手」も「無理矢理」もあります。

そこではじめて**「断れる余地」**という答えが見つかります。

答え **断れる余地**

問2

設問チェック

□どのような「心配り」ですか＝心配りのくわしい内容。

□——線の中のキーワードは「相手」。

□二十九字でぬき出す。

「同じ段落をしっかり読む」という基本で解ける問題です。「心配り」とは相手を思いやる気持ちですから、「ものを頼む相手についてどんなことを思いやる」べきかを読み取るようにします。

問1でも「相手に無理矢理なにかをさせてはいけない」ということを読み取りましたから、「自分の頼みごとが、相手にとってどのようなものになるかを考えること」というのが、だいたいの内容になります。

答え **その内容がその相手にとってどのような性質を持つのかを考える**

読解テクニック

ぬき出し問題を正確に解くために

■はじめと終わりを確かめる

「どこからどこまでをぬき出すか」の判断がぬき出し問題のカギになります。キーワードの最後に○をつけたり、——線を活用したりして、ぬき出す場所を決めていきましょう。

■設問条件を整理して解く

設問条件は必ず確かめておきましょう。一文でぬき出すのか、部分をぬき出すのか、そして句読点などを入れるのかどうかまで確認《かくにん》してから、正しく答えるようにしましょう。

■同じような表現を候補《こうほ》にする

せっかく見つけた場所が、字数の条件に合わないこともよくあります。内容的に自信がある時は、キーワードを確認した後、**同じような表現をすべて候補として線を引き、字数制限をヒントに答えを選びましょう。**

基本問題 5

説明的文章

通読時間を計ってみよう　□分　□秒　〈目標3分〉

●次の文章を読んで、後の問いに答えなさい。［目標時間15分］

この国の人々ははるかな昔から自分のことを「わ」と呼《よ》んできた。ただ、それを書き記す文字がなかった。中国から漢字が伝わる以前のことである。これは今でも「われ」「わたくし」「わたし」という形で残っている。

日本がやがて中国の王朝と交渉《こうしょう》するようになったとき、日本の使節団は自分たちのことを「わ」と呼んだのだろう。①中国側の官《かん》僚《りょう》たちはこれをおもしろがって「わ」に倭《わ》という漢字を当てて、この国を倭国《わこく》、この国の人を倭人《わじん》と呼ぶようになった。倭という字は人に委《ゆだ》ねると書く。身を低くして相手に従《したが》うという意味である。中国文明を築いた漢民族は黄河《こうが》の流れる世界の中心に住む自分たちこそ、もっとも優《すぐ》れた民族であるという誇《ほこ》りをもっていた。そこで周辺の国々をみな蔑《さげす》んでその国名に侮蔑《ぶべつ》的な漢字を当てた。倭国も倭人もそうした蔑称《べっしょう》である。

ところが、あるとき、②この国の誰《だれ》かが倭国の倭を和と改めた。この人物が天才的であったのは和は倭と同じ音でありながら、倭とはまったく違《ちが》う誇《ほこ》り高《たか》い意味の漢字だからである。和の左側の禾は軍門に立てる標識、右の口は誓《ちか》いの文書を入れる箱をさしている。つまり、和は敵対するもの同士が和議を結ぶという意味になる。

この人物が天才的であったもうひとつの理由は、和という字はこの国の文化の特徴《とくちょう》をたった一字で表しているからである。というのは、この国の生活と文化の根底には互《たが》いに対立するもの、相容《あいい》れないものを和解させ、調和させる力が働いているのだが、この字はその力を暗示しているからである。

和という言葉は本来、この互いに対立するものを調和させるという意味だった。そして、明治時代に国をあげて近代化という名の西洋化にとりかかるまで、長い間、この意味で使われてきた。和という字を「やわらぐ」「なごむ」「あえる」とも読むのはそのため

（帝塚山中・改　長谷川櫂『和の思想』）　答え▼別冊 *p.20*

※入試では原文に一部省略があります。

である。「やわらぐ」とは互いの敵対心が解消すること。「なごむ」とは対立するもの同士が仲良くなること。「あえる」とは、料理でよく使う言葉だが、異《こと》なるものを混ぜ合わせてなじませること。

この国の歌を昔から和歌というのは、もともとは中国の漢詩に対して、和の国の歌、和の歌、自分たちの歌という意味だった。しかし、和歌の和は自分という古い意味を響《ひび》かせながらも、そこには対立するものを和《なご》ませるというもっと大きな別の意味をもっていた。

③明治時代になって、西洋化が進むと江戸《えど》時代以前の日本の文化とその産物をさして和と呼ぶようになった。着物を和服といい、畳《たたみ》の間を和室というのがそれである。この新しい意味の和は進んだ西洋に対して遅《おく》れた日本という卑下《ひげ》の意味を含《ふく》んでいた。

歴史を振《ふ》り返《かえ》ると、はるか昔、中国の人々が貢物《みつぎもの》を捧《ささ》げにきた日本人をからかいと侮蔑をこめて倭と呼んだ。それをある天才が一度は和という誇り高い言葉に書《か》き替《か》えたにもかかわらず、その千年後、皮肉なことに今度は日本人みずから自分たちの築いてきた文化を和と呼んで卑下しはじめたことになる。この新しい意味の和は近代化が進むにつれて徐々《じょじょ》に幅《はば》を利《き》かせ、今や本来の和は忘《わす》れられようとしている。

身のまわりを見わたせば、近代になってから私《わたし》たちが和と呼んできたものはみな生活の隅《すみ》っこに押《お》しこめられてしまっている。現代の日本人はふだん洋服を着て、洋風の食事をし、洋風の家に住んでいる。ふつうの人にとって和服は特別のときに引っ張り出して着るだけである。和食といえば、すぐ鮨《すし》や天ぷらを思《おも》い浮《う》かべるが、鮨にしても天ぷらにしても、多くの人にとって、むしろ、ときどき食べにゆくものにすぎない。和室はどうかといえば、一戸建てにしろマンションにしろ一室でも畳の間があればいいほうである。こうして片隅《かたすみ》に押《お》しこめられ、ふつうの日本人の生活からかけ離《はな》れてしまったものが和であるなら、私たち日本人はずいぶんあわれな人々であるといわなければならない。

ところが、この国には太古の昔から異質《いしつ》なものや対立するものを調和させるという、いわばダイナミックな運動体としての和があった。この本来の和からすれば、このような現代の生活の片隅に追いやられてしまっている和服や和食や和室などはほんとうの和とはいえない。たしかにそれは本来の和が生み出した産物にはちがいないが、不幸なことに近代以降《いこう》、固定され、偶像《ぐうぞう》とあがめられた和の化石であり、残骸《ざんがい》にすぎないということになる。

では、異質《いしつ》なもの、対立するものを調和させるという本来の和は現代において消滅《しょうめつ》してしまったか。決してそんなことはない。それは今も私《わたし》たちの生活や文化の中に脈々と生きつづけているのだが、私たちは④和の残骸を懐《なつ》かしがってばかりいるものだから、本来の和が目の前にあるのに気づかないだけなのだ。

問1 ――線①「中国側の官僚たちは～呼ぶようになった」とありますが、中国の人がこの呼び方にこめた意味を本文中から十五字以上二十字以内でぬき出して答えなさい。

問2 ――線②「この国の誰かが倭国の倭を和と改めた」とありますが、これによって、「わ」はどのような意味になりましたか。本文中から十五字以上二十字以内でぬき出して答えなさい。

問3 ――線③「明治時代になって、～呼ぶようになった」とありますが、このときの「和」はどのような意味でしたか。本文中から二十字以上二十五字以内でぬき出して答えなさい。

問4 ――線④「和の残骸」の具体例として、筆者があげているものを、――線④より前の部分から、三十字以上三十五字以内でぬき出して答えなさい。

問5 この文章で述べられていることについて正しいものには○、間違《まちが》っているものには×を答えなさい。

ア 中国の王朝と交渉《こうしょう》するようになった日本人は、自分たちのことを「相手に従《したが》う者」と表現した。

イ 「倭」に変わって使用した「和」という言葉は、当時の日本の文化の特徴《とくちょう》をうまく表している。

ウ 「和歌」という言葉は、中国の漢詩に対抗《たいこう》して、よりよいものを作ろうとして考えられた表現である。

エ 明治の人たちは、西洋を進んだ国として考えるようになった。

ア □　イ □　ウ □　エ □

通読時間を計ってみよう　□分　□秒　〈目標３分〉

●次の文章を読んで、後の問いに答えなさい。［目標時間15分］

六月に入った頃《ころ》、健一たちの間で急にブランコ遊びが、はやりだしたのである。

そんなある日、中学生の毅が、取り外されたままのシーソーの板を持って来た。ガキどもには何をするのか見当がつかない。その板を二つのブランコに渡《わた》すのだと毅はいった。ブランコは四つあった。そのうちの二つのブランコを板でひとつにしてしまおうと考えたわけだ。その上に、毅を先頭に健一たち七、八人が乗《の》り込《こ》み、ゆっくりとブランコを漕《こ》ぎだした。ガキどもはしだいに興奮《こうふん》し始め、キャッキャッという声があがり始めた。隣同士《となりどうし》しっかりつかまっていないと、バランスが崩《くず》れて落下してしまう。緊張《きんちょう》と興奮で、徐々《じょじょ》にガキどもはこの変造ブランコに夢中になっていく。地面が揺《ゆ》れた。高く漕げ！　思いっ切り漕げ！　と一心不乱《いっしんふらん》にブランコを漕ぐ。皆《みな》で一緒《いっしょ》に思い切りブランコを漕ぐのは初めてだったが、何回かやるうちに誰《だれ》がどこに座《すわ》るといいかもわかってきた。チームワークも徐々に出てきて、毅の指示に従い、声を揃《そろ》えながら漕いだ。時々、恐怖《きょうふ》が襲《おそ》ってきた。見ている者には怖《こわ》さだけが伝わっていく。（　Ａ　）健一の妹がそれを見ていた。異様《いよう》な雰囲気《ふんいき》を感じたのだろう、青い顔になり、あわてて家に帰って父親に知らせた。

しかし、父親は「男の子だから」と一笑《いっしょう》に付した。

こうして、①変造ブランコは興奮の坩堝《るつぼ》と化し、連日、学校から帰ると我先《われさき》にと公園にやってくるようになった。七、八人の少年を乗せたブランコは毎日、暗くなるまで、大きく揺れ続けた。

三日目になってブランコの鎖《くさり》が切れ、あぶなく誰《だれ》かの頭が地面に激突《げきとつ》しそうになった時は、一瞬《いっしゅん》、皆の顔もこわばったが、すぐに毅がもう一つのブランコに代えようというと、ガキどもは我にかえって隣のブランコに板を渡した。ふたたび変造ブランコはゆっくりと動きだした。②健一はその時、厭《いや》な予感がした。しかし、何かいいだせる状況《じょうきょう》ではなかった。皆、一緒に漕ぎだした。集団で怖いことをするときの秘密《ひみつ》めいた喜びがブランコを取《と》り巻《ま》いていた。遊びはエスカレートしていく。誰かが泣くしか終わりはなかった。

（渋谷教育学園幕張中・改　永倉万治『武蔵野Ｓ町物語』）

答え▼別冊 *p. 24*

漕げ！　もっと漕げ！　毅はヒステリックに叫《さけ》び続《つづ》けた。地面が揺れる。体がひっくり返りそうになった。興奮しているから、何度も行ったり来たりしているうちにだんだん恐怖も麻痺《まひ》してくるような気がした。地面が揺れた。景色が反対に見えた。皆はそれでも漕ぎ続けた。

始めてから四日目だった。何かに憑《つ》かれたように、少年たちは顔を引きつらせながらブランコを漕ぎ続けた。

「それっ！　漕げ！　それっ！　漕げ！」毅が大声で狂《くる》ったように叫んでいる。鎖を持つ手が緊張のために汗《あせ》ばんで鉄の匂《にお》いがした。もっと漕げ！　健一は気分が悪くなりそうだった。高さは限界にきていた。それでも少年たちは漕ぐのをやめなかった。一瞬、グラッとした。次の瞬間、地面が不自然に揺れて、急に目がぐるぐる回った。誰かがギャーッと叫び、泣きだす声がした。鎖が切れ、ガキどもは板もろとも落下したのだ。

健一は一瞬、どうなったのかわからなかった。地面に放り出され、腰《こし》を思いっきり打った。「いて！」と泣きそうになった。見ると二つのブランコに渡したシーソーの板がまっぷたつに割《わ》れて、ガキどもはばらばらに放り出されていた。吉岡《よしおか》弟は運悪く板の下敷《したじ》きになってしまった。いつもは無口で、猫《ねこ》を追いかけ回すだけの吉岡弟も、この時ばかりは、泣《な》き叫《さけ》んでいる。③血の気の退いた毅はその場にいることがやばいと思ったのか、いきなり逃《に》げだした。

吉岡兄が「大丈夫《だいじょうぶ》か。どこがいたいんだ？」と心配そうに弟に訊《き》いた。健一は青ざめた顔で、呆然《ぼうぜん》とその場に立《た》ち尽《つ》くしていた。激《はげ》しく泣き叫ぶ吉岡弟を、兄がかついで家に帰った。翌日《よくじつ》、吉岡弟はあばら骨《ぼね》を折っていたことがわかった。大怪我《おおけが》になった。だが、よくあれくらいですんだともいえる。

こうして最後まで残っていたブランコも、④集団の狂気《きょうき》を呼《よ》び起《お》こしてめちゃくちゃにこわされてしまったのである。公園は一年もしないうちに施設《しせつ》の全部がこわれて、原っぱに戻《もど》りつつあった。シーソーの鉄製の台と、滑《すべ》り台《だい》の梯《はしご》と上の部分が少しずつ持ち去られながらも、最後まで残った。ブランコは、しばらくは鋼鉄製《こうてつせい》の台だけは残っていたが、それも（　B　）、誰かが持ち去って消えてしまった。

公園には、異様な残骸《ざんがい》だけが残ったのである。

問1　A・Bにあてはまる語として最も適当なものをそれぞれ選びなさい。

ア　いつしか　イ　たまたま　ウ　つい　エ　ひたすら　オ　やけに

A

B

問2　——線①「変造ブランコ」とはどのようなものですか。本文の言葉を使って、三十字程度で答えなさい。

問3　——線②「健一はその時、厭な予感がした」とありますが、それは何が起こる予感ですか。それがよくわかる一文を本文からぬき出し、はじめの五字を答えなさい。

問4　——線③「血の気の退いた～いきなり逃げだした」とありますが、毅の逃げだした理由を説明したものとして最も適当なものを次から選び、記号で答えなさい。

ア　ルールを守らず遊んでいたために遊具を壊《こわ》してしまったことを責められると思ったから。

イ　吉岡弟があばら骨を折るほどの大きな事故を起こしたことに気付き、あわてふためいたから。

ウ　年長者として変造ブランコ遊びの主導的立場にいた責任を問われることになると思ったから。

エ　このような事故を起こした以上、健一たちが自分の指示には従《したが》うことはないと思ったから。

問5 ――線④「集団の狂気」とあるが、ブランコの事件において彼《かれ》らがその状態に陥《おちい》ったことがよくわかる一文を二つ探《さが》し、それぞれはじめの五字を答えなさい。

第4章 記号選択《せんたく》問題の手順

例題5 線をなぞってみよう

通読時間を計ってみよう　□分□秒　〈目標2分〉

● 次の文章を読んで、後の問いに答えなさい。［目標時間6分］

数年前、近所の九三歳《さい》になるお年寄りの百姓夫婦《ひゃくしょうふうふ》に、落ち穂《おぼ》ひろいの話を聞いて、①飛びあがるほど驚《おどろ》きました。落ち穂ひろいという仕事は、コンバイン（稲《いね》を機械で刈《か》りとって、籾《もみ》をわらから落とす機械）の登場で、なくなりました。むしろこの自動収穫《しゅうかく》機械の登場によって、田んぼに落ちる籾や麦粒《むぎつぶ》の数は増えたのですが、なにしろ穂として落ちるよりも、粒で落ちるために、ひろいにくいのです。穂なら一穂ひろえば一〇〇粒はついているのですが、一〇〇粒を田んぼの中でわらをかきわけてひろうのは大変でしょう。何よりも落ち穂ひろいは、それほどの経済的《けいざいてき》な価値《かち》を生みださないのです。

それでは、かつての落ち穂ひろいは、何のためにおこなわれていたのでしょうか。フランスの画家ミレーの『落ち穂ひろい』という有名な絵があります。あの麦の落ち穂ひろいをしているのは、麦畑を耕作してきた百姓ではありません。近所の百姓でない貧《びん》乏《ぼう》な人たちなのです。キリスト教の精神では、麦は神からのめぐみです。それを独占《どくせん》するのではなく、貧しい人たちとも分かち合うという気持ちがよくあらわれていて、感動します。しかし、それはキリスト教の普及《ふきゅう》した国のことであって、日本ではそういうことはないだろうと思っていました。

しかし、気になってたずねてみました。

「昔は、落ち穂ひろいはどうしていたのですか」

すると、すぐに

「落ち穂ひろいは百姓はしてはいけない、というしきたりだった」

（西大和学園中・改　宇根豊『農は過去と未来をつなぐ』）

という答えが返ってきたのです。驚いた私《わたし》は、

「ええっ、どうしてですか?」

とさらにたずねました。

「稲刈《いねか》りが終わりかけるときには、もう畦《あぜ》に袋《ふくろ》をもった人たちが待っていて、私たちが引き上げるとさっと田んぼに入ってきて、ひろいはじめていた」

と言うのです。

現代では落ち穂であっても、その田んぼの百姓の所有物です。他人が無断でひろっていたら、窃盗《せっとう》になるでしょう。ところが、かつては米は天地(自然)からのめぐみだというのが日本人の農業観でした。百姓はけっして米を「つくる」とは言いませんでした。「とれる」「できる」と言った意味がわかるでしょうか。人間が主役ではなく、百姓はめぐみを受けとるのです。したがって、百姓だけが独占的《どくせんてき》に受けとるのではなく、貧しい人と天地のめぐみを分かちあっていたのです。じつにキリスト教の精神と似ているでしょう。日本と西洋と離《はな》れていても、百姓という仕事の共通性に胸《むね》が熱くなります。

問1　――線①とありますが、筆者は何に驚いたのですか。その説明として最も適当なものを次から選び、記号で答えなさい。

ア　コンバインの登場で、落ち穂ひろいは経済的な価値を生みださなくなったということ。
イ　ミレーの絵で落ち穂ひろいをしているのが、百姓ではなく貧しい人たちだということ。
ウ　キリスト教の精神では、神からのめぐみの麦を貧しい人たちとも分かちあうということ。
エ　日本と西洋の百姓という仕事の共通性が、落ち穂ひろいを通してみられたということ。
オ　同じ落ち穂ひろいでも、西洋と日本でキリスト教と仏教による違《ちが》いがあるということ。

例題5の解き方

読解チェック

□ まずは「話題」を探《さが》す。

何度も登場する**「落《お》ち穂《ぼ》ひろい」**がこの文章の**話題**です。文章を分ける目安はだいたいでかまいません。ここでは、お年寄りの百姓夫婦《ひゃくしょうふうふ》へのインタビューを目印にして分けてみました。

また、**「日本」と「西洋」が比べられていることにも注目**しましょう。お年寄りの百姓から聞いたのは「日本の落ち穂ひろい」ですね。それに対してミレーの「落ち穂ひろい」は「西洋の落ち穂ひろい」だと考えることができるでしょう。

また、この文章に限らず、**説明的文章をくわしく読んでいくコツは、事実と意見（だれの意見かを確かめる）を読み分けていくこと**です。

問1

設問チェック

ア　コンバインの登場で、落ち穂ひろいは経済的な価値を生みださなくなったということ。
○イ　ミレーの絵で落ち穂ひろいをしているのが、百姓ではなく貧しい人たちだということ。
○ウ　キリスト教の精神では、神からのめぐみの麦を貧しい人たちとも分かちあうということ。
○エ　日本と西洋の百姓という仕事の共通性が、落ち穂ひろいを通してみられたということ。
オ　同じ落ち穂ひろいでも、西洋と日本でキリスト教と仏教による違《ちが》いがあるということ。

時間管理テクニック

記号選択《せんたく》問題を速く解くために

● **設問条件をまとめてから解く**

設問チェックをして、注目している「話題」「人物」をおさえましょう。そして、本文の答えと関連する部分に線を引きます。考える時にポイントがずれるというのが、いちばんの時間のロスにつながります。

● **○×をつけることに集中する**

選択肢《せんたくし》の文章の一つ一つに○×をつけていきます。最後の二つで迷うのは、たいていどこかに「○」がついている選択肢です。設問（――線）の前後を読み直すなどして、本文とのちがいを探《さが》すことに集中しましょう。

● **即答《そくとう》する力をつける**

スピードアップのコツは、少しレベルを下げた問題で、即答してみることです。その後、○×を書きこんで、記号選択問題の書きこみを練習してください。

□「筆者が驚《おどろ》いたこと」を選ぶ。
□選択肢《せんたくし》の文章を分ける。
□それぞれの記号に○×をつける。

アは、本文にも「落ち穂ひろい」に経済的価値がないということは書かれています。しかし、気をつけなくてはならないのは、それが「コンバインの登場」によってではないということです。ですから、アの「コンバインの登場」に×をつけているわけです。

イ・ウ・エは、ここでは○をつけています。今、確かめるのは、選択肢の文章と本文との結びつきです。本文に書かれているという意味では、○がいくつかあってもかまいません。ただし、本文を再度確かめて、最終的には**「筆者が驚いたこと」**を選ばなければいけません。

オは、「仏教」が本文にはありません。

ここで、**「驚いた」**という言葉が本文中にもう一つある(15行目)ので、その驚いた内容を確かめます。すると、**「日本の落ち穂ひろいも百姓がしているのではなかった」**ということに驚いていることがわかりますね。そのうえで最後の段落《だんらく》を読み直してみると、答えがわかるはずです。

答え エ

読解テクニック

記号選択問題を正確に解くために

■自分なりの答えを必ず作る

選択肢を選ぶ前に、自分なりの答えを作っておきましょう。国語力をつけるために、記号選択問題を記述として解く方法があります。

■すべての記号に○×をつけてから答える

選択肢の文章が長い時は、文章をいくつかに分けて、○×をつけていきます。

まず、本文に書かれていない選択肢を消しましょう。選択肢ばかりに目がいくと、本文にないものを選んでしまうことがあります。選択肢が本文のどこにあてはまるかを必ず確かめておきましょう。

そして、**消していった順番は必ず残します。**最初に消した選択肢が正解という時は、読み取り自体がまちがっているので、文章を読み直すなどして見直してください。

通読時間を計ってみよう　□分□秒　〈目標３分〉

● 次の文章を読んで、後の問いに答えなさい。［目標時間20分］

たとえば①こんなことがあった。あるメンバーで、どうもリーダーの私《わたし》に今ひとつなじまない人がいた。ある機会に二人だけで話してみた。なんのことはない、私にきらわれていると思っていたというのである。それは彼《かれ》の発言に対して私が否定的《ひていてき》な反応を示したことがあるからだという。「君、ゼミとはそんなものだよ。君がぼくに反論《はんろん》したからといって、ぼくは君にきらわれたとは思わないよ」とは答えたものの、やはりリーダーの私は誤解《ごかい》されないもっと上手な(もっとマイルドな)いい方があったろうにと自戒《じかい》した。彼が②そうだとすると、多分ほかのメンバーも私の機嫌《きげん》を気にしているかもしれない。私に好かれたいという欲求《よっきゅう》が意外につよいかもしれない。私はこう推論《すいろん》して、各メンバーに対して、（　Ａ　）をあるていど意識して表現するように心がけるようになった。

集団をまとめるのに注意しなければならないことは、右の例でもわかるように「人は好かれているのに、私は好かれていない」というしっとの問題である。この傾向《けいこう》をシブリング・ライバルリィ(sibling rivalry)という。人間はいくつになってもシブリング・ライバルリィの心理傾向をもっている。えこひいきに対しては敏感《びんかん》である。シブリング・ライバルリィのことのおこりは、親をめぐってのきょうだいの愛情争奪戦《そうだつせん》である。この心理がおとなになっても残っているのがふつうである。

「この間、俺《おれ》、社長に呼《よ》ばれてねえ……」とか「部長がアメリカからくれた絵葉書によると……」と、いかにも「俺は君たちとちがって上司に好かれているんだぞ」と誇示《こじ》したくなるのは、シブリング・ライバルリィのなせるわざである。その話をきかされた同《どう》輩《はい》は、心のなかで「この野郎《やろう》！　いい気になりやがって！」と思うのがふつうである。これもシブリング・ライバルリィの心理があるからである。

（千葉日本大一中・改　國分康孝『リーダーシップの心理学』）

答え▼別冊 *p. 28*

つまり、リーダーというのは親代理、親象徴《しょうちょう》であるから、メンバーに対して絶えず公平であらねばならない。不公平だとメンバーが仲間割《なかまわ》れする。いざというとき団結しない。

わかりやすい例はドラッカーが引用している③マーシャル元帥《げんすい》の話である。マーシャル元帥は第二次大戦のとき、連合軍のノルマンディ上陸作戦の将《しょう》であった。彼には幾人《いくにん》もの幕僚《ばくりょう》がいた。ある人が「君はなぜあんな変人ばかりを幕僚にしているのか」と聞いた。マーシャルはためらいもなく、すらすらとこう述べた。

「幕僚Aは酒飲みだと君たちはいうが、彼は敗《ま》け戦のときにはいつもいい案を出してくれる。幕僚Bはけんか好きというけれども、議論《ぎろん》がふたつに分かれたときこれをまとめる能力がある。幕僚Cは……」という具合に、部下のひとりひとりの特技を認《みと》める答えをした。部下のひとりひとりが「俺はマーシャルに好かれている。マーシャルに信用されている」と思うのは当然である。それゆえ仲間の足をひっぱって自分だけ認められようなどというシブリング・ライバルリィの醜態《しゅうたい》をさらけ出す必要がない。これがノルマンディ作戦のとき部下が団結してマーシャルを補佐《ほさ》した理由だというのである。

④リーダーはメンバーに公平にしなければならないが、誰《だれ》にでも自己盲点《じこもうてん》があるので、悪意がなくても差別することがある。これは用心したほうがよい。同県人、同室者、縁戚《えんせき》、ゴルフ仲間といったのがその例である。

私の知るある若《わか》い心理学者で、ある機関のコンサルタントをしているのがいる。彼は好人物であるにもかかわらず評判が芳《かんば》しくない。自分でもそれに気づいているが、⑤原因がわからないというのである。ところが間もなく、会議がすんで辞するとき、メンバーのひとりである大学の後輩に「一緒《いっしょ》に帰ろうか」と声をかけることがどうもよくないらしいといい出した。会のあとは私的《してき》な時間だから、自分のしたいようにしてもよいという理屈《りくつ》のようである。私にいわせれば、彼のこの理屈が命とりなのである。他のメンバーからみれば、えこひいきである。どうしてもその後輩と飲みたければ、自宅《じたく》に電話でもいれて、人目にふれぬ場所で落ち合うだけの用心深さをもたなければならない。これはおとなの常識だと思う。

問1　――線①「こんなこと」とは、どのような問題を説明するために書かれた例か。本文中から六字でぬき出して答えなさい。

問2　――線②「そう」の指す内容を、次の中から選び、記号で答えなさい。

ア　私に好かれたいと思っている
イ　みんなに好かれたいと思っている
ウ　みんなのことを好きになりたいと思っている
エ　私を好きになりたいと思っている

問3　（　Ａ　）にあてはまる言葉を次の中から選び、記号で答えなさい。

ア　好感をもっていること
イ　好感をもっていないこと
ウ　興味をもっていること
エ　興味をもっていないこと

問4　――線③「マーシャル元帥の話」は、何を説明するために書かれた例か。次の中から選び、記号で答えなさい。

ア　リーダーが公平だと部下が周囲から認められるということ。
イ　リーダーが不公平だと部下が周囲から認められないということ。
ウ　リーダーが公平だと部下が団結してくれるということ。
エ　リーダーが不公平だと部下が足をひっぱりあうということ。

問5 ——線④「リーダーはメンバーに公平にしなければならないが、誰にでも自己盲点があるので、悪意がなくても差別することがある」とあるが、これを言いかえたものとしてふさわしいものを次の中から選び、記号で答えなさい。

ア リーダーは常に公平でなければならないが、気づかないうちに不公平になってしまうことがある。

イ リーダーは常に公平でなければならないが、相手に悪意がある場合は不公平になってもよい。

ウ リーダーとメンバーは公平に扱《あつか》われなければならないため、差別をするならば見えないところでやるべきである。

エ リーダーとメンバーは公平に扱われなければならないため、誰からも注目されなければならない。

□

問6 ——線⑤にある「原因」とは何か。本文中から五字でぬき出して答えなさい。

□□□□□

通読時間を計ってみよう □分□秒 〈目標4分〉

● 次の文章を読んで、後の問いに答えなさい。［目標時間20分］

（実践女子学園中・改　山末やすえ『ぼくとおじちゃんとハルの森』）答え▼別冊 p.32

小学四年生のぼくは、夏休みに親戚《しんせき》のモリおじちゃんの山小屋へ遊びにきた。

「おじちゃん！　これ、ハルだよ。」

ぼくは写真立てをもっていって、おじちゃんに見せた。キツネみたいにとがった鼻。アゴの下と胸《むね》の白い毛。

「ほら、ハルだよ。ねっ。ハル、ここんちで飼われてたんだ！」

モリおじちゃんは手をのばして写真を見た。そして、①「うん、ハルだな。」といった。

「どーして、ハルだけ、ここにいるんだろう。」

「おいていかれたのかな。」

おじちゃんは、すこしくもっている写真立てのガラスを手のひらでこすった。

ぼくは、はじめてハルを見たときのことを思い出した。よごれて、ひどい首輪をしていたハル。野生のキツネかと思ってしまった。

「不動産屋の話では、この家の前の持ち主はイギリス人の大学の先生だった人でさ、*退官してひとりでここに住んでいたらしい。日本びいきでタタミや障子《しょうじ》がお気に入りだったようだ。年をとって、家族のいるイギリスに帰ったって聞いてる。」

「だからって、おいていくなんて……、ひどいよね。」

モリおじちゃんは、写真立ての裏《うら》のとめ具をはずして写真をとりだした。

裏がえした写真をのぞきこむと、黒いペンで英語がかいてあった。

「メイとアロー、秋の庭で。とかいてある。」

おじちゃんがいった。

「メイとアローかあ、アローって名前だったんだ、ハル。」

ぼくは、じっと写真を見つめた。

「この女の子もイギリス人だよね。*久美《くみ》ねえちゃんくらいだね。」

「ああ、まごむすめかな。」

「この黄色い花はなんだろう。ナノハナかな。」

「キリンソウだよ。秋にさくアキノキリンソウだ。」

いいながらモリおじちゃんは、写真立ての台紙にはさんであった四つにたたんだ紙をひらいた。そのひょうしに、写真が一まいおちた。

「②見て、家族の写真だよ。」

女の子と犬のうしろに、ステッキをもった口ひげのおじいさんと、女の子のおかあさんらしい茶色のかみの女の人がわらっていた。

「このおじいさんの山小屋だったんだね。」

「ひとりで住んでいたというから、イギリスから家族があそびにきたときの写真だな。」

「よくあそびにきてたのかなあ。ハル、すごくなついてるかんじ。うれしそうだよ。」

「そうかもしれないなあ。それに犬はな、じぶんの飼い主がたいせつに思っている人は、すぐわかるんだよ。じぶんにとってもたいせつだって。」

「へー、そうなんだ。おじいさんの家族だもんね。写真をとったのは、この子のおとうさんだね。」

みんなカメラのほうを見てわらっている。

「こっちは手紙の下書きらしいな。もっと、英語を勉強しとけばよかったなあ。後悔《こうかい》先にたたず、だ。」

モリおじちゃんは、ひたいにしわをよせて手紙とにらめっこしていたけれど、

「だいじなところはだな、家族のいるイギリスに帰るので、犬を、アローをもらってほしい……ということだ。」

といった。

「だれに出したんだろう。」

「ああ、ここに住所と名前がメモしてある。東京の林さんという人だ。とどくかどうかわからんが、この人に手紙をかいてみよう。」

おじちゃんはメモを四つにたたんで胸のポケットにいれた。

「③知らせるの？　知らせるのやめようよ。」

ぼくは、ちょっとしんぱいになった。知らせて、ハルを、アローをかえせといわれたらどうしようと思ったのだ。

「もし、輝《てる》ちゃんがその人だったら、どうだ？　知らせてほしいだろう？」

おじちゃんに聞かれて、しかたなくぼくはうなずいた。

「ねえ、もしかしてハルは、ここにきたら飼い主だったおじいさんや女の子にあえると思って、にげだしてきたのかもしれないね。」
④ハルは、この人たちにあいたくて、東京からここまで、車にも電車にものらないで、ぼろぼろになってたどりついたのだ。
ぼくは、写真立てをもってハルの小屋にとんでいった。

いつのまにか雨はやんでいた。

ハルは小屋から出てきて、のんびりとからだをのばし、しっぽをふった。

（注）　＊退官……官職をやめること。ここでは、大学の先生をやめること。
＊久美ねえちゃん……ぼくの姉で、小学六年生。

問1　――線①「『うん、ハルだな。』といった」とありますが、モリおじちゃんは、写真に写っている犬のどのような特徴《とくちょう》を見て、ハルだと判断したと考えられますか。文中から二つ、それぞれ十字前後でぬき出して答えなさい。

問2 ――線②「見て、家族の写真だよ」とありますが、この「家族の写真」とモリおじちゃんの話から、ぼくはどのようなことを理解しましたか。次の中から最も適当なものを一つ選び、その記号を答えなさい。

ア メイちゃんは、おじいさんのまごむすめで、ハルはアローという名前で呼ばれていたこと。
イ メイちゃんのおじいさんは、家族を大切に思っていて、ハルにもそれがわかっていたこと。
ウ ハルは、メイちゃんの家族といっしょに、よくおじいさんの山小屋へ遊びにきていたこと。
エ メイちゃんは、おじいさんとおばあさんに、まごむすめとしてとても愛されていたこと。

□

問3 ――線③「知らせるの？　知らせるのやめようよ」とありますが、ぼくはなぜそう言ったと考えられますか。次の中から最も適当なものを一つ選び、その記号を答えなさい。

ア いきなり知らない人から手紙が来たら、林さんがびっくりするから。
イ いまさら犬をもらってほしいとお願いするのは、林さんに失礼だから。
ウ 林さんがハルを引き取ると言いだしたらいやだから。
エ むりやり東京へ連れて行かれたらハルがかわいそうだから。

□

問4 ――線④「ハルは、この人たちにあいたくて、東京からここまで、車にも電車にものらないで、ぼろぼろになってたどりついたのだ」と、ぼくは推測《すいそく》していますが、これを裏付《うらづ》けるハルの外見について書かれた一文をこれより前の部分からぬき出して、その初めの四字を答えなさい。

□□□□

第5章 記述問題の手順

通読時間を計ってみよう　□分□秒　〈目標２分〉

例題6　線をなぞってみよう

● 次の文章を読んで、後の問いに答えなさい。［目標時間６分］

ありあわせ——。たとえば、カレーである。レシピ通りに食材を買いそろえたりせずに、冷蔵庫《れいぞうこ》の残り物だけで作ってみる。これを「ありあわせの料理」と呼《よ》ぶ。

学問の世界にも「ブリコラージュ（器用仕事）」という言葉がある。フランスの文化人類学者クロード・レヴィ＝ストロースが唱えた概念《がいねん》だ。「ありあわせの材料や道具を使ってなにかを作る」という意味である。どうも日本文化は、それが得意であるらしい。

こんなことについて考えている人は、いったいどこにいるのか。最初に思い出したのは、現在は京都外国語大学教授の野村雅一さんだった。本領は、しぐさや身振《みぶ》りなどの身体コミュニケーション、イタリアを中心とする南ヨーロッパの民族文化の研究にある。しかし、文化全般《ぜんぱん》をカバーする博覧強記《はくらんきょうき》ぶりには、いつも兜《かぶと》を脱《ぬ》がされる。共同討議《とうぎ》を実施《じっし》した当時は国立民族学博物館の教授であった。

もう一人は、これまた国立民族学博物館で、建築人類学を研究している佐藤浩司さんである。二〇〇五年三月から六月まで、同博物館で開催《かいさい》された特別展《とくべつてん》「きのうよりワクワクしてきた。ブリコラージュ・アート・ナウ　日常の冒険者《ぼうけんしゃ》たち」の企画《きかく》委員長を務めた。

そういえば一九五七（昭和三十二）年から、南極観測隊の初代越冬《えっとう》隊長を務めた西堀栄三郎さん（一九〇三〜八九）の「①ありあわせの知恵」に驚《おどろ》かされたことがある。

（帝京大中・改　高田公理『にっぽんの知恵』）

※入試では原文に一部省略があります。

その西堀さんが、こんな話をしてくれた。

「越冬中の南極で、屋外のタンクから室内のストーブに、石油を運ぶパイプが必要になったんや。けど、そんなおあつらえむきの品物なんか、あらへん。しゃあないから、木の棒《ぼう》に包帯を巻《ま》き、水をかけて外に放りだしといた。そしたら、立派《りっぱ》な氷のパイプができた」

つまり、そこに「ありあわせ」の包帯、水、寒さという、まるで無関係なものを柔軟《じゅうなん》に結びつけて問題を解決したわけだ。偉《えら》そうな観念ではなく、具体的な物から発想する。本来の用途《ようと》からの転用も上手——。たしかに「にっぽんの知恵」の一端《いったん》だという気がする。

そこに野村さんが、少し視点《してん》をずらした地点から切《き》り込《こ》んできた。

「『モノに人をあわせる』という感覚が、日本人にはあるのではないですか。というのも、洋服は、一人ひとりの体形に合わせて布を裁断《さいだん》する。だから個別性、固有性が非常に強い。その結果、逆に服装《ふくそう》が他人と同じであったり、去年と同じであったりすると、格好がつかない。これが洋服の文化です。それに、洋服の古着は本来、使用人に与《あた》えるものでした。これに対して和服は、着る人の体形とあまり関係なく着られる。だから、貸し借りができる。親からもらった古い着物を着ることも可能なわけです。一言でいえば『使い回し』がしやすい。こうした点に特徴《とくちょう》があるといえるでしょう」

問1 ——線①「ありあわせの知恵」とはどういうことですか。本文中の表現を使って二十五字以内で説明しなさい。ただし、「ありあわせ」という言葉は用いないこと。

例題6の解き方

読解チェック

□ まずは「話題」を探《さが》す。

「ありあわせ」がこの文章の話題です。そして、いろいろな具体例から「ありあわせ」とは何かを説明している文章です。

また、**「日本の文化」**についても述べられていることに注目しましょう。

問1

設問チェック

□ どういうことですか＝言いかえ。

□ 答えの「わく」＝〜こと。

□ 使えない言葉がある。

設問で**「どういうことですか」**と聞かれたら、これが**「言いかえ」**の問題であることに注目しましょう。

そして、**「どういうこと」**と聞かれているので、答えの「わく」は、

● **〜こと。**

となります。

また、ここでは「ありあわせ」という言葉が使えません。しかし、まず、「ありあわせ」を使った答えを考えてみるといいでしょう。

時間管理テクニック

記述問題を速く解くために

● 答えの「わく」と構成を考える

設問のパターンと答え方の「わく」の組み合わせは、必ず身につけましょう。

●「気持ちを答えなさい。」→「〜気持ち。」

●「どういうことですか。」→「〜こと。」

●「なぜですか。」→「〜から。」

などを暗記して、答えの「わく」として余白に下書きしましょう。

そして、制限字数を割《わ》りふって、答えの骨《ほね》組《ぐ》みを決めてください。

● 短い時間で部分点を取る

自信がない時は気が引けるのか、書き出しが遅《おそ》くなります。まずは頭によぎったことをメモし、本文の使えそうなところに線を引いて、答案を仕上げるようにしてください。記述問題は、いきなり満点にたどり着くことはほとんどありません。まず、簡単《かんたん》な答えを作り、それに足りないところを付け加えるスタイルがスピードも速く確実です。

——線をのばしてみると、問いの部分は、**西堀栄三郎さんの「ありあわせの知恵」**であることがわかります。

それがどんなことかというと、

●「ありあわせ」の包帯、水、寒さという、まるで無関係なものを柔軟に結びつけて問題を解決したわけだ。（18行目）

とあります。

「ありあわせ」という言葉をキーワードにして、他に「ありあわせ」を説明している部分がないか探してみましょう。すると、

●ありあわせの材料や道具を使ってなにかを作る（4行目）

が見つかります。これを下書きにして、答えを作成しましょう。

●「ありあわせの」材料や道具を工夫して何かを作ること。

「ありあわせの」を除くと十八字ありました。そこで、**「ありあわせの」を七字以内で言いかえましょう。**

「ありあわせ」は、「たまたまその場にあること」という意味ですが、意味を知らなくても、本文からだいたいの意味をつかむことができると思います。

答え **そこで手に入る材料や道具を工夫して何かを作ること。**（25字）
〈同意可〉

読解テクニック

記述問題を正確に解くために

■本文の言葉を活用する

はじめのうちは、**なるべく本文の言葉を活用するようにします。**ある一文に注目して説明不足を補《おぎな》うようにするといいでしょう。本文の使う部分に線を引いてから書くようにしましょう。

字数の多い記述問題では、書くことを分けて考え、**制限字数の半分を目安にして、下書きを書きます。**そのうえで、足りないところがあれば、メモ書きをして答えを仕上げます。

■字数との関係を知る

字数が決まっている場合は、**なるべく字数の限りくわしく答えるようにしましょう。**制限字数がない時も、解答らんの大きさを手がかりにして、字数の目安をつけてください。

そして、書く時は、自分の書いたものをもとに、**重複したところ、ムダなところを圧縮《あっしゅく》していきます。言いかえる時も、なるべく本文の表現を活用するようにしましょう。**

基本問題 9

説明的文章

●次の文章を読んで、後の問いに答えなさい。［目標時間15分］　（立正大付立正中・改　日野原重明『15歳の寺子屋　道は必ずどこかに続く』）　答え▼別冊 p. 36

きみたちは将来《しょうらい》、自分はこんな人間になりたい、こんな仕事についてみたい、という夢を持っていますか？　あるいは、すでに自分がなりたいものに向かって、地道な努力をかさねているかもしれませんね。

たとえば漫画家《まんがか》をめざして、勉強そっちのけでコツコツと漫画を描《か》きためていたり、サッカー選手を夢見てサッカー部に入り、毎日、泥《どろ》だらけになって練習したり、あるいは海外留学を目標にして、人一倍、英語の勉強に力を入れていたり――。

その一方では、漠然《ばくぜん》とした将来の夢や希望はあるけれど、「どうしたら、その夢が実現できるのかわからない」という人もいれば、自分が何になりたいのかわからず、もたもたしている人だっているでしょう。いや、もしかしたらきみたちのなかには、「将来の目標など考えたこともない」という人のほうが多いのかもしれません。

実際、「いのちの授業」をして全国を回っている私《わたし》は、小学校の子どもたちに「将来は何になりたいの？」とよく質問するのですが、「わからない」と首を横にふる子が意外と多いのです。

この傾向《けいこう》は大学生にもよく見られます。

私が働いている聖路加《せいろか》国際病院には毎年、医学生たちが実習にやってきます。私は毎回、医師の卵《たまご》たちである彼《かれ》らに、こうたずねます。

「将来、どんな医師になりたいの？」

すると彼らは、「内科医です」「外科《げか》をやりたいんです」とは答えるのですが、かさねて私が、

「では、どの病院の、どの先生のような医師になりたいと思っているの？」ときくと、きまって困《こま》ったような顔をして口ごもってしまいます。どうやら、学生たちは漠然と医師になりたいと思ってはいても、誰《だれ》それのような医師をめざしたいとか、医師としてどん

な生き方をしたいのかについては、考えたこともないらしい。つまり、彼らには「ぜひ、あの先生のような医師になりたい」という理想のモデル像が見あたらないまま、なんとなく医師という職業につこうとしているのです。

では、私の中学時代はどうだったのでしょう？

実は私も小学校四年生までは、自分が何になりたいかなどと考えたこともなく、「将来はお医者さんになろうかな」という気持ちがわいてきたのは、五年生の終わりごろでした。そのころ、私はある医師に出会い、強い印象が残っていたからです。

小学校四年生のとき、私は急性腎炎《じんえん》という病気にかかりました。急性腎炎は体全体にむくみがでて、食欲《しょくよく》が衰《おとろ》えるというやっかいな病気です。そのとき、私を診《み》てくださったのが安永謙逸《やすながけんいつ》先生という小児科《しょうにか》の先生でした。

先生は、体に変調をきたし不安でいっぱいになっている十歳《じっさい》の私を「必ず治るから心配しないで」と言葉少なく、しかし、力強く勇気づけてくださったのです。

先生から「動くと体に悪いから」と言われ、一日中床《とこ》に横になったままの毎日がつづき、ようやく、体を起こせるようになってからも、外出はかたく禁じられました。おかげで、家の中から一歩も外に出られない生活が三か月もつづき、外で遊び回るのが大好きだった私にとっては、まるで拷問《ごうもん》のような毎日でした。そんなときも、安永先生は往診《おうしん》にこられるたびに、友だちと遊ぶこともできない私をやさしくなぐさめてくださいました。

安永先生の適切な治療《ちりょう》のおかげで、私は元気を取《と》り戻《もど》し、学校に通いはじめました。ところが、悪いことはつづくもので、同じ年、こんどは母が夜中に突然《とつぜん》、全身にけいれんを起こして倒《たお》れてしまったのです。前々から患《わずら》っていた腎臓病《じんぞうびょう》が急に悪化して、発作《ほっさ》を起こしたのでした。

父は大あわてで安永先生を呼《よ》びにやりました。深夜にもかかわらず駆《か》けつけてきてくださった安永先生は、手早く母を診察《しんさつ》して、すぐに注射《ちゅうしゃ》を打ちました。すると、母のけいれんはおさまり、容態も少し安定してきました。

「奥《おく》さまは尿毒症《にょうどくしょう》です」

先生は心配そうな父に向かって、そう告げました。尿毒症というのは腎臓の機能が低下したため、通常、尿の中に*排泄《はいせつ》される尿素などの廃棄物《はいきぶつ》が血液中に残存《ざんそん》することによって引き起こされる症状《しょうじょう》です。

もちろん、当時の私はそんなことなど理解できず、ただ、大好きな母親が死んでしまうのでは、という不安と恐怖《きょうふ》で、胸が張りさけそうでした。でも①その疑問《ぎもん》を直接先生にきくのは、あまりに恐《おそ》ろしいことでした。私は泣きたくなるのを必死にこらえながら、

「お母さんは助かるの？」

と、たずねてみました。すると、先生は私の目を見つめて、しっかりとうなずいてくれたのです。そのときの先生の自信に満ちた態度に接して、私はどれほどホッとし、勇気づけられたことでしょう。実際、ほどなくして母の体調は元に戻ったのでした。

②そうした体験が強烈《きょうれつ》に印象に残っていたので、私は「できることなら安永先生のようなお医者さんになりたい」と、ごく自然に思うようになったのです。

もし、きみたちが「将来、自分がどんな人間になりたいのかわからない」と思っているなら、「できることなら、自分はこの人のようになりたい」という手本となるモデルを見つけてほしいと思います。

きみが将来、プロ野球選手をめざしているのなら、「イチローみたいな選手になりたい」でもいいでしょう。キュリー夫人の伝記を読んで感動して「ぼくも科学者になりたい」というのでもいいし、看護師《かんごし》として働いているお母さんの姿を見て、「わたしも働きながら子育てをする女性になりたい」というのもすばらしいと思います。

③私がきみたちにモデルを見つけることの必要性を説くのには、理由があります。

それは、人間が「自分一人だけの考え方で生きていく」ということは、とてもたいへんだからです。

こうなりたい、と思える人のまねをする、つまりモデルがいると、多くのことを学べます。でも、まるごとのまねでは、自分自身がなくなってしまいますが――。

目的の見えない人生というのは、真っ暗な闇《やみ》の中を手さぐりで進んでいくのに似ています。しかし、自分がめざすモデルがいれば、人はそのモデルを目標にして前に進むことができるのです。

まだ、磁石《じしゃく》のない時代、旅人たちは夜空の星を頼《たよ》りに目的地へ向かったといいます。モデルとは暗い夜空に輝《かがや》く星であり、先がよく見えない「人生」という暗闇《くらやみ》を照らす一条《いちじょう》の希望の光のようなものです。

（注）＊排泄……体の中の不要なものを体外に出すこと。

問1 ――線①「その疑問を直接先生にきくのは、あまりに恐ろしいことでした」とありますが、

(1) 「その疑問」にあてはまる部分を、文中から二十字以内でぬき出して答えなさい。(句読点はふくまない)

(2) なぜ恐ろしかったのですか。わかりやすく説明しなさい。

問2 ――線②「そうした体験」とはどのような体験ですか。六十字以内でまとめなさい。

問3 ――線③「私がきみたちにモデルを見つけることの必要性を説くのには、理由があります」とありますが、筆者の考える理由を具体的に五十字程度で説明しなさい。

読問時間を計ってみよう □分□秒 〈目標４分〉

●次の文章を読んで、後の問いに答えなさい。［目標時間15分］

（晃華学園中・改　森浩美『家族ずっと』） 答え▼別冊 *p.40*

※入試では原文に一部省略があります。

東京のマンションに一人暮《ぐ》らしの亜季《あき》は、仕事で大きなミスをしてしまった。そんな時、長野県で消防士をしている父から、急に出張で泊《と》めてほしいという連絡《れんらく》が入った。仕方なく父と待ち合わせて先に食事をすることにした。

「だけど、こっちに出張なんてこともあるんだね」私《わたし》が尋《たず》ねた。

「調布の消防研究センターに、ちょっとばかり用事があってな」

自分の親のことでありながらも、仕事の内容など詳《くわ》しくは知らない。勿論《もちろん》、父が消防士であることは小さい頃《ころ》から分かっていた。いつだったか、火事の現場について尋ねた時、父は、「人様《ひとさま》の災難《さいなん》を話すなんてことはできない」と首を振《ふ》って答えた。面白味《おもしろみ》のない人だが、それは真面目《まじめ》な父のよい面でもある。そういえば、小学生の頃、クラスメイトの男の子から「沢村《さわむら》、お前んちの父ちゃんに言って消防車に乗せてくれよ」と①頼《たの》まれて困《こま》ったことがあったっけなあ……。

注文したおにぎりは、四角い皿に載《の》せられて運ばれてきた。黄色い沢庵《たくあん》が二切れ添《そ》えてある。

「なあ、亜季、お前、覚えているか」

父は感慨深《かんがいぶか》げに手にしたおにぎりを見つめながら尋ねてきた。

「一度だけ、お前たちにおにぎりを、いや、お弁当を作ってあげたことがあったなあ……」

「そんなことあったっけ？」

「あったよ。お前が小学校六年生で、久司が四年生の時の運動会だった」

「運動会？　あっ……」私は思わず顔を歪《ゆが》めてしまった。

「あの朝、お母さんの悲鳴で目が覚めた。一瞬《いっしゅん》何が起きたのか分からなくてびっくりしたけど……。お母さん、ベッドから起き上がった途端《とたん》にギックリ腰《ごし》やっちゃってな。そのまま身動きできなかった」

私も弟もぐっすり寝込《ねこ》んでいたので、まったく気づかなかった。

「それでもお母さんは偉《えら》いな。お前たちのお弁当作るって言って台所に這《は》って行こうとしたんだから。でもどう見ても無理だったし、ついオレが作るって言っちゃったんだな。弁当っていうか料理だって一度も作ったことなんかなかったのに。で、一応お前たちに持たせてやることができたけど。後にも先にもあれが最初で最後の弁当作りだったなあ」

どこか②満足そうな顔で話をする父にはすまないけど、それはあまり思い出したくない想《おも》い出《で》なのだ。

私は足が遅《おそ》かった。いや、中途半端《ちゅうとはんぱ》に遅いというのが正しい。うちの小学校では、一着から三着までは、順位の数字が染《そ》め抜《ぬ》かれた赤い旗の列に並《なら》び、それ以外は白い旗の列に一緒《いっしょ》くたに並んだ。何も一着などとは言わない。でも、一度でいいから、ちゃんと数字のある旗の列に並びたいと、ずっと思っていた。六年生の運動会で、そのチャンスが巡《めぐ》ってきた。組み合わせの妙《みょう》なのだが、予行練習では三着に入れた。私は密《ひそ》かに本番を心待ちにしていたのだ。

当日の朝、母が腰《こし》を痛《いた》め、運動会に来られないことを知ったときには、さすがにがっかりしたものだ。それでも、父がビデオに撮《と》ってくれれば、私の走りを母も見ることができるだろうと、③一層頑張《いっそうがんば》ろうと心に決めて登校した。

午前中のプログラムが終了《しゅうりょう》して、昼食タイムになった。食事はクラスごとに広げられたシートの上でとる。

「お父さんが作ったんだからな」

出がけに、そう言われて父から手渡《てわた》されたお弁当の包みを、なんの躊躇《ためら》いもなく解いた。タッパーの中には、海苔《のり》に巻《ま》かれたおにぎりが二つと、卵焼《たまごや》き、ウインナーが無造作《むぞうさ》に入っていた。それだけ聞けば、ごく普通《ふつう》の内容なのだが、それはふと目に入った他《ほか》の子たちのそれからすると、酷《ひど》く見栄《みば》えの悪く見えるものだった。

そうだよ、これ、お父さんが作ったんだった……。でもそれだけなら隠《かく》しながらでも食べていたかもしれない。ところが……。

「沢村のおにぎり、でっけー、ヘンな形っ」

目敏《めざと》いクラスメイトの男子が、私のお弁当を背後《はいご》から指差し、囃《はや》し立《た》てた。

当時の私にしてみれば、そのひと言で充分《じゅうぶん》に傷ついたのだった。そして父に対して腹《はら》を立てた。

「なんかおなかいっぱい……」と周囲に聞こえるように言《い》い訳《わけ》すると、蓋《ふた》をして片《かた》づけてしまった。


六年女子の徒競走は、二時半ぐらいに始まった。スタートのピストル音が響《ひび》く中、どきどきしながら順番を待っていると、グルルルッとおなかが鳴った。声援《せいえん》が飛《と》び交《か》い、音楽が流れていたにもかかわらず、それははっきりと聞こえた。お弁当を食べなかったせいで、かなりおなかがすいていたのだ。

隣《となり》に座《すわ》っていた雅代《まさよ》ちゃんが、「亜季ちゃん、おなかが鳴った」と笑った。その声につられるように、他のクラスメイトからも笑いがこぼれ、緊張《きんちょう》の場が一気に和《なご》やかな雰囲気《ふんいき》に包まれた。顔を紅《あか》くした私以外は……。

そんな恥《は》ずかしさを引きずったことと、きっとおなかがすいていたことも災《わざわ》いしたのだろう。スタートで出遅《でおく》れた上に、力が出ずに挽回《ばんかい》も叶《かな》わなかった。結局五着に終わり、数字の染め抜かれた旗の列にならぶことはできなかったのだ。そんな私の気持ちも何も知らず、ビデオカメラを向ける父に気づき、無性《むしょう》に腹が立った。

私は下校の途中《とちゅう》で、友達と別れると、お弁当の中身を道端《みちばた》の側溝《そっこう》に捨《す》てた。悔《くや》しくて、情けなくて、涙《なみだ》が出た。

問1 ——線①「頼まれて困った」とありますが、それはなぜですか。四十字以内で答えなさい。

問2 ――線②「満足そうな顔で話をする父」とありますが、このときの父の気持ちを四十字以内で答えなさい。

問3 ――線③「一層頑張ろう」とありますが、このときの私の気持ちを五十字以内で答えなさい。

第6章 制限時間の中で解く手順

通読時間を計ってみよう □分□秒

〈目標２分〉

例題7 線をなぞってみよう

●次の文章を読んで、後の問いに答えなさい。［目標時間８分］

食の安全については、選択《せんたく》の自由ということもよくいわれます。アメリカ産牛肉や遺伝子組《いでんしく》み換《か》え食品について、いやなら買わなければよい、食べたい人は食べればいいし、食べたくない人は食べなくてもいい。消費者の選択の自由ではないか、というのです。

たしかに私《わたし》たちには、自分が食べたいと思うものを選んで食べる選択の自由があります。逆に、自分が食べたくないと思うものを避《さ》ける自由もあります。安全であるからとか、体によいから、といったレベルの判断よりも、ずっと①基本的なレベルの自由です。

しかし消費者に選択の自由があり、食の安全は自己《じこ》責任であるという理屈《りくつ》は、選択の自由を保障《ほしょう》すべきモラルが守られ、選択肢《せんたくし》がすべて明らかになっているときだけ成り立つものです。

産地や消費期限・賞味期限の書《か》き換《か》えは後を絶たず、私たちがいくら表示を確認《かくにん》し、選《え》り分《わ》けて食べようとしても、望まぬものが口に入《はい》り込《こ》んでいる可能性は否《いな》めません。表示がルール通りであったとしても、たとえばアメリカ産牛肉か国産牛肉か、産地表示の義務があるのは、精肉か、加工が軽度の加工食品だけです。大半の二次的な加工食品や外食メニューはすべて、②原産国表示の義務がありません。

けれども、子どもたちは給食を目の前にして、「これは、どこの国の肉かわからないから、食べたくありません」とはいえません。

このことからも、消費者に選択の自由があるから、食の安全は守ろうとすれば守れる、という議論《ぎろん》は成り立たないことがわかります。

（東海大付相模高等学校中等部・改　福岡伸一『生命と食』）

問1 ――線①「基本的なレベルの自由」とは、どのような自由のことですか。具体的に述べている部分を二つ、文中から二十五字以内でぬき出して答えなさい。

問2 ――線②「原産国表示の義務がありません」とありますが、その結果として考えられることは何ですか。文中から二十字以内でぬき出して答えなさい。

読解チェック

□ 通読をして設問の下見をする。

本文を二分で通読して、その後、設問の条件を確かめましょう。この文章の話題は、はじめの段落《だんらく》に出てくる**「食の安全」**です。この文章は**「はじめに世の中に通用している意見を紹介《しょうかい》して、それに反論《はんろん》することで筆者の意見を紹介する」**という入試では重要なパターンとなっています。

□ 設問から読解のポイントを決める。

問1では、「『基本的なレベルの自由』とはどのような自由か」と聞かれています。そこで、**「自由」というキーワード**をもとに読み進めます。

□ 具体例を点検する。

文章を効率よく読むために、**具体例**を切り取ります。そして、具体例をもとに**「筆者が言いたいこと」**を確かめます。

□ 指示語で流れを確認《かくにん》する。

最後の段落にある**「このことからも」**は、これまでの話を受けて、**話を発展《はってん》させる**、という印です。

時間管理テクニック

時間を味方にするために

● 文章題ごとの制限時間を守る

まず、**文章題一題ごとの制限時間を決め**ます。五十分のテストで、文章題が二題出題されるとするなら、一題を解く制限時間は、二十五分を目標とします。また、必ず、制限時間の真ん中(この場合は十二分)で進み具合を確認《かくにん》します。

そして、一題分の制限時間(この場合は二十五分)がきたら、ひとまずは次の文章題に移ってください。もし、前の文章題のできがよくないのなら、スピードをさらに上げて、気がかりなところにもどればいいのです。

● 設問まで通読してみる

文章題一題の本文と設問を一気に通読しましょう。一度、設問の下見をするというパターンは、かなりのスピードが必要です。はじめは時間がかかってもいいので、本文→設問まで通読するという流れを作ってください。

問1

設問チェック

□ ――線と同じ段落を確認する。

□ 「具体的に」という指示に気をつける。

答え 自分が食べたいと思うものを選んで食べる選択の自由（24字）

自分が食べたくないと思うものを避ける自由（20字）

「基本的」とは、「安全である」「体にいい」という基準より、**「食べたいか食べたくないか」という基準の方が基本的だ**ということです。また、二つとあるのは「食べたい」「食べたくない」の両方があるからです。

問2

設問チェック

□ ――線と同じ段落を確認する。

答え 望まぬものが口に入り込んでいる可能性（18字）

同じ段落に**「たとえば」**があることから、――線②をふくんでいる段落**が大きく二つに分かれる**ことがわかります。**「たとえば」**は、前に書いているものをわかりやすくする例を示す印なので、**前の部分がまとめになっている**と考えて、前半部分を探します。

読解テクニック

制限時間の中でじっくり解く

■ 解答のヤマを確かめる

通読の後で、**解答らん**（解答用紙）を見て「ヤマ場」になる問題を探《さが》します。字数の多い記述問題の解答らんは目立ちます。そういう問題は、設問文をチェックして、他の問題を解きながら、必要な情報を集めていきます。

■ 解答らんで戦略を立てる

漢字・語句などすぐに解けるものを見つけます。そして、**本文を読み直しながら、設問が出てくる順に問題を解いていきます**。記号選択《せんたく》問題やぬき出し問題など、――線の近くで答えられるものを順に解いていきます。

■ 後回しのコツ

――線近くでわからないものは、**後回しにします**。後回しにした場合は、一段階《いちだんかい》スピードアップを心がけて、見直す時に再挑戦《さいちょうせん》する時間を作るようにしましょう。

通読時間を計ってみよう □分□秒 〈目標5分〉

●次の文章は、中村千秋『アフリカで象と暮《く》らす』の一節です。筆者は、主にケニヤのツァボ・イースト国立公園で、野生のアフリカゾウの研究と保護に取り組んでいます。よく読んで、後の問いに答えなさい。［目標時間25分］（灘中・改）

答え▼別冊 *p. 44*

ツァボ・イースト国立公園というと、ゾウに関心のある人の中には、みなしごゾウのことを思《おも》い浮《う》かべる人がいる。野生のゾウにいっさい関心を示さず、目をさらのようにして、みなしごゾウのみを追いかけている人々すらいる。

「可愛《かわい》さ」を大事にする人々にとって、みなしごゾウは、アフリカの良心的な、ゾウの保護の代名詞《だいめいし》のようにまでなっている。それは「保護」ではなく、「愛護」だと自覚することもなく、多くの人々は「愛護」と「保護」とを混同している。

みなしごゾウとは、一九六〇年代にツァボ・イースト国立公園にいたイギリス系《けい》白人（故人）の夫人が中心になって、密猟者《みつりょうしゃ》にやられたゾウの孤児《こじ》を集めて、①人間の手で面倒《めんどう》をみて、野生に返そうという試みの対象となったゾウたちである。

このみなしごゾウは、夜は檻《おり》にいれられていて、餌《えさ》を与《あた》えられている。昼は、人間の見張り番つきで、檻の外、つまり、ツァボ・イースト国立公園内の一部に出している。何年かすると、野生に返すことを試みているようであるが、実際に人間の手に一度かかると、野生にはなかなか返らない。それどころか、②人間のいるところに寄ってくるようになる。その結果、人間に対しても、野生のゾウに対しても、被害《ひがい》を及《およ》ぼす。つまりみなしごゾウは、人間の手によって育てられた半飼育の動物といえる。

人間の介護《かいご》を受けていない野生のゾウと、人間の介護により育てられた飼育や半飼育のゾウは、全然違《ちが》う。野生の動物を人間の手元におくというのは、基本的に誤《あやま》りである。

野生のゾウは、中身も外見も正真正銘《しょうしんしょうめい》のゾウ、といえる。人間くさくないし、人間を必要としない。いやむしろ、人間のいない時代、場所の方が、野生のゾウにとってはありがたい。

一方で、飼育のゾウは「ゾウの皮をかぶった人間」といえる。つまり、人間の介護なしには生きられない。人間の介護がなくなると、介護を期待して、人間に近寄ってくる。

みなしごゾウの介護というのは、野生のゾウの世界から見ると、とどまるところ、動物愛という美名にのった人間のエゴイズム、または③みなしごゾウを利用した利潤《りじゅん》追求のビジネス、ともいえる。自然生態系《せいたいけい》における野生のゾウの保護とは、縁遠《えんどお》いところにある。

飼育動物への愛は、飼育できる状況《じょうきょう》でのみ許されるべきである。それを、自然界へ持《も》ち込《こ》んではいけない。自然界へ持ち込むことは、自然生態系を破壊《はかい》するための手助けとなってしまう。

つまり、飼育動物への愛と、野生動物への愛は、まったく異《こと》なるのである。

東アフリカなどに比べると、野生動物が壊滅的《かいめつてき》な状態の先進国では、身近な動物といえば、野生動物よりもペットであり、動物園動物であり、馬などの家畜《かちく》であるのはやむを得ないだろう。問題は、その価値観《かちかん》を野生動物の豊かな自然生態系の保存《ほぞん》されているところに持ち込むべきではない、ということである。④その意味では、日本国内でも同じである。飼育動物愛に満ちた人々による野生動物への餌付《えづ》けが、あちらこちらで、自然生態系をかき乱《みだ》す問題をおこしている例は、枚挙《まいきょ》にいとまがないであろう。

自然「保護」と、「愛護」は、違う。

⑤野生ゾウの「保護」と、ゾウの「愛護」とは、異なるのである。

私《わたし》が対象としているのは、野生のアフリカゾウである。動物園などにいる飼育ゾウやみなしごゾウのような半飼育のゾウではない。

野生のゾウは、原自然生態系に、種として、歴史的・生態的に生活している動物である。

人間が餌を与えて、野生のゾウが生活しているのではない。餌はいっさい与えられていない。人類がこの地球上に現れるより以前から、野生ゾウは生活している。

飼育ゾウは、原自然生態系に属《ぞく》しているわけではない。人間に餌を与えられ、人間の介護と世話のもとに生き長らえている動物である。生活史の上でも、野生のゾウとは全く異なっている。種としての特徴《とくちょう》はいくつか残していて、それを観察することはできても、基本的に、人間の管理下にある。野生動物ではないし、人間の管理下におかれた飼育動物が、原自然の野生に、本来の野生ゾウとして返ることは、ほぼ不可能に近い。飼育管理下にある人間くさくなった動物は、人間的にしか生活できず、その人間的であることが、野生動物の生活とは相容《あいい》れないからである。

また、研究の上でも、6動物にいえることをそのまま7動物にあてはめるのは、危険《きけん》である。飼育動物の研究は飼育下でいえることであって、野生の条件では、飼育下でいえることがそのままいえることは少ない。だが8動物に必要な研究方法が、まだ確立されていない現在、9動物において用いられている方法を暫定的《ざんていてき》に用いざるを得ない、という状況《じょうきょう》が続いている。

ただ、その方法は、自然生態系に悪影響《あくえいきょう》を与える方法であってはならない。

たとえば個体識別のために餌付けをする方法が、10動物の本来の生活を家畜的にさせずに、また、自然の生態系を壊《こわ》すことなくなされているのか、疑問《ぎもん》が多い。

究極的には、野生動物を究明するための方法が、いろいろな分野で開発されていかねばならないのだが、今はまだ過渡期《かとき》にある。

ゾウの研究と保護の基本は、野生のゾウにある。動物園の飼育ゾウやみなしごゾウのような半飼育のゾウがいくら増え、心地《ここち》よく介護され、生活していたところで、また深く研究されたところで、自然生態系におけるゾウの保護に寄与《きよ》する部分は少ない。

野生のゾウの研究と保護は、あくまで原自然生態系を保護し、それと相互的《そうごてき》に関わっていく仕事なのである。

問1　――線①「人間の手で面倒をみて、野生に返そうという試み」とありますが、筆者はそのような試みの問題点を指摘しています。その問題点を指摘した部分を、本文中から二十五字以内でぬき出し、はじめと終わりの四字を答えなさい。

□□□□～□□□□

問2　――線②「人間のいるところに寄ってくるようになる」のはなぜですか。「～から。」と続くように本文中から十五字以内の語句をぬき出して答えなさい。

□□□□□□□□□□□□□□□から。

問3 ――線③「みなしごゾウを利用した利潤追求のビジネス」とありますが、みなしごゾウのどのような点が利用されるのですか。答えなさい。

問4 ――線④「その意味」とはどのような意味ですか。答えなさい。

問5 ――線⑤「野生ゾウの『保護』と、ゾウの『愛護』とは、異なるのである」とありますが、A「野生ゾウの『保護』」とB「ゾウの『愛護』」とは、それぞれどのようにすることですか。ちがいがよくわかるように答えなさい。

問6 問題文中の 6 ～ 10 には、**ア** 野生 **イ** 飼育 のいずれを入れるのが適当ですか。それぞれ記号で答えなさい。

6 7 8 9 10

通読時間を計ってみよう　□分□秒　〈目標４分〉

●次の文章を読んで、後の問いに答えなさい。［目標時間18分］

答え▼別冊p.48

来年小学校にあがる遊太の祖母は、母の姉(春子)夫婦《ふうふ》と一緒《いっしょ》に住んでいる。最近祖母が体調を崩《くず》したので、母と遊太は見舞《みま》いを兼《か》ねて春子夫婦の家に行った。祖母は元気だったが、薬の副作用で「幻視《げんし》(幻《まぼろし》が見えること)」が時々起きてしまう。

春子さんはお茶を淹《い》れる手をとめた。

「でも今頃《いまごろ》そんな幽霊《ゆうれい》みたいな昔に苦しめられているとしたら、なんだかくやしくてさ」

「そうだね」

①<u>ママはこたつのある茶の間の方をふりかえった。</u>

黄色っぽい電灯の下で、遊太がおばあちゃんを相手にごっこ遊びをしていた。遊太は見えないお茶をつぐまねをして、おばあちゃんは両手でそれを受けて飲むまねをする。

「だめだよ、おばあちゃん、お茶はあついんだから」

と、遊太はちょっといばっていう。「ふうふうして飲まなきゃ」

おばあちゃんは「はい、はい」と手を口元にもっていき、すぼめたくちびるで息をふく。それからすすっと音をたてて飲んだあと、さもおいしそうにほおっと声を出す。

満足げな遊太はつぎにケーキを出すまねをし、それもおばあちゃんに食べさせる。そのあともおせんべいやらチョコレートやらをならべたふりをする。おばあちゃんはその大盤振《おおばんぶ》る舞《ま》いに感嘆《かんたん》の声をあげる。

「ごうせいだねえ」

（淑徳与野中・改　安東みきえ『呼んでみただけ』）

遊太は紙で折った鳥をつまむ。

「このすずめもね、おせんべいがだいすきなんだよ」

折り紙のすずめは、饅頭《まんじゅう》の箱の包み紙がきれいだからとおばあちゃんが折ったもの。おばあちゃんは折り紙がじょうずだった。とくに、ふっくらすずめという折り鶴《おづる》に似た鳥は、鶴よりもずんぐりしている分愛嬌《あいきょう》があり、遊太のお気に入りだった。

息を入れて丸くなったすずめを遊太はつまみ、ちょんちょんと見えないせんべいをついばむしぐさをさせる。

「ちゅんちゅん、おいしいです」

遊太にあわせて、おばあちゃんもすずめをつかんで、くちばしを上下にふる。

「けっこうな塩かげんです。ちゅん」

ふたりのまわりには、大きさも模様《もよう》もさまざまなすずめたちが、にぎやかに散らばっている。

ママは春子さんに身体をよせた。

「ねえさん、なんとかできないの？　そんな気味の悪いものは幻だって教えてもだめなの？　本当はいないんだって、そう教えてもだめなの？」

「見えてるんだもの、かあさんには」

春子さんは首をふった。

「どうしておまえたちには見えないのって悲しそうな顔をされるだけよ」

「お医者さんはなんていってるの？」

「否定《ひてい》しちゃだめだって。じょうずに気持ちをそらして下さいって、そういわれた」

②きゅうすを少し乱暴《らんぼう》に盆《ぼん》に置くと、

「めずらしいことじゃないですよ、だって」

ママが何もいえずに大きなため息をついたときだ。

「あっちへいきなさい」

と、いきなりおばあちゃんが声を荒《あら》らげた。

「子どもにまでおかしな笑い方をして」

おばあちゃんが目をすえているのは窓《まど》のあたりだった。

「おまえたちの好きにはさせないよ」

そういうなり、近くに置いてあった毛糸の手袋《てぶくろ》を、その窓に向かってなげつけた。

③「おばあちゃん？」

遊太がかすれた声を出した。

「だいじょうぶ」

遊太を守ろうとでもするようにおばあちゃんは手を広げた。

「心配しなくていいんだよ。あんな連中の勝手にはさせないから」

目をきっとすえて、くちびるをかみしめたその形相にママは凍《こお》りついた。

④春子さんが窓の方にかけよった。そして、

「あらあら、もう夜なのにカーテンをあけっぱなしで」

と、いいながら、カーテンをしゃあっと音をたててしめた。

おばあちゃんはその瞬間《しゅんかん》、正気にかえったのか、あたりに目を泳がせた。

遊太は折ったすずめを胸《むね》にだいて、じっとしていた。

その夜、ママと遊太はおばあちゃんのとなりで寝《ね》た。

問1　——線①「ママはこたつのある茶の間の方をふりかえった」とありますが、このときのママの気持ちとして最も適当なものを、次の中から一つ選び、記号で答えなさい。

ア　おばあちゃんの苦しい心の中を思いやり、温かく見守っていこうという気持ち。
イ　おばあちゃんが幻を見ることに悩《なや》み、これから先のことを心配する気持ち。
ウ　おばあちゃんだけに見えるものがあることに驚《おどろ》き、興味を持つ気持ち。
エ　幻にさわぐおばあちゃんにいらだち、何とかもとにもどってもらおうという気持ち。

問2　——線②「きゅうすを少し乱暴に盆に置くと」とありますが、なぜ「春子」は「きゅうすを乱暴に」置いたのですか。その理由としてふさわしいものを、次の中から一つ選び、記号で答えなさい。

ア　母親の様子がとても気になるのに、医者がそれほど親身になってくれないことに不満を感じているから。
イ　母親の病状が少しずつ悪くなっているのに、妹が今日までお見舞《みま》いに来なかったことが許せないから。
ウ　自分は医者の指示に従《したが》っているのに、妹があれこれと口出ししてくることが不愉快《ふゆかい》だったから。
エ　母親はよくない状況《じょうきょう》だが、医者は心配していないようなので自分もしっかりしないといけないと思ったから。

問3　——線③「『おばあちゃん？』遊太がかすれた声を出した」とありますが、この表現から読み取れる「遊太」の気持ちを説明したものとしてふさわしいものを、次の中から一つ選び、記号で答えなさい。

ア　怒《いか》りと絶望　**イ**　疑問《ぎもん》と不信　**ウ**　動揺《どうよう》と焦《あせ》り　**エ**　驚きと不安

問4　——線④「春子さんが～しめた」とありますが、なぜ春子さんはこのようなことをしたのですか、それがわかる部分を本文中から一文で探《さが》し、はじめの五字を答えなさい。

コラム

限られた時間で、実力に応じた最高の結果を出す。

国語の問題を解いている時に、「これが答えだ」と確信できることは少ないものです。ぬき出し問題はだいたいの場所はわかったけど、はじめと終わりがはっきりしない。記述問題は言いたいことはわかるんだけど短すぎる。テストが終わった時にも、「まあまあ」という感想しか持てないことが多いのではないでしょうか。

私《わたし》はそれがふつうだと思っています。国語という科目は、いきなり答えがわかるものではありません。常に「もやもやとした気持ち」との戦いだとも思っています。

ただ、その「もやもやしたもの」を、メモや本文への書きこみを通じて「形のあるもの」にしていくことはできます。これから受験国語を学ぶ人たちには、そうやって「形」を作ることに重きをおいてほしいのです。読み取ったこと、考えたこと、本文で意識したところに書きこみを入れることで、「ここまでは考えた」という印を残してください。

国語のテストは「限られた時間で、実力に応じた最高の結果を出す」ことに意義があります。みなさんの実力が仮に七〇点だとしましょう。すると、テストではどれだけ時間をかけても、七〇点の答案しか作れないものなのです。「テストにおけるテクニック」は、実力が点数になる割合《わりあい》(パーセント)ということになります。「実力」をはかるためには、答案作りのテクニックが確かなものでないといけない、とも言えます。

では、「実力」とは何でしょう。「実力」とは、知識によるところが大きく、文章の種類に関《かか》わらず「語彙力《ごいりょく》」が中心になります。そして、文章を形作る「構成」を見ぬくのも、知識によるものが多いでしょう。これらの力は一朝一夕《いっちょういっせき》につくものではなく、問題演習を通じて少しずつ蓄《たくわ》えるしかありません。

この後の入試問題演習では、テクニックの使い方を応用して、みなさんの「実力」が一〇〇パーセント、答案に出てくるようにしてください。そうすれば、この本を学習し終わった後にいろいろな問題に出会っても、そこで「実力」を磨《みが》くことができるようになります。

第2編

入試問題に挑戦《ちょうせん》

通読時間を計ってみよう □分□秒 〈目標4分〉

●次の文章を読んで、後の問いに答えなさい。［目標時間25分］ 答え▼別冊 p.54

最近では、いろんな鳥が都市に進出し、身近なところで繁殖《はんしょく》するようになった。しかし、人の存在《そんざい》は今も昔も野鳥にとって、［あ］安全なものではない。人が野鳥のaセイソク環境《かんきょう》を破壊《はかい》しているという意味でも、また繁殖中の雛《ひな》や卵《たまご》をとったり、ハンターによる狩猟《しゅりょう》やカスミ網《あみ》などによる密猟《みつりょう》など、野鳥にとって最も恐《おそ》ろしい動物は人である。

多くの野鳥は、天敵や人に発見されにくい、また、接近されにくい場所、たとえば樹木《じゅもく》の高所や枝や葉が繁《しげ》っているところ、樹洞《じゅどう》の中、岩場などに営巣《えいそう》する。私《わたし》たちが、野外で鳥の巣を見つけにくいのはそのためだ。

ところが、ツバメの場合は、こうした多くの野鳥の生態とは正反対である。ツバメの巣は、人家の軒下《のきした》や商店街のアーケード、駐《ちゅう》車場《しゃじょう》の天井《てんじょう》、駅の改札口やホームの天井など、いずれも人の目に触《ふ》れるところばかりである。手を伸《の》ばせば、巣に届《とど》くような場所もある。

①なぜツバメは、この世で最も恐ろしい動物である人の目の前で繁殖するのだろうか。また、②人はなぜツバメの巣を壊《こわ》したり、卵や雛をとったりしないのだろうか。

日本で、ツバメがいつごろから人家などで繁殖するようになったのかは分からない。また、日本列島に人が住み着く前に、ツバメがどうしていたのか、どこで繁殖していたのかも分からない。しかしすでに、日本最古の物語といわれる『竹取物語』には、ツバメが人家で繁殖していることが記載《きさい》されている。この物語は、九世紀末から十世紀にかけて成立したものなので、ツバメが人家に営巣するようになってから、少なくとも千年以上にもなるといえる。ツバメが人家で営巣するようになった歴史は古く、筆者の予想では、各地に水田稲作《いなさく》が普及《ふきゅう》し、集落が出現した弥生《やよい》時代にまで遡《さかのぼ》るのではないかと思う。

ツバメだけが人に愛され、人家周辺で繁殖している背景《はいけい》には、ツバメが水田稲作の益鳥であるということが関係している。ツバメ

（富士見丘中・改 唐沢孝一『早起きカラスはなぜ三文の得か』）

は、空を自由闊達《じゆうかったつ》に飛翔《ひしょう》しながら、空中のカやガガンボ、ウンカなどの飛翔昆虫《こんちゅう》を捕食《ほしょく》する。昆虫が多量に発生するのは河川《かせん》や水田、沼地《ぬまち》、お濠《ほり》などの水辺であり、農薬が使用される以前の水田は、ツバメにとって絶好の採餌場《さいじじょう》であった。昔の人は、ツバメが稲《いね》の害虫を食べてくれる益鳥であることを見抜《みぬ》いていたのだ。

ツバメが益鳥として愛護されたのに対し、同じように水田地帯で採餌しながら、③スズメが害鳥として駆除《くじょ》の対象にされたのは、食性の違《ちが》いによる。ツバメは、空中を飛翔する昆虫や蛾《が》などを捕食するように進化した。また、飛翔昆虫の減少するbバンシュウには南国に渡去してしまうため、日本で生活するのは春から秋である。それに対して、スズメは基本的に種子を食べて生活している。［い］、一年中、人家周辺に生息している留鳥である。そして当然のことながら、スズメにとって作物と雑草に区別はない。しかし農業にc従事している人には、精魂込《せいこんこ》めて育ててきた作物を、［う］米一粒《ひとつぶ》であろうとも、ようやく収穫《しゅうかく》というときになって野鳥に横取りされるのではたまったものではない。スズメやカラス、ムクドリなどの農作物を食べる留鳥にくらべ、ツバメだけが特別に愛護されたのも当然のことかもしれない。

「ツバメの繁殖している家は栄える」、「商売が繁盛《はんじょう》する」、「ツバメの巣を壊したり、卵や雛をとると火事になる、大水で家が流される」といったことを、筆者は、子どものころから聞かされて育ってきた。昔の人は、ツバメの有用性や農業生態系《せいたいけい》における重要性などを、子どもたちに理論的《りろんてき》に教育する代わりに、「たたり」があるものとして教えたのだ。

一方、ツバメは、営巣地を自然の繁殖場所から人家周辺にトラバーユすることにより、ヘビや猛禽類《もうきんるい》、カラスなどの天敵による被《ひ》害《がい》を減らすことに成功した。人が存在するおかげで、人以外の天敵が近寄れないからだ。ツバメにしてみれば、できるかぎり人に接近し、人の目につくような建物に営巣したいのである。軒下より、家の中のほうが安全だ。人の出入りの多い店や駅に好んで営巣し、繁殖するのもそのためである。「ツバメが繁殖すると商売が繁盛する」というのもあながち誤《あやま》りとはいえない。

農村が都市となり、東京や大阪《おおさか》のような巨大《きょだい》都市が出現しても、そこに住んでいる人々の多くは農村出身者である。都心の銀座《ぎんざ》や大手町などでもツバメが繁殖しているのは、ツバメだけは大切にしなければならないという教えをうけた人々によって、今でも愛護されているからだ。

ツバメが人家周辺で繁殖している背景には、数千年にわたって水田稲作を行なってきた日本人とツバメの、長いつきあいの歴史が感じられる。

ツバメの巣は、泥《どろ》でできている。正確にいうと、水を含《ふく》んだ粘土質《ねんどしつ》の泥とだ液を混ぜ、壁面《へきめん》に塗《ぬ》りつけて足場を造り、これに「泥だんご」を積み重ねてお椀《わん》型の巣を造るのだ。「泥だんご」というのは、口の中でだ液を混ぜ、これに雑草などの繊維質《せんいしつ》をブレンドしてこねてまわして固めたものである。昔の家の泥壁《どろかべ》は粘土質の泥とわらを混ぜたもので、乾燥《かんそう》すると非常に丈夫《じょうぶ》で耐久性《たいきゅうせい》があった。ツバメの巣の材質は、泥壁によく似ている。

ツバメが巣をつくるためには、水を含んだ泥が必要である。農村では、巣作りに適した泥が、水田の畦《あぜ》や水路、池や沼《ぬま》などの岸辺にいくらでもあった。ところが、コンクリートで固められた都会では、巣材に適した泥が手に入らない。また、通りや公園では徹底《てってい》して除草《じょそう》するため、雑草の繊維質も少ないのである。

東京でも、上野公園周辺のツバメのように、動物園のキリンやサイなどの繊維質の混じった糞《ふん》や泥を利用できる、恵《めぐ》まれたツバメもいる。しかし、東京駅周辺や銀座などのツバメは、巣材を集めるために涙《なみだ》ぐましい努力をしている。あちこちの工事現場で泥を探《さが》したり、風に吹《ふ》かれて屋上にたまった砂《すな》泥じりの泥まで集めてくる。砂ぼこりのような泥なので、粘《ねば》り気《け》がない。それで、雛《ひな》が成長すると、その重みで巣が壊れてしまう。

都心では、ツバメの巣の建築材料は、確実に不足している。そこで、泥と水と雑草の繊維質などをセットしたdヨウキを用意し、都心のビルの屋上に設置することも考えた。しかし、人の思うようには巣作りしてくれない。

え、実際のツバメの繁殖を観察してみると、いろんな物を巣材の代用として利用している。人が取り付けてやった板の上に巣造りしたり、カップラーメンや竹ザルの中でも繁殖する。また、千代田区神保町《じんぼうちょう》では、真っ赤なプラスチック製の巣でも平気で子育てしたのである。ツバメの雛はよく巣から落下するが、その雛をカゴや段《だん》ボールなどに入れて目立つ所に置いてやると、親鳥は子育てを続ける。

ツバメは、泥の巣でなければ子育てをしないということはない。イギリスの野鳥関係の雑誌《ざっし》には、④ツバメ用人工巣の販売《はんばい》広告が出ているくらいである。

日本では、中学校の理科の先生をされている井口豊重さんの造ったツバメの人工巣が有名である。都市鳥研究会の会誌《かいし》「URBAN BIRDS」の第四五号に載《の》った井口さんの論文《ろんぶん》によれば、人工巣は彫刻用発砲《ちょうこくようはっぽう》コンクリートでつくる。これをベニヤ板に固定し、その板を建物の壁面にボルトで止めるという方法である。

杉並区《すぎなみく》で実際に人工巣を設置したところ、ツバメたちの人気は抜群《ばつぐん》だった。自然巣と人工巣を並《なら》べて取りつけたところ、人工巣のほうで繁殖してしまうほどだ。筆者も人工巣での繁殖状況《じょうきょう》を観察したが、自然の巣と少しも変わりない。ツバメにしてみれば、風雨で壊れることもなく、しかも、しっかり固定され、振動《しんどう》にびくともしないので、これほど理想的な巣はないのかもしれない。巣の形も、必ずしもお椀型である必要はない。四角ばった斬新《ざんしん》な巣でも繁殖するのだ。

人工巣の開発は、都会のツバメにとってe画期的な出来事である。泥や雑草のない都会でも繁殖が可能になる。また、ツバメの雛は、巣の下に糞を落とす習性がある。駅や商店などでは、人の出入りする場所に営巣《えいそう》されると糞害に悩《なや》むが、この人工巣によって営巣地点を少しずらせば、糞害を避《さ》けることができるかもしれない。最近のビルは外壁《がいへき》がツルツルして滑《すべ》りやすく、泥が接着せず巣造りができない場合がある。しかし、井口式ボルトで固定する人工巣を用いれば、どんなところでも営巣可能だ。しかも、取り外しが自由なので、⑤シーズンオフになれば巣を取り外して、ダニやほこりなどの清掃《せいそう》をすることも容易なのだ。

ツバメは、遠い昔に自然の繁殖場所を放棄《ほうき》して、人の住む人為環境《じんいかんきょう》で繁殖するようになった。初めは、水田稲作とともに農家の家の中や軒下を利用する農村の鳥だったが、農村から都市環境へと適応し、そしてついに人の造った人工巣でも繁殖する時代を迎《むか》えようとしている。ツバメは季節によって移動を繰《く》り返す渡《わた》り鳥《どり》としての習性を守りながら、他方では、巣の材質や構造などに関しては臨機応変《りんきおうへん》に対応している。今後、都市環境の変化に伴《ともな》って、都会のツバメの生態がどのように変化するのか見守りたいと思う。

問1 ――線①「なぜツバメは、この世で最も恐ろしい動物である人の目の前で繁殖するのだろうか」とありますが、この理由が書かれている部分を本文の中から十四文字でぬき出しなさい。（句読点はふくまない）

問2 ――線②「人はなぜツバメの巣を壊したり、卵や雛をとったりしないのだろうか」とありますが、人々が「巣を壊したり、卵や雛をとったりしない」直接的な理由が書かれている部分を「〜だから」につながる形で本文中から十三文字でぬき出しなさい。（句読点はふくまない）

だから

問3 ――線③「スズメが害鳥として駆除の対象にされたのは、食性の違いによる」とありますが、「スズメ」と「ツバメ」が食べる物として本文中に挙げられているものを、次の中からそれぞれ二つずつ選び、記号で答えなさい。

ア 種子　**イ** 蛾《が》　**ウ** ヘビ　**エ** ガガンボ
オ 農作物　**カ** 猛禽類《もうきんるい》　**キ** 樹木

スズメ

ツバメ

問4 ――線④「ツバメ用人工巣の販売広告が出ているくらいである」とありますが、「ツバメ用の人工巣」は「ツバメ」と「人間」にとって、どのような点で都合がよいものですか。本文中の言葉を使ってそれぞれ一つずつあげなさい。

ツバメ ［　　］

人間 ［　　］

問5 ――線⑤「シーズンオフになれば」について、「シーズンオフ」とは、「時期が過ぎる」「季節が終わる」といった意味ですが、ここでは、具体的にはどのような時期を指しますか。その説明として最もふさわしいものを次の中から選び、記号で答えなさい。

ア ツバメが、泥で作った巣にもどってしまった時
イ ツバメの巣が、古くなって使われなくなった時
ウ ツバメが、子育てを終え、南国に渡っていく時
エ ツバメの雛が巣立ち、親鳥が死んでしまった時

［　　］

問6 本文中の空欄《くうらん》 あ ～ え にあてはまる語の組み合わせとして最もふさわしいものを次の中から選び、記号で答えなさい。

ア あ ところが　い けっして　う たとえ　え しかも
イ あ けっして　い しかも　う たとえ　え ところが
ウ あ たとえ　い しかも　う けっして　え ところが
エ あ けっして　い ところが　う しかも　え たとえ

［　　］

問7　本文の内容に合っているものを次の中から二つ選び、記号で答えなさい。

ア　ツバメが民家の近くでも繁殖することは、日本最古の物語である「竹取物語」にも書かれている。

イ　ツバメは、コンクリートで固められた都会では、泥を手に入れることができないため巣を作らない。

ウ　「ツバメが繁殖すると商売が繁盛する」というのは、昔の人たちの間だけで通用することだ。

エ　ツバメは、巣の材料や形にこだわりを持たないので、自然のものでなくても巣作りに使うことがある。

オ　「ツバメ」以外にも都市の中で繁殖する鳥はたくさんいて、その全てが人間に愛護されている。

問8　══線a～eのカタカナは漢字に直し、漢字は読みをひらがなで答えなさい。

a

b

c

d

e

標準問題 2 説明的文章

通読時間を計ってみよう　□分□秒〈目標2分〉

●次の文章を読んで、後の問いに答えなさい。［目標時間25分］

（白百合学園中　池内了『科学の落し穴―ウソではないがホントでもない』）答え▼別冊 *p.58*

※入試では原文に一部変更があります。

愛知万博《ばんぱく》では、微生物《びせいぶつ》によって分解される生分解性プラスチックでできた食器やゴミ袋《ぶくろ》を使用したことによって、七二〇トン分の二酸化炭素の排出《はいしゅつ》を削減《さくげん》できたという。トウモロコシを原料とするコップや皿などの食器二〇〇〇万個、ゴミ袋五五万枚《まい》を使ったためだ。何度も使い回せる食器で余分なゴミを減らす、二酸化炭素を出さないような製品に変える、などの技術《ぎじゅつ》のおかげである。環境《かんきょう》との共生を*謳《うた》った愛知万博らしい成果であったと言える。

しかし、ふと疑問《ぎもん》に思うこともある。①道徳が技術に肩代《かたが》わりされていくことで良いのだろうか、という疑問である。愛知万博では、食器やゴミ袋に環境に優《やさ》しいものが使われるようになって、何も気にすることなく容器を捨《す》てることができた。これが堆肥《たいひ》になると思えば、使い捨てすることの後ろめたさを薄《うす》れさせてしまったのだ。技術が道徳の代行をしてくれたためである。

［ Ｉ ］、私《わたし》たちの良心と行動によって地球環境を守るよう求められている。地球に優しいと自ら感じたことを自発的に実行し、生活まで変えていこうとする覚悟《かくご》が重要なのである。そのような意識は人間が持つべき「道徳」として定着しつつある。道徳と言えば堅苦《かたくる》しいが、人間としての行動の*規範《きはん》のことで、そのような発想（環境倫理《りんり》というべきかもしれない）を身につけた人間が増えていくことこそが②人類の未来への希望とも言えるだろう。

［ Ⅱ ］、そのような個人の道徳心を自然に育てるのではなく、③技術によって問題が発生しないように前もって手を打っていくことが増えている。それによって表面的には道徳が機能しているかのような状態が作り出されるのである。

【　Ａ　】

映画館《えいがかん》や学校では通信妨害《ぼうがい》電波を発信して、ケータイを実質的に使えなくする方法が広がり始めている。これによって映画館や学校の静寂《せいじゃく》が守られるというわけだ。［Ⅲ］、クルマの速度制御装置《せいぎょそうち》を制限速度以下になるよう設定しておけば、スピード違反《いはん》をしなくて済む。速度制御装置を取り付けようと考えたのは道徳心から来たものだが、後はそれにお任せしておけばもはやクルマのスピードのことを考える必要がない。

【 B 】

しかし、④技術が発達すれば、その分だけ私たちの能力が失われていくことに注意する必要がある。鉛筆《えんぴつ》がシャープペンシルに取《と》り替《か》わって子どもたちはナイフを使うことができなくなり、クルマを使うことが増えて走力が衰《おとろ》え、エアコンがあらゆる場所に普及《ふきゅう》して体が汗《あせ》をかかなくなった。パソコンを使うようになって漢字の書き方を忘《わす》れることも増えた。技術が手や足や体や頭脳の役割《やくわり》を肩代わりしてくれることによって、知らず知らずのうちに私たちが原初的に持っていた能力を失っているのだ。

【 C 】

これと同じだとすれば、技術が道徳の代行をするうちに、私たちが生来的に持ち、あるいは成長の過程で獲得《かくとく》してきた道徳的な判断力が衰えていくことにならないだろうか。大勢の人がいる場でケータイを使わないのは、人に迷惑《めいわく》になるための配慮《はいりょ》ではなく、妨害電波があるためになってしまう。スピード違反をしないのは、事故で人を殺しかねないためではなく、速度制限装置が働いてくれるためになるかもしれない。本来の道徳的な目標が忘れられ、ただ技術が命じるままに行動しているだけになりかねないのだ。

【 D 】

このような技術はまだ一部でしか使われていないから考え過ぎと思われそうだが、⑤それが全面的に広がって当たり前になってしまったらどうなるかを想像する必要があるだろう。ひょっとすると、人々は道徳心を失ったロボット同然の行動しかしなくなるかもしれない。

【 E 】

回りくどいようだが、人々の道徳心を育て、どのように判断すべきかを決めていける人間であり続けねば、社会は荒廃《こうはい》してしまうだろう。⑥道徳を技術で置《お》き換えることの危《あぶ》なさを考えておくべきではないだろうか

（注）＊謳った……そのことをはっきりととりあげた　＊規範……従《したが》うことが求められる行動

問1　本文からは、次の文がぬけています。どこに入れるのがよいですか。【　A　】～【　E　】の中から選び、記号で答えなさい。

確かに、それらによって公衆《こうしゅう》の平和と安全が保たれ、地球環境に優しい行為《こうい》が自動的になされるようになるのだから、結構なことと言うべきかもしれない。

問2　――線①「道徳が技術に肩代わりされて」、――線③「技術によって～手を打っていく」とは、どのような状態になることですか。次の中からそれぞれ選んで記号で答えなさい。

①「道徳が技術に肩代わりされて」

ア　道徳が技術のかわりになって　　イ　技術が道徳のかわりになって

ウ　道徳が技術よりも優位《ゆうい》になって　　エ　技術が道徳よりも優位になって

③「技術によって問題が発生しないように前もって手を打っていく」

ア　技術のせいで問題が発生しないように、前もって必要な方法を準備していく

イ　技術のせいで問題が発生しないように、前もって必要な方法を予想していく

ウ　問題が発生しないように、技術を使って前もって必要な方法を準備していく

エ　問題が発生しないように、技術を使って前もって必要な方法を予想していく

問3　文中の空らん［Ⅰ］～［Ⅲ］にあてはまる言葉を次の中から一つずつ選び、記号で答えなさい。

ア　結局　　イ　ところが　　ウ　だから　　エ　本来

オ　時々　　カ　たとえば　　キ　また

Ⅰ［　］　Ⅱ［　］　Ⅲ［　］

問4　――線②「人類の未来への希望」とありますが、筆者はどういうことが「人類の未来への希望」だと考えていますか。本文中の言葉を使って六十字以内で説明しなさい。

問5　――線④「技術が発達すれば、その分だけ私たちの能力が失われていくこと」の例として、どんなことが考えられますか。本文に挙げられている例とは異なる例を一つ、考えて書きなさい。

問6　――線⑤「それ」とはどのようなことを指していますか。本文中の言葉を使って十字前後で答えなさい。

10

問7　――線⑥「道徳を技術で置き換えることの危なさ」とありますが、どういう点が危ないのですか。説明しなさい。

標準問題 3　説明的文章

通読時間を計ってみよう　□分□秒　〈目標3分〉

●次の文章を読んで、後の問いに答えなさい。［目標時間30分］

□1 あるとき京都市動物園に行ってみた。ライオン、トラ、ゾウ、キリン、ペンギン……と一通り見物し、少し疲《つか》れたこともあり、柵《さく》にもたれかかってサル山のサルを眺《なが》めていた。サル山といっても動物園のことであるから、極《きわ》めて［A］的なものである。それでも子ザルたちは元気一杯《いっぱい》で、岩から岩へと跳《と》び移《うつ》る姿《すがた》はまさに「①猿《ましら》の如《ごと》く」であった。

□2 そうこうするうちそのサルが、②何だか妙《みょう》なサルであることに気づいてきたのである。ニホンザルなのに尻尾《しっぽ》が変に長い。そういえば顔つきも幾分《いくぶん》角ばっていて、あの愛らしいおサルさん顔のイメージとは大分かけ離《はな》れている。私《わたし》はしばし考えた。

□3 〈そうだ、ここのニホンザルは特別なのかもしれない。何しろ伝統ある京都市動物園のサル山ではないか。ニホンザルだって群れによってはそれくらいの違《ちが》いはあるだろう。動物というものは③偏見《へんけん》の目で見てはいけないのだ。今後の戒《いまし》めとしなくては……それにしても、やっぱり変。ニホンザルなのに、どうして?〉

□4 その疑問《ぎもん》は呆気《あっけ》なく氷解したのである。柵の前のプレートに掲《かか》げられたサルの名は、「あかげざる」。ニホンザルに大変近く、インドや東南アジアにすむサルである。私は、サル山のサルはニホンザルに違いないという極度の先入観（あるいは無知）によってアカゲザルをニホンザルと見間違《みまちが》えていたのだった。

□5 マカク属《ぞく》には全部で一九種のサルが属している。うち、④カニクイザル、タイワンザル、アカゲザル、ニホンザルの四種は生殖《せいしょく》器《き》の特徴《とくちょう》などから特に近縁《きんえん》とされる。互《たが》いに交配すると繁殖力《はんしょくりょく》のある雑種さえ生まれてくるほどだ。ところが四種の尾《お》の長さを比較《ひかく》してみると、著《いちじる》しい違いが見えてくるのである。

□6 カニクイザルの尾は体長（頭胴長《とうどうちょう》）と同じくらいかやや長め、タイワンザルの尾は体長より少し短め、アカゲザルのそれは体長の約半分、そしてニホンザルの場合は体長の五分の一にも満たないくらいなのである。カニクイザル以下ニホンザルまで、体長はあ

（成城学園中　竹内久美子『パラサイト日本人論』）

答え▼別冊 p.62

まり変わりない(四〇〜六〇センチメートル)。 B 尻尾の方はどんどん短くなっていくのである。

7 この現象の裏《うら》にあるものは、彼《かれ》らのすんでいる土地の気候である。カニクイザルはインドシナ半島からフィリピン、インドネシアにかけて、タイワンザルはその名の通り台湾《たいわん》に、アカゲザルは冬には雪さえ積もるパキスタン北部やアフガニスタン、そしてインド、インドシナ半島北部、中国南部にかけて、ニホンザルは日本列島の、南は屋久島《やくしま》(屋久島のサルは他のニホンザルよりもやや小型でずんぐりしており、ヤクザルとして区別される)から本州最北端《さいほくたん》の下北半島まで、とそれぞれ異《こと》なる気候にすんでいる。カニクイザルが最も暑さの厳《きび》しい土地に暮《く》らし、ニホンザルが最も寒冷な土地に進出していることは言うまでもない。

8 暑さが厳しい場合には熱を効率よく放散させるため、尾などは長くして体の出っ張りを増やし、表面積を大いに稼《かせ》ぎ出《だ》すべきだろう。逆に寒さに対しては体形は丸く、尾など体の出っ張りは少なくして表面積を減らすべきなのである。気候に対する適応としてこのように体形が変化することは、動物界に普遍《ふへん》である。寒さとともに出っ張りが少なく、体形が丸味《まるみ》を⑤おびる現象はアレンの法則として知られている。

9 そんなわけで、たかがサルの尻尾とはいえ、その長さには重大な意味が含《ふく》まれているのである。戦後間もなくの頃《ころ》、京都市動物園のサル山に移入されたカニクイザルの一頭は、凍傷《とうしょう》のため自慢《じまん》の尻尾がポロリと落ちてしまったそうである。日本列島で暮らすには長い尻尾は無用の長物なのだろう。かつてニホンザルが日本列島に進出しようとしたときに、この、サルとしては寒すぎる気候に対し、⑥尻尾の改造が最優先《さいゆうせん》の課題であったことは想像に余りあるのである。

問1 空らん A に入る最もふさわしい言葉を次の中から選び、記号で答えなさい。

ア 人工　イ 本格　ウ 自然　エ 保守　オ 具体

問2 ——線①「猿の如く」とありますが、どのような様子を表す言葉だと読み取れますか。次の中から選び、記号で答えなさい。

ア まじめさ　イ かわいらしさ　ウ すばやさ　エ おおらかさ

問3　次の文章は本文のどの形式段落の後に入りますか。形式段落の番号で答えなさい。

ニホンザルもアカゲザルも、オナガザル科マカク属のメンバーである。オナガザルというくらいだからこのグループのサルは皆《みな》尾《お》が長いかというと、そうでもない。今問題にしているニホンザルとアカゲザルは、オナガザル科には似つかわしくない存在《そんざい》だ。

問4　――線②「何だか妙なサル」とありますが、

(1)　どこが妙なのですか。具体的な内容を「このサルは普通のニホンザルにくらべて～こと」という形に合うように、二十字以内にまとめて答えなさい。

このサルは普通のニホンザルにくらべて
こと

(2)　(1)のようなサルの様子が妙に思えたのはなぜですか。その理由を説明している一文を本文中から探《さが》し、はじめの五字をぬき出して答えなさい。

問5　――線③「偏見の目」とはここではどういうことですか。最もふさわしいものを次の中から選び、記号で答えなさい。

ア　ニホンザルとはこういうものだという思《おも》い込《こ》み
イ　ここのサルはニホンザルだという思い込み
ウ　ここのサルは特別だという思い込み
エ　サルは群れによって違《ちが》うものだという思い込み

問6　――線④「カニクイザル、タイワンザル、アカゲザル、ニホンザル」とありますが、

(1)　仮に体長五十二センチメートルのサルの場合、それぞれの尾の長さはおよそ何センチメートルになりますか。次の中から選び、記号で答えなさい。

ア　十センチメートル　　イ　二十五センチメートル
ウ　三十センチメートル　　エ　四十七センチメートル
オ　五十センチメートル　　カ　五十五センチメートル

カニクイザル［　］　タイワンザル［　］
アカゲザル［　］　ニホンザル［　］

(2)　この中で最も尾の長いサルは、そのほかのサルとくらべてどんな特徴《とくちょう》のある場所に住んでいますか。「〜場所」という形に合うように、十字以内で本文中から探し、ぬき出して答えなさい。

［　　　　　　　　　　］場所

(3)　(2)で取りあげたサルの尾が長い理由を本文中から十五字以内で探し、ぬき出して答えなさい。

［　　　　　　　　　　　　　　　］

問7　空らん［B］に入る最も ふさわしい言葉を次の中から選び、記号で答えなさい。

ア　ところで　　イ　なぜなら　　ウ　たとえば　　エ　ところが

［　］

問8　――線⑤「おびる」とありますが、これを漢字に直したものを、次の中から選び、記号で答えなさい。

ア　負びる　イ　男びる　ウ　追びる　エ　帯びる

問9　――線⑥「尻尾の改造」とありますが、ニホンザルの尾は何のために、どのように変化したと筆者は考えていますか。具体的に説明しなさい。

標準問題 4

説明的文章

通読時間を計ってみよう　□分□秒　〈目標4分〉

●次の文章を読んで、後の問いに答えなさい。［目標時間25分］

10年くらい前までは、日本の家庭には新聞があるのが当たり前でした。毎朝、父親が朝ご飯を食べながら新聞を読んでいたり、朝食後に母親や祖父母が新聞を読んでいる光景は日本のほとんどの家庭で見られたものです。①これは、世界的に見てかなり特別なことでした。日本に新聞配達という独特な制度があり、朝夕に、宅配《たくはい》するという地道な仕事を続けてきた人たちがいたおかげで、日本人は「　あ　」と「　い　」とに日常的に接することができたのです。

私《わたし》の小学生時代は、ほとんどクラス全員の家庭で新聞を取っていました。「明日は新聞を持ってきましょう」と担任《たんにん》の先生に言われて、新聞の読み方についての授業が行われたのを覚えています。しかし、あのような授業が行えたのは「ほとんどの家庭で新聞を取っている」ことが＊暗黙《あんもく》の了解《りょうかい》としてあったからです。②今でしたらニュースはインターネットや携帯《けいたい》＊サイトでチェックして、新聞は取っていないという家庭も増えていますから、生徒に新聞を持ってこさせるという授業自体が成り立ちません。新聞を使用した授業をするためには先生があらかじめ「教材」を準備しなくてはならないでしょう。

新聞が毎日のように読まれるようになったのは明治時代からと言われています。当時は新聞を音読する人も結構多かったそうです。声を出して暗唱できるまで繰《く》り返《かえ》し読む学習法が「素読《そどく》」といいますが、明治などはこの「素読」の習慣がまだ残っていました。なんでも繰り返して音読することが身についていたおじいちゃんが、毎朝新聞を音読し、それを聞いていた子どもたちもいたことでしょう。

新聞を家庭で読むという習慣はこうして定着していき、収入《しゅうにゅう》に関係なく新聞だけは取っているのが当たり前という状況《じょうきょう》にまでなりました。実はこれは、明治以降《いこう》の日本人が一定水準の学力を＊キープする上で、非常に重要な働きをしたのではないかと私は考えてい

（星野学園中・改　齋藤孝『新聞で学力を伸ばす』）答え▼別冊 *p.66*

※入試では原文に一部変更・省略があります。

ます。教育水準、所得水準に関係なくとりあえず親が新聞くらいは読もうとする。その程度の学力と社会的好奇心《こうきしん》をみんなが持っていたわけです。社会に対する興味関心が新聞という形で表されるのと同時に、新聞によって維持《いじ》されてきたという面があったのです。政治のことは自分には直接は関係ないとしても、新聞を取っていることによって、政治や社会に対する関心が維持され、刺激《しげき》され続け、そのことによって日本人の知的能力の底辺がだんだん高くなっていった。それが明治以降の日本のあり方だったと思います。

　このように日本人の知的水準や社会的関心を高める上で大きな役割《やくわり》を果たしてきた新聞ですが、この10年くらいの間に③その位置は大きく変化してきました。インターネットの発展《はってん》、情報の電子化によって、今の時代、情報はネットを通じてあふれるほどあって、しかも*リアルタイムで*更新《こうしん》されていきます。

　かつてのように新聞が社会の動きを知るためのほとんど唯一《ゆいいつ》の*メディアであった時代とは大きく様変わりしました。ネットでは時々刻々《じじこっこく》と新しい情報が流れます。情報*摂取《せっしゅ》という点では、新聞よりもネットを利用する人が多くなり、紙の新聞を取らないという家庭も増えてきています。【ア】

　私自身も日々の情報収集《しゅうしゅう》という点では、インターネットでニュースを見たり、*リサーチしたりと電子メディアをしばしば利用しています。（１）、簡単《かんたん》便利な情報収集のためではなく、子どもの実用日本語力を身につけるという別の目的のために、もう一度、紙の新聞に注目していただきたいのです。

「インターネットの時代、子どももネットの使い方をマスターし、ネットでの情報収集力を身につけるべき」と考える方もいるかもしれません。もちろん、子どもたちがインターネットの利用法や情報収集力を身につけることは必要です。特に*玉石混淆《ぎょくせきこんこう》のネットの情報を見分ける能力はこれからの子どもたちにとっては欠かすことのできない*スキルです。

（２）、インターネットを含《ふく》め、「*メディアリテラシー」の基礎力《きそりょく》を身につけるにはインターネットではなく、まず紙の新聞でトレーニングすべきだと思うのです。子どもが基本的な読む力を身につけたり、論理的《ろんりてき》な考え方を身につけていく上では、紙の新聞に優《まさ》るものはないと思うからです。

　紙の新聞は分単位、秒単位で情報が更新される21世紀の現在では、（３）「スロー」なメディアです。ネットのメディアのように時々刻々と新しい情報を*キャッチアップしていくことはできません。しかし、印刷され、なによりもまず「物」として存在《そんざい》しています。ネットでの情報が時々刻々と入《い》れ替《か》わり、どんどん消費されていくのに対し、紙に印刷されたものは「安定性」や「確定性」を想起させるものです。これは私の世代あたりまでの感覚かもしれません。

新聞は毎朝、家に配達され、手で持つことができ、触《さわ》ることができ、「匂《にお》い」を発しています。【 イ 】さらに記事に書《か》き込《こ》みをしたり、切り取って*スクラップすることもできます。戦前には新聞を声に出して読む人も珍《めずら》しくありませんでした。

このように、明治以降の日本人は紙の新聞を通じて「④身体的」にメディアと接してきました。「身体的」というのは、つまり新聞は毎日実際に触《ふ》れて、紙やインクの匂いをかげて、かつ記事に自由に書き込みができ、興味深い記事は切り取って保管することもできるということです。

まさにネット情報と対照的な「スロー」なメディアですね。【 ウ 】

考える技《わざ》を身につけていかなくてはならない子どもの頭には、スローなメディアが適しているのです。

(注) *暗黙の了解……だまっていて何も言わなくても、おたがい分かっていること。
*サイト……インターネット上のホームページなど。

*キープ……保つこと。

*リアルタイム……即時《そくじ》。同時。

*更新《こうしん》……古いものが新しく改まること。

*メディア……情報を伝えるためのなかだちとなるもの。

*摂取……取り入れて自分のものにすること。

*リサーチ……調査。研究。

*玉石混淆……すぐれたものとつまらないものとが入りまじって区別がないこと。

*スキル……能力。

*メディアリテラシー……情報を評価し、見分ける能力。

*キャッチアップ……遅《おく》れずについていくこと。

*スクラップ……新聞・雑誌《ざっし》などの記事を切りぬいて整理保存《ほぞん》すること。またその切りぬき。

問1　次の一文を本文中に入れるとしたら、どこがよいですか。最もよいところを【　ア　】～【　ウ　】から選び、記号で答えなさい。

実はこうした「スローなメディア」こそが、子どもの「技の習得」には適しているというのが私の意見です。

問2　あ・い　にあてはまる語の組み合わせとして最もよいものを次の中から選び、記号で答えなさい。

ア　あ　新聞　い　家族　　イ　あ　情報　い　実用日本語

ウ　あ　政治　い　配達制度　　エ　あ　社会　い　家庭

問3　（　1　）～（　3　）にあてはまる言葉として最もよいものを次の中からそれぞれ選び、記号で答えなさい。（ただし、同じ記号を二度使ってはいけません。）

ア　ただし　　イ　すると　　ウ　むしろ　　エ　しかし

1　2　3

問4　――線①「これは、世界的に見てかなり特別なことでした」とありますが、「これ」とはどのようなことですか。その説明として最もよいものを次の中から選び、記号で答えなさい。

ア　毎朝、父親が朝ご飯を食べながら新聞を読み、祖父が新聞を音読していたこと。

イ　多くの家庭に新聞が毎日配達され、それぞれの家族で新聞を読む習慣があったこと。

ウ　母親や祖父母は父親のあとでないと新聞を読むことができなかったこと。

エ　新聞配達という独特な制度があり、朝夕に宅配するという地道な仕事を続けてきた人たちがいたこと。

問5　――線②「今でしたらニュースはインターネットや携帯サイトでチェックして、新聞は取っていないという家庭も増えています」とありますが、なぜですか。次の文の【　】に入る言葉を本文中から**九字**で探し、その理由を完成させなさい。

新聞に比べてインターネットや携帯サイトの方が、【　　　　】ができるから。

問6　――線③「その位置は大きく変化してきました」とありますが、どういうことですか。その説明として最もよいものを次の中から選び、記号で答えなさい。

ア　人々に言葉と社会情勢とを理解させる役割を持っていた新聞が、情報を得るためのほとんど唯一のメディアではなくなったということ。

イ　国民の一定水準の学力を引き上げてきた新聞が家庭で配達されることが当たり前となり、時々刻々と新しい情報を人々に与《あた》えるようになったということ。

ウ　教育水準、所得水準を上げることを国の方針のもとで、家庭では新聞と同じくらいインターネットを利用するようになったということ。

エ　政治や社会に対する関心を高めてきたのは新聞であり、社会に対する興味を維持してきたのはインターネットであるということ。

問7　――線④「身体的」とありますが、その説明として**あてはまらないもの**を次の中から一つ選び、記号で答えなさい。

ア　新聞を声に出して読んだということ。

イ　紙やインクの匂いを感じることができたということ。

ウ　記事に直接書き込みをしていたということ。

エ　更新された情報が自然と目に入ったということ。

問8　この文章を通して、筆者の言いたいことはどのようなことですか。最もよいものを次の中から選び、記号で答えなさい。

ア　明治時代には新聞を、家庭で素直に読むことが習慣化しており、一定水準の学力を維持していたということ。

イ　政治や社会のことは自分には無関係と思っていた人が、新聞を取ることによって所得水準をキープすることができるということ。

ウ　子どもが読む力を身につけるためには、ネットで情報収集することよりも、新聞に線を引いて読みこむといった方法がすぐれているということ。

エ　紙の新聞というスローなメディアとインターネットという電子メディアを同時に利用することで、地アタマ力をつけることができるということ。

通読時間を計ってみよう　□分　□秒　〈目標5分〉

●次の文章を読んで、後の問いに答えなさい。［目標時間30分］

*兼好《けんこう》法師は『徒然草《つれづれぐさ》』のなかで、今様《いまよう》（このごろ）の人たちの言葉づかいが、ひどく下品になったことを、二、三の例を挙げて、しきりになげいている。

それによると、むかしは、車を「もたげよ」、火を「かかげよ」、と言ったものだが、近ごろでは「もてあげよ」「かきあげよ」などと言う、とある。車をもたげよ、とは、*牛車《ぎっしゃ》の轅《ながえ》を持ち上げよ、ということであり、火をかかげよ、とは、灯火の芯《しん》を掻《か》き立《た》てて、もっと明るくせよ、という意味である。

現代の私《わたし》たちには、どうして「もたげよ」「かかげよ」が上品で、「もてあげよ」「かきあげよ」が下卑《げび》てきこえるのか理解に苦しむが、少なくとも兼好にとっては、そうした言葉づかいがひどく不快に思えたのである。おそらく語感の問題であろう。日本人は語感にこだわる民族だった。

だった、というのは、そのような言葉に対する細やかな配慮《はいりょ》が、いまではすっかり失われ、日本語がじつにぞんざいにあつかわれているからである。最近、ようやく日本語の乱《みだ》れを問題にする声が高まってきたようだが、私には、もう手おくれのように思われる。戦後五十余年、日本語は知らぬ間に、まったく変質し、乱雑《らんざつ》きわまりないものになり果ててしまったからである。

生活様式や環境《かんきょう》が新しくなれば、言葉も当然変わっていく。これは、どの国でもそうだろうが、とくに「日本は言葉の改まりやすい国」と*柳田国男《やなぎたくにお》は、もう六十年以上も前に『国語の将来《しょうらい》』と題した著書《ちょしょ》のなかで指摘《してき》している。そして、「手近な実例」として、「今まで簡単《かんたん》にハイ・ヘイヘイまたは承知しましたと言っていた代わりに、このごろは旅行などをすると、『そうですか』という答えによく出くわす」とおどろいている。彼《かれ》がそのような言葉づかいを快く思っていなかったことは、こうした受け答えにまごつき、「時々は何がそうですかだと言いたいような場合もある」と述べていることからもうかがえる。この本が出版された昭和十四年当時、

（東大寺学園中　森本哲郎「まず、まともな日本語を」）　答え▼別冊 *p.70*

①「そうですか」というあいづちはたいへん違和感《いわかん》を与《あた》えたとみえる。

この実例も、さきの兼好の場合とおなじように、いまの私たちの理解を越《こ》えるにちがいない。「そうですか」という返事は、現在ではごくふつうの言葉づかいで、全く違和感をいだかせないからだ。それどころか、ヘイヘイなどと言ったら、逆に吹《ふ》き出してしまうだろう。あるいは、人をバカにするな、何がヘイヘイだ、とおこりだすかもしれない。

このように言葉はいつの時代にもつぎつぎに変わり、知らぬ間に定着していく。いい表現に代わることもあれば、卑俗《ひぞく》な言い回しに席をゆずることもあるが、だいたいは低俗化《ていぞくか》の道をたどるのが定跡《じょうせき》のようだ。柳田国男が取り上げた「そうですか」さえ、若者《わかもの》のあいだでは「ホント?」「ウッソー」にとって代わられ、それもいまでは古めかしくなったと聞いて、いまさらながら言葉の移り変わりの速さにおどろかされる。

だが、私が問題と思うのは、そうした個々の言葉の卑俗化もさることながら、②日本語それ自体が、かなりの勢いで変質しつつあるという現状である。変質させているのは、近ごろ、いよいよ目に余るようになった圧倒的《あっとうてき》な量のカタカナ語である。日本語の歴史は、もともと外国語受容の道程だったのだから、いまさらおどろくにあたらない、と思うかもしれない。

しかし、日本人がこれまで異国《いこく》の言葉を進んで取り入れてきたのは、新しい文物と同時に流入した外国語に見合うような自国語がなかったからである。そこで明治の「文明開化」の際、西洋語をどのように翻訳《ほんやく》したらよいか、福沢諭吉《ふくざわゆきち》、西周《にしあまね》、西村茂樹《にしむらしげき》ら当時の*啓蒙家《けいもうか》たちは苦心惨憺《くしんさんたん》したのだった。いま、私たちが日常何気なく使っているかなりの単語は、このとき造語された新日本語である。「自由」「権利《けんり》」「意識」「観念」「理性」「現象」「主観」「客観」などから「銀行」にいたるまで。

第二次大戦後、アメリカ軍の占領《せんりょう》、それにつづくアメリカ文化の大波は、明治の変革《へんかく》に劣《おと》らぬ激変《げきへん》を日本の社会にもたらした。ところが、このとき、奔流《ほんりゅう》のように押《お》し寄《よ》せたアメリカ語を、人々は翻訳しようとせず、もっぱら表音文字であるカタカナ語で原語をそのまま移《うつ》し替《か》えるという安易な道をえらんだ。とうぜん、そのカタカナ表記はいい加減であり、しかも勝手に縮《ちぢ》めて乱用《らんよう》した結果、なんとも珍妙《ちんみょう》なカタカナ新語がやたらに増殖《ぞうしょく》して、日本語の姿《すがた》を根底から変えてしまったのである。

マスコミ、パトカー、コンビニ、シンポ、リストラ、ゼネコン、デジカメ、セクハラ、イメチェン、インフラ、ハイテク……。

これを日本語と言えるだろうか。むろんアメリカ語(英語)でもない。国語学者・大野晋《おおのすすむ》氏、言語学者・鈴木孝夫《すずきたかお》氏と話し合ったとき、鈴木氏は、「エアコン」（コンディション）、「マザコン」（コンプレックス）、「ミスコン」（コンテスト）、「ボディコン」（コンシャス）、「リモコン」（コントロール）といった例をあげ、コンが十いくつもの英語の省略になっていて、「コン惑《わく》しちゃう」と冷笑《れいしょう》し、駅の広場で行われる「駅コン」（コンサート）まで引き合いに出して、「③ほんとうにコン、コン、コンで、キツネの全国大会みたいだ」と笑い飛ばしていた。以来、私はこうした和製アメリカ語を「キツネ語」と呼《よ》ぶことにしている。

明治の教育者たちが、表意文字である漢字を使ってつくりだした和製漢語は、初めこそ生硬《せいこう》な感を与《あた》えたであろうが、やがて、しだいに普及《ふきゅう》し、日本語のなかに定着したばかりか、逆に中国へも〝輸出〟され、利用されるようになった。それを思うと、明治人の翻訳事業は、じつにその功、大であったというべきだろう。

それに対して、昭和人はどうだったか。漢字の表意機能を使って新しい訳語《やくご》を考案する労を省き、原語を意味不明のカタカナ語に置《お》き換《か》えただけ、それどころか、④日本語で充分《じゅうぶん》に言い表せる言葉まで得々として英語に〝変換《へんかん》〟するという愚《ぐ》をやってのけたのである。いや、いまなお、せっせとつくりだしている。そして、そのようなカタカナ語を率先《そっせん》して普及させているのは、官庁《かんちょう》の文書から新聞、雑誌《ざっし》、テレビといった強力な媒体《ばいたい》である。そのあげく、いまや日常会話にいたるまでカタカナ語が乱用《らんよう》され、日本語をわけのわからない言語に変質させてしまったのである。

ＮＨＫが集計した「外来語意識調査」（二〇〇二年三月）によると、「あなたはテレビや新聞で、外国語や外来語が多く使われていると思いますか」という問いに「多い」「どちらかといえば多い」と答えた人は八割《はちわり》近くにのぼっている。そして、そのような現状に関して「意味がわかりにくくなる」「漢字とちがって、文字からでは意味がとりにくい」という回答が八割を越《こ》えている。これを見るかぎり、現代の日本人のほとんどが、明確な意味を知らずにカタカナ語に接している、と見てもよかろう。とすれば、情報化社会などといいながら、⑤日本語はカタカナ語によって正確な伝達の機能を失い、逆に非情報化社会を現出させつつある、ということになろう。

たぶん、日本人の心の底には、抜《ぬ》きがたい外国語崇拝《すうはい》、ことに〝英語願望〟がひそんでいるのだろう。かつてドイツ語を習った旧制高校の学生が、やたらに生かじりのドイツ語をふりまわしたものだが（アルバイトなどという言葉は、それで慣用語になった）、戦後はそれこそ猫《ねこ》も杓子《しゃくし》もアメリカ語を使いたがり、おかげで、ごらんのような始末になったのである。そして、この傾向《けいこう》は今後、いよいよ勢いを得るだろう。そうなれば美しい日本語どころか、日本語そのものが、つぎつぎにカタカナ英語に化けて、この国の言葉は情けない植民地語に堕《だ》しかねない。最近では、手に入れる、見つける、得る、とらえる、といった日本語がすべてゲットなる英語に〝変換〟され、やたらに使われているようだ。

討論《とうろん》をディベートと言い、危険《きけん》をリスク、需要《じゅよう》をニーズ、展示《てんじ》をディスプレイ、週末をウィークエンド、案内をガイド、買い物をショッピング、練習をトレーニング、食品をフード、持ち帰りをテイクアウト、世話をケア、改装《かいそう》をリニューアル、挑戦《ちょうせん》をチャレンジ、傾向をトレンド、維持《いじ》管理をメンテ……。これらは、すでに日常の日本語になってしまっているのだ。

⑥正月の「百人一首名人戦」で、同時に札に手をふれた場合を「セーム*」というにいたっては、笑うに笑えない。

このようなカタカナ語の乱用が、本来の母国語の語彙《ごい》をつぎつぎに消し去り、この国の伝統的な表現をいかに貧しくしつつあることか！

⑦美しく、ゆたかな日本語をめざすなら、その前に、まず、この国の言葉をまともなものにすることが必要ではなかろうか。キツネ語を日本語にもどすことが。

（注）　＊兼好法師……鎌倉《かまくら》時代の歌人・随筆家《ずいひつか》で「徒然草《つれづれぐさ》」という随筆を書いた。
＊牛車の轅……牛車の前方に、平行に長くつき出た二本の棒《ぼう》。その先に牛をつないで、車を引かせる。
＊柳田国男……民俗学者《みんぞくがくしゃ》（一八七五〜一九六二）。
＊啓蒙家……人々に正しい知識をあたえ、道理にかなった考え方をするように教え導く人。
＊セーム……英語で「同時」という意味。

問1 ――線①「『そうですか』といういあいづちはたいへん違和感を与えた」とありますが、それはなぜだと考えられますか。次の中から最も適当なものを一つ選んで、その記号を書きなさい。

ア 今まで「ハイ・ヘイヘイ」や「承知しました」と言って、話しかけられたことに簡単に応対するかたちで答えていたのに、このごろの「そうですか」は、やたらとていねいな言い方になっているから。

イ 今まで「ハイ・ヘイヘイ」や「承知しました」と言って、どんなたのみごとも快く引き受けるかたちで答えていたのに、このごろの「そうですか」は、相手の意志を無視《むし》する言い方になっているから。

ウ 今まで「ハイ・ヘイヘイ」や「承知しました」と言って、人の言うことや質問に同意するかたちで答えていたのに、このごろの「そうですか」は、逆にたずねかえすような言い方になっているから。

エ 今まで「ハイ・ヘイヘイ」や「承知しました」と言って、他人に接するときには上品にふるまうかたちで答えていたのに、このごろの「そうですか」は、ひどく下品な言い方になっているから。

□

問2 ――線②「日本語それ自体が、かなりの勢いで変質しつつあるという現状」とありますが、このような「現状」を招いたのは、外国語の取り入れ方がどのように変わったからですか。「かつて明治時代の日本人は、」の書き出しに続くように、八十字以内で説明しなさい。

かつて明治時代の日本人は、

問3　――線③「ほんとうにコン、コン、コンで、キツネの全国大会みたいだ」とありますが、「コンコン」とは、キツネの鳴き声を言葉で表現したものです。この「コンコン」のように、人や動物の声、物の音をまねて表現した言葉をふくんだ文を、次の中からすべて選んで、その記号を書きなさい。

ア　食事に行っても、彼はいつも会社の不満をたらたら言ってるばかりだから、ぜんぜん楽しくない。
イ　妹は晩《ばん》ごはんでからいものを食べすぎたらしく、夜中にお茶をごくごくいわせて飲んでいた。
ウ　宿題もせず遊んでいたら、仕事帰りの父親から急に「こらっ」とどなられて、びっくりしたよ。
エ　外国で生まれ育ったぼくの友人は、英語がペラペラだから、女の子にとても人気があるんだ。
オ　この前、本を読んで知ったんだけど、江戸《えど》時代までは、犬の鳴き声を「びよ」と聞いていたらしい。

問4　――線④「日本語で充分に言い表せる言葉まで得々として英語に〝変換〟するという愚をやってのけた」とありますが、「昭和人」がそのような「〝変換〟」をしたのはなぜだと筆者は考えていますか。その理由が述べられた最も適切な一文を本文中よりぬき出し、はじめの五字を書きなさい。

問5　――線⑤「日本語はカタカナ語によって正確な伝達の機能を失い、逆に非情報化社会を現出させつつある」とは、どういうことですか。次の中から最も適当なものを一つ選んで、その記号を書きなさい。

ア　現代の啓蒙家が漢字の表意機能を使って積極的に新しい訳語をつくろうとはしなかったので、現代の日本社会はかえって情報に無関心な社会になってきているということ。

イ　日常生活において漢字やひらがなを使う機会が減り、意味の伝達がしづらいカタカナの使用が増えたので、現代の日本社会はかえって情報が軽視される社会になってきているということ。

ウ　新聞や雑誌、テレビだけでなく政府までもがカタカナ語の普及に力を注いだので、現代の日本社会はかえって情報操作《そうさ》が困《こん》難《なん》な社会になってきているということ。

エ　情報を発信する側もその受け取り手もはっきりとした意味を共有しないままカタカナ語を使っているので、現代の日本社会はかえって情報が伝わりにくい社会になってきているということ。

□

問6　――線⑥「正月の『百人一首名人戦』で、同時に札に手をふれた場合を『セーム』というにいたっては、笑うに笑えない」とありますが、ここには筆者のどのような思いがこめられていますか。次の中から最も適当なものを一つ選んで、その記号を書きなさい。

ア　日本に伝統的に受けつがれてきた「百人一首」にまでカタカナ英語が使われていることに、日本語はここまで乱れてしまったのかとあきれている。

イ　日本人の文化的よりどころになっている「百人一首」にまでアメリカ語を使うのは、母国語を見捨てるおこないであり、植民地語と言われてもしかたないとあざ笑っている。

ウ　国語の学習教材としても重要視されている「百人一首」にまで外来語を使用していると、いずれ学力低下が社会問題になるだろうと不安をいだいている。

エ　古い時代に成立した「百人一首」にまで「セーム」が使われるようになったのは、「ディベート」「トレンド」などのカタカナ語を若者が使い始めたからだと立腹している。

問7　――線⑦「美しく、ゆたかな日本語をめざすなら～キツネ語を日本語にもどすことが」とありますが、ここで筆者はどのようなことをうったえているのですか。本文全体をよく読んで、一〇〇字以内で説明しなさい。

標準問題5　文学的文章

通読時間を計ってみよう　□分　□秒　〈目標３分〉

●次の文章を読んで、後の問いに答えなさい。［目標時間16分］

子供《こども》の頃《ころ》は、しもやけがひどくて手袋《てぶくろ》が*必需品《ひつじゅひん》だった。小学校に上がるまでは、母の手編みの*ミトンをはめていた。手の甲《こう》のところに雪の結晶《けっしょう》の模様《もよう》が編《あ》み込《こ》まれた紺色《こんいろ》のミトンで、右手と左手が紐状《ひもじょう》の*鎖編《くさりあ》みでつながっていた。

少し大きくなるにつれ、親指とその他の指、二つにしか分かれていない単純《たんじゅん》な形と、片方《かたほう》だけ失くしたりしないための長々とした鎖編みが、子供っぽく感じられるようになった。だから五本指の、紐《ひも》でつながっていない手袋を初めてはめた時はうれしかった。これぞ*正真正銘《しょうしんしょうめい》の手袋だ、という気がした。しかしおっちょこちょいの私《わたし》は、*案の定、幾度《いくど》となく片方を失くした。

大人になってしもやけができなくなると、手袋との縁《えん》もほとんど切れてしまった。上品で綺麗《きれい》な色の革製《かわせい》があれば、と思ってデパートを探《さが》してもなかなかいいものに出会えず、①結局、コートのポケットに手を突《つ》っ込《こ》んで誤魔化《ごまか》していた。

ところが先日、*フィレンツェを旅している時、②手袋専門店《せんもんてん》を見つけた。小さな店ながら、三方の壁一面《かべいちめん》の棚《たな》に隙間《すきま》なく手袋が詰《つ》まり、カウンターの向こうには、腰回《こしまわ》りのがっしりした、ちょっと怖《こわ》そうな雰囲気《ふんいき》の女性店主が立っている。観光客であふれる通りのにぎわいとは*無縁《むえん》を装《よそお》うように、店内は薄暗《うすぐら》く、しんとしている。

不意に、大人になった自分に相応《ふさわ》しい手袋を長年探していたことを思い出し、勇気を出して中へ入ってみた。「いらっしゃいませ」の言葉はなく、③店主はただ目配せするばかりであった。カウンターの真ん中に、丸い小さなクッションが置いてある。ああ、そうか、この上に手を載《の》せるんだな、と私は承知する。

思わず手を載せてみないではいられないクッションなのだ。コロンとして可愛《かわい》らしく、たっぷりとした厚みがあり、古風な花柄《はながら》で

（学芸大附竹早中・改　小川洋子『とにかく散歩いたしましょう』「フィレンツェの赤い手袋」）

答え▼別冊 p.75

彩《いろど》られている。今までいったい何人の人がそこへ手を置いたのか、真ん中に小さな窪《くぼ》みができているように見えるが、④それも丸い形の中に綺麗に馴染《なじ》んでいる。

そろそろと私はその窪みに手を伸《の》ばす。店主は相変わらず*愛想《あいそ》なく、むっつりしている。

「新美南吉《にいみなんきち》の童話*『手ぶくろを買いに』の子狐《こぎつね》も、こんな気持だったのだろうか」

ふと私は思った。せっかく片方の手を人間に変えてもらい、間違《まちが》った方を出してはいけませんよとお母さんに言《い》い含《ふく》められていたのに、お店から漏《も》れてくる光に*面食《めんく》らって、子狐は狐《きつね》の手を差し出してしまうのだ。

「このお手々にちょうどいい手袋下さい」

失敗をしでかしたのに、子狐は少しも慌《あわ》てず、人間に向かって礼儀正《れいぎただ》しくaセッすることができた。

私が店主に向かって言いたいのも、まさに子狐のこの台詞《せりふ》だった。

「お願いです。どうか私の手にぴったりの手袋を下さい」

しかしイタリア語が喋《しゃべ》れない私は、ただ黙《だま》ったままでいるしかない。

「エイト」

その時、クッションの上の手を見下ろしていた店主が、突然《とつぜん》、*有無《うむ》を言わせない、*威厳《いげん》に満ちた口振《くちぶ》りで宣言《せんげん》する。そうして棚の一段《いちだん》から、二十種類くらいの手袋を取り出し、カウンターの上にどさっと置いた。

私の手の大きさは、どうも8号らしい。手袋は実にさまざまな種類がある。*子牛、羊、スエード、手縫《てぬ》い、機械縫い、黒、グリーン、オレンジ……。試《ため》してみたい品を指差すと、すかさず店主がbモクセイの細長い道具で、五本の指をぐいぐいと開き、手にはめてくれる。

あれもこれも、とあまりやり過ぎると店主のご機嫌《きげん》を損《そこ》ねるかもしれない。最初はそう思い、恐《おそ》る恐《おそ》るといった感じだったが、彼《かの》女《じょ》は全く気にする様子はない。

途中《とちゅう》、少し大きいような気がして、7・5号の棚を指差してみたのだが、店主は首を振り、「エイト」を繰《く》り返《かえ》す。きっと何十年も客の手ばかりを見てきたに違《ちが》いない店主が、そこまで言うのなら間違いなかろうと思い、やはり8号の中から探すことにする。

無事、手袋を買えた子狐は、「母ちゃん、人間ってちっとも恐かないや」と報告する。それをはめて暖《あたた》かくなった両手をパンパンと得意げに叩《たた》いてみせる。

⑤結局、私は赤色の手袋を買った。身につけるもので赤色などかつて買ったことがないのに、なぜかその色を選んでいた。それをはめた時、店主が大きくうなずいたからかもしれない。

「お前には赤が一番似合う」

エイト、と同じ口調で、そう断言しているような気がした。

「イタリア人店主は、ちっとも怖くなかった」

手袋の入った小さな袋を提《さ》げ、一人ヴェッキオ橋を渡《わた》りながら、子狐の真似《まね》をして私はつぶやいてみた。

（注）　＊必需品……どうしても必要な品物のこと。
＊ミトン……親指を別にして、残りの四本の指が一つに入る形の手袋のこと。
＊鎖編み……編み物の編み方の一種。
＊正真正銘……うそのないことを強調する言い方。
＊案の定……思った通り、ということ。
＊フィレンツェ……イタリアにある都市の名前。
＊無縁を装う……関係ないふりをする、ということ。
＊愛想……人に好かれるような態度のこと。
＊『手ぶくろを買いに』……子狐が手ぶくろを買うために人間の住む町に行くお話。子狐は母狐に、片手だけ人間の手に変えてもらい、狐と見やぶられないようにと注意されたが、お店の窓《まど》からうっかり狐の手の方を出してしまう。しかし、何事もなく手ぶくろを買うことができ、子狐はまた山に帰っていく。
＊面食らって……突然の出来事に驚《おどろ》きあわてること。
＊有無を言わせない……相手の反応がどうでも関係ないというような強い態度を表す表現。
＊威厳に満ちた口振り……人を自然にきちんとさせるような雰囲気のある口調のこと。
＊子牛・羊・スエード……手袋の革の材質。

問1 ═線a・bをそれぞれ漢字に直しなさい。

a　b

問2 ──線①「結局、コートのポケットに手を突っ込んで誤魔化していた」とありますが、筆者が「誤魔化していた」のはどのようなことですか。次の中からよいと思われるものを一つ選び、記号で答えなさい。

ア 手にひどいしもやけができてしまったこと。
イ 子供っぽい手袋を身につけていること。
ウ 幾度となく手袋の片方を失くしてきたこと。
エ いい手袋を身につけたいと思っていること。

問3 ──線②「手袋専門店」とありますが、この店の説明としてまちがっていると思われるものを次の中から一つ選び、記号で答えなさい。

ア 筆者がフィレンツェを旅して見つけた小さな店。
イ 三方の壁一面の棚に隙間なく手袋が詰っている。
ウ 観光客であふれる、薄暗くてもにぎやかな店内。
エ カウンターに、丸い小さなクッションがある。

問4　――線③「店主はただ目配せするばかりであった」とありますが、筆者は店主の目の合図をどういうことだと思いましたか。次の中からよいと思われるものを一つ選び、記号で答えなさい。

ア　早く外から店内に入ってこい、ということ。
イ　自分に相応しい手袋を探せ、ということ。
ウ　自分の手の大きさを言うように、ということ。
エ　クッションの上に手を載せろ、ということ。

問5　――線④「それ」とは何のことをさしていますか。よいと思われるものを次の中から一つ選び、記号で答えなさい。

ア　クッション　イ　花柄　ウ　小さな窪み　エ　店主

問6　――線⑤「結局、私は赤色の手袋を買った」とありますが、「身につけるもので赤色などかつて買ったことがない」私は、なぜその手袋を買ったのですか。「〜から。」に続くように三十字以内で理由を説明しなさい。（句読点と記号も一字と数えます）

から。

標準問題 6

文学的文章

通読時間を計ってみよう □分□秒
〈目標4分〉

● 次の文章を読んで、後の問いに答えなさい。字数には、句読点も記号も一字として数えます。［目標時間24分］

（明治大付中野八王子中・改　宮下恵茉『真夜中のカカシデイズ』一部表記・体裁を改めた）

答え▼別冊 p.78

小学校入学と同時に、ぼくはこの町に引《ひ》っ越《こ》してきた。

両親が、新しい家を買ったのだ。

前に住んでいたマンションは、特急も止まる大きな駅のまん前にあった。近所に大きなスーパーやコンビニがあってにぎやかだったけど、部屋がとてもせまかった。

幼稚園《ようちえん》の友だちが遊びに来たら、（　①　）のふみ場もないほどだったので、『遊びに来てもらうのは二人まで』と、母さんに決められていたくらいだ。

でも、今度の家は、リビングも、台所も、トイレも広々していて、おまけにぼく専用《せんよう》の部屋まであった。

（②これで、友だちがたくさんできても、大丈夫《だいじょうぶ》だぞ。）

ぴかぴかの机《つくえ》とランドセルを見ながら、ぼくは新しい生活に、期待で（　③　）をふくらませていた。

新しい生活は、前とはちがうことだらけだった。

家の周りは、小さな田んぼや畑がいっぱい残っていて、あとは古い家ばかり。近所のコンビニ以外、買い物をするところもない。

それまで車に乗れなかった母さんは、スーパーに行くためにわざわざ免許《めんきょ》を取ったくらいだ。

引っ越してすぐ、家の前でひとりでサッカーボールを転がしていたけど、夕方までにぼくに声をかけてきたのは、手押《てお》し車で散歩していたおばあさんと郵便《ゆうびん》配達のおじさんだけだった。

せっかくボール遊びができる広い場所があっても、いっしょに遊ぶ相手がいないと意味がない。

夕飯の時にぼくが文句を言うと、

「学校に行ったら、すぐにお友達ができるわよ。」

母さんは、にっこり笑ってそう言った。

「早く学校、始まらないかなあ。」

ぼくがつぶやくと、父さんと母さんは顔を見合わせて笑っていた。

入学した学校は、各学年一クラス。しかも、とても人数が少なかった。

ぼく以外のみんなは、幼稚園や保育園がちがっても、おけいこや児童館、公園なんかでもともと顔見知りだったようで、入学式の時からおたがいをあだ名で呼《よ》びあっていた。

休み時間には学年や性別に関係なく、みんなごちゃまぜで運動場に飛びだして走りまわる。ぼくは、どのタイミングでその輪に入ればいいのかがわからなくて、いつもまごまごしていた。

「鬼《おに》ごっこしようぜ。」

だれかが言いだした時、

(今だ!)

ぼくは勇気を出して立ちあがり、初めてじゃんけんの輪に入れてもらえた。

なのに。

「せーの、じゃんけんすったらかった、ぐっとぱの、せっせっせ!」

(へっ?)

ぼくひとりだけが、ちょきにした手をつきだして、ぽかんとしていた。

みんなが、いっせいに④顔をしかめる。

「何やってんだよ!」

かけ声をかけた上級生の男子が、ぼくをどなりつけた。

「で、でも、『じゃんけん、ぽん』じゃ、ないの？」

ぼくは、⑤蚊《か》の鳴くような声で言《い》い訳《わけ》した。

「はっ？　なにお前。どこの町内？」

背《せ》の高い上級生は、まゆをぐっとよせて、ぼくを見下ろした。

「そいつ、郵便局の裏《うら》の新しい家に引っ越してきたやつじゃねーの？　おれの妹が、言ってた気がする。」

別の上級生が言うと、

「ああ、よそもんか。」

上級生は、ばかにしたように鼻で笑った。

「ほら、もう一回いくぞ。じゃんけんすったらかった、ぐっとっぱの、せっせっせ！」

ぼくは、また⑥タイミングがつかめずに、ひとりだけ先に手をつきだしてしまった。

「なんだよ、お前。鬼決めれねーじゃんか！」

大人みたいに低い声でどなられて、ぼくはすっかりすくみあがってしまった。

「ごめんなさい……。」

泣きそうになって、急いでその場をはなれた。

（せっかく、仲間に入れてもらえると思ったのに。）

ぼくはつつじの植えこみの前にしゃがんで、ひとりでじっと運動場をながめた。ぼくのことなんて気にせずに、みんな、楽しそうに遊んでいる。

（前の家のほうが、よかったなあ……。）

ぼくはチャイムが鳴るまで、ずっと⑦そこから動かなかった。

一か月が過ぎても、二か月が過ぎても、ぼくは新しい環境《かんきょう》になじむことができなかった。

幼稚園までは、仲間に入るタイミングがつかめずにいたら、先生や母さんが声をかけてくれて、遊びの輪に入れてもらえることが多かったけど、学校はちがう。

自分から仲間に入れてもらわないと、だれも声なんてかけてくれないのだ。
⑧（もう一度、がんばって仲間に入れてもらおう。）
そう思うのに、いざとなると足がすくむ。

（また、じゃんけんのタイミングをまちがえたらどうしよう？）

いつかの上級生のどなり声が頭にひびいて、あきらめてしまう。

それだけじゃない。

みんなが知り合いのようなこの学校で、ぼくだけが『よそもの』のような気がして、どうしても自分から輪の中に入ることができないのだ。

ぼくは、自然とひとりでいることが、当たり前になっていった。

「聡《そう》ちゃん、新しいお友だち、できた？」

学校から帰ると、母さんは必ずそうきいてきた。

終わりの会のあと、まっすぐに家に帰り、はやばやと宿題をすませてぼーっとしているぼくを見て、母さんは心配しているようだった。

「うん、まあ。」

てきとうに返事をしても、また次の日、同じことをきかれた。

「せっかく広いお部屋になったんだから、二人までじゃなくて、もっとたくさんお友だちを連れてきてもいいのよ。」

そう言われても、ぼくには家に呼べるような友だちがいないんだからしょうがない。

問1 （ ① ）、（ ③ ）にあてはまる体の一部分を表す漢字をそれぞれ一字で答えなさい。

①

③

問2 ――線②「これで、友だちがたくさんできても、大丈夫だぞ」とありますが、「ぼく」が期待したのはどうすることですか。わかりやすく説明しなさい。

問3 ――線④「顔をしかめる」とありますが、この動作とほぼ同じ動作を本文中から十字以内でぬき出して答えなさい。

問4 ――線⑤「蚊の鳴くような声」とありますが、これはどのような声をたとえた表現ですか。最もふさわしいものを次から選び、記号で答えなさい。

ア しっかりした声　イ うるさい声　ウ 甘《あま》えた声　エ かすかな声

問5 ――線⑥「タイミングがつかめずに」とありますが、このような様子を表した擬態語《ぎたいご》（様子や態度をそれらしく表した言葉）を本文中からぬき出して答えなさい。

問6　――線⑦「そこ」が指し示している内容を本文中から十字以内でぬき出しなさい。

問7　――線⑧「(もう一度、がんばって仲間に入れてもらおう。)～あきらめてしまう」とありますが、仲間に入れてもらうことをあきらめてしまう理由を「ぼく」はどう考えていますか。本文中の言葉を用いて「から」に続く形で二十字以内で答えなさい。

から

問8　「ぼく」が友だちを作れなくなっているということに「母さん」が気づいたのはなぜですか。本文中の言葉を使って答えなさい。

標準問題 7 文学的文章

通読時間を計ってみよう □分□秒 〈目標4分〉

●次の文章を読んで、後の問いに答えなさい。［目標時間20分］

アメリカに来て、子供《こども》たちは、週のうち五日間は、現地のファームランド小学校にかよい、土曜日だけは、日本語学校にかようことになった。

ファームランド(農地)小学校の、シンボルマークは、校名にぴったりの、カカシ。校内のどこにも、やぶれ帽子《ぼうし》に、つりズボンのかわいいカカシくんの人形や絵がかざってある。

校舎は、赤レンガ建てで、まわりには林檎《りんご》の木があり、リスたちが遊びまわっている。森にかこまれた校庭が、ぜんぶ芝生《しばふ》、というのには驚《おどろ》いた。

①先生たちは、机《つくえ》に腰《こし》かけて、コーヒーカップ片手《かたて》に授業している。校長先生は、ドクター・ウェハーというのだが、日本の子供たちは、「ドクター・ウエハゲ」と呼《よ》ぶのだ。彼《かれ》は、ほんとうに頭のまんなかだけハゲていて、白いふわふわ帽子を、チョコンとのせて歩いている。おまけに〝おやつの時間〟まである。人形をだっこして登校する子もいる。

子供たちは、学校にすぐとけこんだ。帰ってくると、公園でフットボールや、サッカーをして、暗くなるまでよく遊んだ。

しかし一か月ほどすると、息子《むすこ》の淳《じゅん》が、やたら学校でケンカをするようになった。淳のいらだちの原因は、いろいろあった。ことばの問題が、やはり大きかった。

生来、*風来《ふうらい》気しつのある淳には、クラスの自由ムードが、よく合ったから、しゃべりたくて、友だちがほしくてしょうがない。しかし、周囲は、チンプンカンプンの英語のカベである。しかも、日本語は禁じられている。たまらなくなって、淳は日本語で叫《さけ》ぶ。ひとりごとをいう。

(桐朋中・改　河野裕子『たったこれだけの家族』)

答え▼別冊 p.82

②彼は、自分の話す日本語に、だれよりも自分自身が傷《きず》ついているのだった。

担任《たんにん》の、ミセス・ローリーから呼びだしがあったのは、十一月初旬《しょじゅん》のことである。教室には、彼女《かのじょ》と、イーソール（英語を話せない子供を対象に英語を教えるクラス）担任の、ミセス・ラットクリフが、私《わたし》たちを待っていた。彼女たちは、一言ずつはっきり発音しながらいう。

「ジュンは、大声で、ニホンゴをしゃべって、授業のじゃまをする」

「ジュンは、教室からエスケープ*する。ジュンは、トイレになんどもいく。私は、彼をつれもどしにいく。彼は、またエスケープする。ジュンは……」

淳は、正直な、感受性のつよい子だということ。ほんとうは、学校が大好きなのだということ。小さいときから、ひっこしばかりして、学校をかわったのは、これで三度目なのだということ。父親は、そういうことを、率直《そっちょく》に、先生たちに話した。そばで聞いている私には、話している彼のもどかしさが、よくわかる。ものごとの輪郭《りんかく》を、はっきり説明すればするほど、英語からは、肝心《かんじん》なものがぬけおちてしまう、そのもどかしさが。

けれど、先生たちは、深くうなずきながら、熱心に話を聞いてくれた。

「ジュンは、サッカーがとてもうまい。みんなは、ジュンを、自分のチームにほしいといっている。算数もよくできる」

ミセス・ローリーがいったとき、③私たちはうれしかった。

話しあいは、一時間足らずで終わった。もう、授業のはじまる時間だった。私たちは、早朝の七時半から、学校にきていたのである。

フランス人形のような顔立ちの、スラリと美しい、ミセス・ラットクリフは、別れぎわにいった。

「私は、ギリシャや、イタリアや、いろいろの国をまわりました。小さかった息子は、苦労しました。私も苦労しました」

④そうか、それでこのひとは、イーソールの先生になったのだろう。きっと。

学校の前には、黄色のスクールバスが、何台もとまっている。その中の一台に乗って、うちの子供たちも、登校したはずだった。

現地校で一戦構え、日本人の少年仲間たちと何かイザコザがあり、淳は、傷ついて帰ってくる。おおかたの察しはついても、私は、すこし離《はな》れて黙《だま》って見ている。

十一歳《さい》。思春期のほんのすこし手前で、子供時代の最後をすごしている淳には、父親が必要なのだ。

父親が帰ってきて、親子四人、夕飯の丸いテーブルをかこむ。あるいは、淳が父親といっしょに、お風呂《ふろ》に入りたがる。そういう時に、淳は、ポツリポツリと⑤昼間あったいやなことの一部を、いいことや、楽しいことの中に、まぜてしゃべる。だれも何も言わないが、淳の一番痛《いた》い部分が、みんなにはわかる。

顔をはらして帰った日、淳は、だれになぐられたのか言わなかった。夕飯がすんで、外はまだ明るい。父親と息子は、何か相談していたが、グローブとボールを持って、どこかへ出てゆく。こういう時の淳の父親は、さり気《げ》なく、たのしそうにしている。そして、すこし汗《あせ》をかいて帰ってきた時も、さり気なく、やはりたのしそうだ。息子の方は、すっかり、塩気というか、湿気《しっけ》の抜《ぬ》けた顔をして帰ってくる。

二人でお風呂に入り、二人で子供部屋にひっこみ、ベッドの上で将棋《しょうぎ》を始める。しばらくすると、淳の、キャッキャ騒《さわ》ぐ声にまじって、「飛車角《ひしゃかく》抜きで、やってやってんだよ。しっかりしろよ」とか、「おまえなあ、もう、アホなケンカは買うなよなあ」と、ボソボソ言う声がきこえる。何回戦かやっているうちに、父親の方がおもしろくなり出して、そのうち夜も随分《ずいぶん》おそくなる。そして、いつも、「今夜は、宿題、せんでよろしい」ということになるのである。

（注）＊風来……居所も定まらず、ぶらぶらしていること。
＊エスケープする……抜け出す。逃《に》げる。

問1 ――線①に描《えが》かれている学校の様子から、筆者はどのような印象を持ったのか。本文中から五字以内のことばをぬき出して答えなさい。

問2　――線②のようになる理由の説明として、最もふさわしいものを次の中から選び、記号で答えなさい。

ア　英語の勉強をなまけていたせいで、両親に迷惑《めいわく》をかけ続ける自分が情けなくなるから。

イ　英語が不得意なため、学校の規則を守りたくても守れない自分に失望してしまうから。

ウ　英語のかべにぶつかることで、自分はみんなの仲間に入れずにいることを改めて実感するから。

エ　英語ができないことが明らかになってみんなからばかにされてしまうことがわかっているから。

問3　――線③で、筆者がうれしく思った理由の説明として、ふさわしくないものを次の中から一つ選び、記号で答えなさい。

ア　先生たちが、淳の悪い面だけでなく、良い面も話題にしてくれたから。

イ　先生たちが、自分たちのつらい気持ちを感じ取ってなぐさめてくれたから。

ウ　クラスメイトが、淳のことを評価し認《みと》めてくれていることを聞けたから。

エ　先生たちが、淳のことを気にかけ、考えてくれていることがわかったから。

問4　――線④とあるが、筆者は、ミセス・ラットクリフがイーソールの先生になったのはなぜだと考えたのか。わかりやすく答えなさい。

問5　――線⑤で、淳がこのようにしゃべるのは、どのような気持ちからか。わかりやすく説明しなさい。

標準問題 8 文学的文章

通読時間を計ってみよう □分□秒 〈目標4分〉

●次の文章を読んで、後の問いに答えなさい。なお、本文中の表記は原文のままにしてあります。字数制限のある問題は、句読点やカギカッコも一字と数えること。〔目標時間30分〕

（大妻多摩中　穂高明『月のうた』）　答え▼別冊 p.86

美智子《みちこ》が死んだ後、一番つらかったのは民子と＊義母と三人で囲む夕飯の時だ。

「たみこは、たくさん食べねえとおっきくなれねえぞ」

ドラえもんの茶碗《ちゃわん》に白いご飯を山盛《やまも》りにされた民子は俯《うつむ》いたままだった。

「食べねえとだめだあ。病気になっちまうぞ」

義母が怒《おこ》って何度繰《く》り返《かえ》しても、無言で自分の部屋へ入ってしまう。二人きり残された［①］空気の中できんぴらを食べた。

「あとでおにぎりこさえて部屋さ持ってってやっから。心配すっことねえ」

庭から聞こえてくる虫の声が空《むな》しく響《ひび》いている。秋ですよ、もの言えばもの寂《さび》しい秋ですよ、と得意になって鳴いているようで腹《はら》立《だ》たしかった。意地になってごぼうを噛《か》み砕《くだ》いた。

「あんたも自分のおとさんとおかさんが死んだ時、食べらんなかったか？」

「あんまり覚えていませんけど、もう今の民子よりは大人でしたから」

父は俺《おれ》が中学の時、母は高校に入ってすぐ死んだ。

「あんたには大きなお姉さんがいたからなあ。だんなさんもいたから親代わりになってくれて大学行かせてもらったんだもんなあ。たみこにもきょうだいがいれば、また違《ちが》うんだけどなあ」

ごちそうさま、と立ち上がって居間へ移り、②すでに読み終えている朝刊を開いた。

「お茶もう一杯《いっぱい》いらねえか？」

「もういいです。ごちそうさまでした」

義母が俺と民子のために三度の食事をきちんと用意することが苦痛《くつう》だった。もちろん感謝しなければならないとは思っている。しかし、そのたびに美智子の不在をこれでもか、と突《つ》きつけられているような気がしてたまらなかったのだ。

やがて民子はすっかり口数が減ったものの、母親の不在が日常であることに少しずつ順応しているように見えた。いや、俺と同じで民子はどうにかしてそう努めようとしていたに違いない。③義母のように美智子の死を達観するには俺も民子もまだ若《わか》すぎた。

冬を迎《むか》える頃《ころ》、民子と義母がちょっとした言い争いをした。

そろばん塾《じゅく》へ行く前に米を研《と》ぐと指が凍《こご》えてしまう。するとそろばんがうまく弾《はじ》けなくなるから、せめて稽古《けいこ》の日は当番を外してほしい。民子がそう訴《うった》えると義母は、

「④白い米食べんのが生きる基本だ。そろばんよりそっちの方が大切だ」

と言ってきつくはねのけた。ふてくされた民子は再び夕飯を取らなくなってしまった。まだ小学生の民子にそこまで家事を強制しなくてもよいのではないかと俺は思った。もちろん、それが⑤母親を亡《な》くした孫に対する愛情故《ゆえ》の行為《こうい》だというのはわかる。ただ、子《こ》供《ども》らしく家の手伝いを嫌《いや》がったり、だらけてしまうことも許してやってもいいのではないか。

正直に言えば、だらけることを許されたかったのは紛《まぎ》れもなく俺自身だった。娘《むすめ》を持つ父親として甚《はなは》だ無責任だが、ちょっと立ち止まりたかった。息が詰《つ》まりそうだった。

しかし、食器を洗《あら》い終えてからも台所に立って握《にぎ》り飯《めし》を作っている⑥義母の小さな背中《せなか》が次第《しだい》に気の毒に思えてきた。寒さが増してきたせいか、腰《こし》が痛《いた》いとよくこぼすようになっていたこともあって、ある晩《ばん》、⑦を決し民子の部屋へ行った。

民子は本棚《ほんだな》に寄りかかって分厚い本を膝《ひざ》の上に広げていた。買《か》い与《あた》えた覚えのない、ガンについて書かれたものらしかった。

「そんな立派《りっぱ》な本をどうしたんだ？」

「この間、晶《あきら》ちゃんが駅前の丸善《まるぜん》に連れていってくれたの。これなら何とかおまえにも読めるって一緒《いっしょ》に選んでもらったんだ」

「日出子伯母《おば》さんに買ってもらったのか？」

「ううん、去年のお年玉の残りで買った。婆《ばあ》ばが郵便局《ゆうびんきょく》で下ろしてくれたの」

「そっか」

「ねえ、ガンってさ、外から体に入ってくる悪い病原菌《びょうげんきん》じゃないんだね。ママを殺したガンのヤツめ、って思ってたけど、普通《ふつう》の細《さい》胞《ぼう》が増えすぎちゃっただけなんだね」

「ああ、そうだ。ここまで増えたら終わりっていう限度を無視《むし》してどんどん増え続けた細胞のことなんだよ」

「そう思うとさ、ガンもママの細胞だから、ママの体の一部だったんだね」

美智子が「受け入れる」と言ったのは、このことなのかもしれない。⑧少し寂しそうに笑う民子の口元を見ながらそう思った。ガンは美智子の体の中で起こった営みのひとつ。そう諭《さと》してくれた目の前にいる娘に抱《だ》きつきたくなる衝動《しょうどう》を抑《おさ》えながら「そうだな」と素っ気ない返事をした。民子の横にある皿の上に食べかけの握り飯が転がっていた。

「あのなあ、お婆《ばあ》ちゃんは民子のことが憎《にく》くて米を研がせているんじゃないぞ。民子が大きくなってからのことを思って家のことを手伝わせているんだから。それはわかるよな？」

「うん、わかってる。あとで婆ばに謝《あやま》るよ」

「それならいい。早く風呂《ふろ》に入って寝《ね》なさい」

民子がいつの間にかどんどん成長していることに戸惑《とまど》っていた。いったい俺《おれ》はこの先、民子に何をしてやれるのだろう。そんな不安な気持ちを気付かれないようにするのが精一杯だった。

（注）＊義母……亡くなった美智子の母。

問1 ① に当てはまる言葉として最も適切なものを次の中から一つ選び、記号で答えなさい。

ア 悩《なや》ましい　イ 憎々《にくにく》しい　ウ 狂《くる》おしい　エ 重苦しい

問2　――線②「すでに読み終えている朝刊を開いた」とありますが、なぜ「俺」は読み終えた新聞をまた開いたのですか。その理由を二十字以上二十五字以内で答えなさい。

問3　――線③「義母のように美智子の死を達観するには俺も民子もまだ若すぎた」について、次の(1)・(2)の問いに答えなさい。

(1)「美智子の死を達観する」とありますが、これは義母のどのような様子を言っていますか。その説明として最も適切なものを次の中から一つ選び、記号で答えなさい。

ア　娘が死んだという現実からは無理矢理《むりやり》に目をそらし、孫の成長という希望だけを信じて心を強くしている様子。
イ　残された家族の生活を軌道《きどう》に乗せることに集中し、胸《むね》の奥《おく》にある娘の死の悲しみを隠《かく》しながら耐《た》えている様子。
ウ　娘の死への絶望に左右されず現実の日常生活を送り、人の死を誰《だれ》にでも起こることとして悟《さと》りきっている様子。
エ　娘が残した孫の教育だけを生きがいとして心を強くする反面、人の死は仕方がないとあきらめきっている様子。

(2)「義母のように美智子の死を達観する」とありますが、「俺」は義母のどのような態度からそのように感じたのですか。その説明として適切なものを次の中から二つ選び、記号で答えなさい。

ア　義母が夕食を食べなかった民子に、おにぎりを握ってやっているところ。
イ　義母が「俺」に対して、お茶を勧《すす》めて断られ、気分を害しているところ。
ウ　「俺」が両親と死別したことについて、義母が何気なく話題にしたところ。
エ　母を亡くしたばかりの民子に、義母がたくさん食べろと強要しているところ。
オ　民子と「俺」の世話をするのが大変で、義母の腰が痛くなってしまったところ。

問4 ――線④「白い米食べんのが生きる基本だ。そろばんよりそっちの方が大切だ」とありますが、この祖母の考えに対する民子の気持ちを、「俺」はどのように想像していますか。その説明として最も適切なものを次の中から一つ選び、記号で答えなさい。

ア 民子の気持ちを「祖母が自分の言うことを聞かない民子を憎《にく》らしく思って家事をやらせている」のだと想像している。
イ 民子の気持ちを「しつけに厳《きび》しい祖母が民子に大人としての作法のあり方を教《おし》え込《こ》もうとしている」のだと想像している。
ウ 民子の気持ちを「母を失った民子に、母親に代わって祖母が愛情を存分《ぞんぶん》に注いでやろうとしている」のだと想像している。
エ 民子の気持ちを「食べることを大切にしている祖母が、食べ物のありがたみを民子に教えようとしている」のだと想像している。

□

問5 ――線⑤「母親を亡くした孫に対する愛情故の行為」とありますが、「愛情故の行為」とはどのようなことですか。その説明として最も適切なものを次の中から一つ選び、記号で答えなさい。

ア 家事を無理にでもさせることによって、母親を亡くした寂しさを少しでも紛《まぎ》らわしてやろうとすること。
イ 家事を無理にでもさせることによって、母親がいないことで身につかない部分を補《おぎな》ってやろうとすること。
ウ 家事を無理にでもさせることによって、あまりにも子どもっぽい性格を少しでも直してやろうとすること。
エ 家事を無理にでもさせることによって、怠《なま》けようとする心を取《と》り除《のぞ》き、労働の楽しさを教えてやろうとすること。

□

問6 ――線⑥「義母の小さな背中」とありますが、この表現には「俺」のどのような「まなざし」が反映《はんえい》されていますか。その説明として最も適切なものを次の中から一つ選び、記号で答えなさい。

ア 愛情深く孫を育てていこうとする義母への感動のまなざし。
イ 年老いて体が弱ってきている義母へのいたわりのまなざし。
ウ 孫に反発されて心の傷《きず》ついた義母へのなぐさめのまなざし。
エ 娘を失っても強く生きようとする義母への尊敬《そんけい》のまなざし。

□

問7 ⑦ に当てはまる言葉を漢字一字で答えなさい。

問8 ――線⑧「少し寂しそうに笑う」とありますが、このときの民子の気持ちを説明したものとして最も適切なものを次の中から一つ選び、記号で答えなさい。

ア 寿命《じゅみょう》という限度は誰《だれ》も超《こ》えられないと考え、母親の命を奪《うば》ったガンを憎みつつも、生きることをあきらめている。

イ 母親の死という悲しみは未《いま》だに抱《いだ》きつつも、自身を納得《なっとく》させる理由を見つけて、前向きに生きようと努力している。

ウ 家族は今や三人だけなので、母親を失った自分の悲しみを理解しない祖母に失望しつつも、大切にしようとしている。

エ 母親の体の異常《いじょう》を不審《ふしん》に思いつつも、母親が死んで一番悲しんでいるのは父親なので、どうにかして励《はげ》まそうとしている。

問9 この文章の「俺」について説明したものとして、合っているものには○、合っていないものには×をつけなさい。

1 妻をなくした悲しみは未だに癒《い》えていないが、その感情を表に出さないように努めている。

2 亡くなった妻よりも娘のことを考え、必死で残された家族の生活を支えようとしている。

3 父親らしく娘に接しようと努めているが、うまく本心を伝えられない不器用な人間である。

4 義母に対して嫌悪感《けんおかん》が消えがたく、彼女《かのじょ》に感謝はしつつもうまく向き合えずにいる。

1
2
3
4

発展問題 2 文学的文章

通読時間を計ってみよう □分□秒 〈目標6分〉

●次の文章を読んで、後の問いに答えなさい。〇〇字で、または〇〇字以内で答えなさい、という問題は、「。」や「、」、「かっこ」なども一字と数えます。［目標時間30分］

（渋谷教育学園渋谷中 魚住直子『園芸少年』） 答え▼別冊 p.90

【高校に入学したがとくに何もやる気のなかった新入生の「おれ」（篠崎《しのざき》）は、偶然《ぐうぜん》知り合った大和田と庄司《しょうじ》（ＢＢ）とともに、ふとしたきっかけから園芸部員として活動するようになる。三人は初歩から園芸を学びながら、荒《あ》れていた花壇《かだん》や鉢植《はちう》えを数か月の間に整備し、秋の文化祭を迎《むか》えた。ところが文化祭当日、大和田を訪《たず》ねてきた中学時代の仲間たちに鉢植えなどの園芸作品をこわされてしまう。】

「篠崎、大丈夫《だいじょうぶ》か」

うつむいたまま頷《うなず》くが、①涙《なみだ》があふれてとまらない。大和田が首にかけていたタオルを差し出してくれたが、顔を上げられずに手の甲《こう》で涙と鼻水をぬぐった。

三人で塀《へい》を乗《の》り越《こ》えて倉庫のaウラにもどると、先生がきていた。おれの担任《たんにん》と大和田の担任、庄司の担任、それに、*けどものジーサンだ。なにがあったのかその場で訊《き》かれ、*清水さんと森さんも証言する。だいたい訊き終わると、大和田だけがちょっとこいと先生たちに連れていかれた。

すぐに鉢を調べた。半分以上がやられていた。温室の中に置いていたゼラニウムの茎《くき》まで折られている。三人が待っていたときにやったらしい。目の前で投げられたベゴニア、タネから育ててきたペチュニア、インパチェンス、サルビア、アメリカンブルー、ニチニチソウ、マリーゴールド。花や葉がつぶされ、青臭《あおくさ》さが漂《ただよ》っている。また涙が出そうになった。

とりあえず根ごとbコロゲ出ている植物をすべて鉢にもどし、足りなくなった土を足し、水をやった。踏《ふ》みつぶされたところは*切《き》り戻《もど》しするようにして切った。作業をしているうちに文化祭の時間はとっくに終わってしまった。

大和田はなかなかもどってこない。これ以上遅《おそ》くなってはまずいので、清水さんと森さんを先に帰らせた。でも庄司も帰らなくてはいけないという。さっき見にきた母と妹が一緒《いっしょ》に帰るために、門の外でずっと待っているらしい。

「ほんとにすみません」

「大丈夫だよ。おれが大和田を待って帰るから」

「あの、篠崎くん」

庄司は真面目《まじめ》な顔だ。

「また頑張《がんば》りましょうって、大和田くんにも伝えておいてください。こんなことになってすごくショックですが、またみんなで頑張れば時間はかかっても、必ず花たちは元気になります」

「②そうだよな。また元気になるよな」

おれは頷いた。

暗くなりかけた頃《ころ》、ようやく大和田がもどってきた。

「篠崎、待っててくれたのか」

「遅かったな。なんの話をしていたんだ。三人のこととか訊かれたのか」

大和田が頭を振《ふ》った。

「おれがケンカの原因というんで、しぼられてたんだ」

驚《おどろ》いた。

「なんで、大和田は全然悪くないだろ」

「しかたねえよ。おれには前科があるし」

「前科って？」

これだよ、と大和田が自分の眉《まゆ》とズボンを指さす。

「ずっと校則違反《いはん》を重ねてきて、そのあげく、こういう騒《さわ》ぎを起こしてどうするつもりだって怒《おこ》られたんだ。特におれの担任《たんにん》が怒ってる。眉も、制服も、ちゃんとできねえなら退学もｃシヤに入れろってさ。けどものジーサンだけは、かばってくれたけどな」

「③それは絶対おかしい。おれ、職員室にいってくる。あまりにわかってないよ。全部あいつらが悪いのに、大和田の格好は今、関係ないじゃないか」

大和田がおれの腕《うで》をつかんだ。

「いいんだ。担任のいってることと、当たってるんだから」

「なにが当たってるんだよ」

「なんでそういう格好をしたいのか、よく考えてみたことがあるのかって、担任にいわれたんだ。そういう格好して、人を脅《おど》したり威嚇《いかく》したり、人とはちがうと思いたい気持ちが、今でも心のどっかにあるんじゃないかって。そういう中途半端《ちゅうとはんぱ》さが、昔の友達を呼《よ》び寄せたんだって」

「ちがう。大和田はそういうやつじゃない」

「④いや、おれは中途半端だ。こんなことといったら、篠崎は怒るだろうけど、篠崎があいつら三人に飛びかかっていったとき、マジかよってびっくりしたんだから」

「え？」

「結局、おれは本気じゃなかったんだと思う。おまえやＢＢと一緒になにかやるのはおもしろい。でも、それだけだったんだ。だから、篠崎があいつらに殴《なぐ》りかかっていったとき驚いたんだと思う」

「蹴《け》られてつぶされたのに、腹《はら》が立たないっていうのか？」

「もちろん腹は立った。でもあいつらがいったみたいに、ママゴトしてるみたいな感覚もずっと抜《ぬ》けなかった。だから、篠崎が飛びかかっていったとき、びっくりしたけど、おまえは本気なんだってわかった。でも、おれは中途半端だ。勉強してこの学校に入れたけど、片足突《かたあしつ》っ込《こ》んだだけで、変わってないのかもしれない。だからしばらく一人で考えてみるよ。担任にも今後について真剣《しんけん》に考えてこいっていわれたんだ。じゃあな。今日はごめん。待っててくれてありがとう」

⑤それきり大和田は目を合わさず背《せ》を向けた。鉢のあいだを抜けて足早に去っていく。

……うそだろ。

呆然《ぼうぜん》としてあたりを見回す。大和田が本気じゃないなら、ここにある草花たちはいったい、なんなんだ。

⑥最初に大和田とここで会ったときと今は、全然ちがう。なりゆきといえば、なりゆきだったし、緑と花でいっぱいにするなんて無理だろうと思っていた。でも今では鉢の数は三倍以上に増えた。その草花も元気だ。初心者のやっていることといわれたら、それまでだが、草花たちは元気に育っている。

タネをまいたペチュニアとストック。

最初に大和田が買ってきたマリーゴールド。

おれが買ってきたインパチェンス。

庄司が持ってきたラベンダー。

それにルピナス、サルビア、ベゴニア、アメリカンブルー、ゼラニウム、ニチニチソウ、幸福の木。

どれもつやつやとした葉になり、きれいな花を咲《さ》かせた。

土だけしか入っていない鉢は、大和田が最初にタネをまいたストックの鉢だけだ。芽はもう出ないのかもしれないといいながら、ずっと水をやっている。でもそれ以外は全部、葉を伸《の》ばし、花を咲かせている。

もしかして大和田はストックの芽が出ないから、本気になれなかったのか。

ストックの鉢に近づいた。薄暗《うすぐら》いなか、しゃがんで見る。

一ミリくらいの、小さな丸い葉が見えた。さらに目を近づける。緑の葉だ。すごく小さな双葉《ふたば》。でも、ひとつじゃない。三つ、いや五つは出ている。芽だ。ストックの芽が出ている。

おれは走り出した。

もう帰ってしまったか。まだ校舎の中にいるか。

一年の教室まで駆《か》け上《あ》がり、大和田の教室をのぞく。いない。下駄箱《げたばこ》を抜けて外へ走り出た。正面に向かって帰って行く生徒の姿《すがた》。

でもどこにも大和田の姿はない。正門ももう出てしまったのか。

正門を出ると、駅まで続く道は下り坂になっている。生徒たちが帰っていく後ろ姿が見えるが、どれが大和田なのか、それとも、そこにもいないのか。わからなかった。

おれは叫《さけ》んだ。

「大和田、もどってこい！　⑦芽が出たぞ、おまえのストックの芽が出たぞ！！」

近くの生徒たちが、びくっとしておれを見る。

「芽が出たぞ。おまえの芽が出たぞ！！　大和田！！」

夕焼けがわずかに残る空の下、何度も叫んだ。でも大和田の姿はなかった。

（注）＊けどものジーサン……篠崎たちに声をかけ部員のだれもいない園芸部にさそってくれた園芸部担当の先生。
＊清水さんと森さん……最近園芸部に入ってきた同級生の女子部員。
＊切り戻し……伸びすぎた茎や枝を切り、株の形を整えること。篠崎たちが活動の中で学んだ技術のひとつ。

問1　══線a〜cのカタカナを漢字に直しなさい。漢字は一画ずつていねいに書くこと。

a
b
c

問2　──線①「涙があふれてとまらない」とありますが、それはなぜですか。最もふさわしいものを次の中から一つ選び、記号で答えなさい。

ア　見知らぬ不良たちに殴《なぐ》られていたところを大和田に助けてもらって嬉《うれ》しかったから。
イ　真剣《しんけん》に取り組んできた作品をめちゃくちゃにされてしまったことが悔《くや》しかったから。
ウ　大和田の作品への熱意が自分ほどではなかったと知ってショックを受けたから。
エ　作品をこわした連中が大和田の知り合いだったことに複雑ないらだちをおぼえたから。
オ　自分たちの活動のことも今回の事件のことも全く理解してくれない先生への不満をいだいたから。

問3 ――線②「そうだよな。また元気になるよな」とありますが、このように答えたときの篠崎の気持ちの説明として最もふさわしいものを次の中から一つ選び、記号で答えなさい。

ア もう花たちを元気にすることは不可能だとあきらめているが、それを心から認めることができない心理状態である。

イ 庄司と自分さえこれからもやる気をなくさずにがんばっていけば、大和田がいなくてもきっと大丈夫だと確信している。

ウ 落ちこみつつも庄司が前向きなことを言ってくれたので、また花たちを少しずつでも元気にしていこうと希望をもとうとしている。

エ 大和田が先生たちに呼ばれてから相当時間がたっており、それが気になって庄司のいうことに調子をあわせるので精一杯《せいいっぱい》になっている。

オ だれよりも熱心に活動をしてきた庄司の気持ちを考えると、本当のことを口に出すことがはばかられるような気持ちになっている。

□

問4 ――線③「それは絶対おかしい」とありますが、なぜ篠崎は「おかしい」と言っているのですか。四十一字以上五十字以内で説明しなさい。

問5 ――線④「いや、おれは中途半端だ」とありますが、それは自分のどのような状態を指して言っているのですか。四十一字以上五十字以内で説明しなさい。

問6 ――線⑤「それきり大和田は目を合わさず背を向けた」とありますが、このときの大和田の気持ちの説明として最もふさわしいものを次の中から一つ選び、記号で答えなさい。

ア 本気で取り組んでいた篠崎とはあまりにもちがう感覚をもっていた自分がはずかしく、自分などもう篠崎や庄司たちと一緒に活動する資格などはないのだと思っている。

イ 悪い連中に飛びかかってまで園芸部の作品を守ろうとしてくれた篠崎やともに活動してきた庄司のためにも、一人で中学時代の仲間に仕返しをしに行こうと決意を固めている。

ウ 自分なりにがんばってきたのに先生たちに認めてもらえず、篠崎とは園芸に関してさえもうわかり合えないのだということに気づき、何もかもがいやになってしまっている。

エ 結局、自分の鉢だけ芽が出なかったことも、昔の友だちとつき合い続けたいということも、篠崎には理解してもらえなかったというあきらめが心を支配している。

オ 篠崎がどれほど本気だったのかを知り、また先生に自分のこれまでの状態を指摘《してき》されて、篠崎に対してすまないという思いと自分自身をふりかえる思いとが入り混じっている。

問7　――線⑥「最初に大和田とここで会ったときと今は、全然ちがう」とありますが、それは何がどうなったということですか。最もふさわしいものを次の中から一つ選び、記号で答えなさい。

ア　植物たちの様子が、元気に立派《りっぱ》になったということ。
イ　自分の気持ちが、本気になったということ。
ウ　大和田が本気でなかったと知った自分が、大和田を見る目が変わったということ。
エ　新しいことに目をかがやかせていた大和田のやる気が、限界にきたということ。
オ　自分と大和田と庄司の知識や意欲《いよく》が、以前よりもずっと高まったということ。

□

問8　――線⑦「芽が出たぞ、おまえのストックの芽が出たぞ！！」とありますが、このときの篠崎の気持ちの説明として最もふさわしいものを次の中から一つ選び、記号で答えなさい。

ア　自分がまいたストックの芽だけが出ないことを気にして活動に熱中できなかった大和田も、これであらためて本気で活動に打ちこんでくれると思い、心からほっとしている。
イ　ストックの芽さえ出ればもっと本気になれるというようなことを大和田が言っていたことを思い出し、これで今まで以上に一緒にがんばれるようになるはずだと喜んでいる。
ウ　大和田も今回の事件で鉢をめちゃくちゃにこわされるまでは本気だったはずだから、ストックの鉢が無事だったということを知ればもどってきてくれると確信している。
エ　ストックの芽が出たというだけでは大和田が部の活動にもどってくる確信はもてないが、活動に呼びもどすきっかけになるような気がして、大和田に芽を見せたいと思っている。
オ　服装や行動のことにまでふれた先生の目を気にして逃げるように帰ってしまった大和田も、自分がまいたストックの芽を見ればまたやる気が出るだろうと希望をもっている。

□

④

● 編著者　　竹中　秀幸（たけなか　ひでゆき）

大手進学塾での最難関校教科責任者や中学受験専門の個別指導など、30年におよぶ指導経験を持つ。

受験国語指導室「ピクセルスタディ」の管理人として、志望校、学年を問わず一人一人に寄り添った動画配信やオンライン指導などを中心とした受験プロジェクトを進めている。(http://pxstudy.jp)

著書に、『ズバピタ国語　慣用句・ことわざ』『ズバピタ国語　漢字・熟語』『受験国語の読解テクニック』（すべて文英堂刊）などがある。

●デザイン　福永重孝
●イラスト　よしのぶもとこ
●表紙デザイン　株式会社ワード

シグマベスト

受験国語の読解テクニック
実戦問題集

編著者　竹中秀幸

発行者　益井英郎

印刷所　中村印刷株式会社

発行所　株式会社　文英堂

〒601-8121　京都市南区上鳥羽大物町28
〒162-0832　東京都新宿区岩戸町17
（代表）03-3269-4231

●落丁・乱丁はおとりかえします。

ΣBEST シグマベスト

受験国語の読解テクニック 実戦問題集

正解答集

文英堂

もくじ

● 第1編の「基本問題」では、上段《じょうだん》に縮刷り《しゅくず》を掲載《けいさい》しました。縮刷りには線引き例を示し、どのように作業していくかが視覚的《しかくてき》にわかるようになっています。

● 各問題に、時間配分の目安を提示しています。目標時間は、「基本問題」は余裕《よゆう》のある時間に、「標準問題」「発展問題」は少し厳《きび》しい時間になっています。

● 「読解チェック」「設問チェック」など、問題ごとに注目する項目《こうもく》を明確に示しています。問題を理解する時の参考にしてください。

第1編

テクニックの確認《かくにん》

基本問題 1 説明的文章

●本冊 p.10

1 ものごとの考え方としていちばん問題だと思うことは、やはり人間圏《けん》をつくって生きはじめたときから、われわれは地球を所有していると思《おも》い込《こ》んでしまったことです。

2 とくに物質循環《じゅんかん》をコントロールするようになってから、地球はわれわれのものだという感覚が基本になってしまいました。

3 その最たるものが国家という概念《がいねん》です。近代国家というのは陸上を線で区切って、ここが日本なら日本だ、中国なら中国だというような大地の所有をしているわけです。もともとはそんなことはありえないでしょう。誰《だれ》のものでもありません。そういうことを考えてみてもわかるように、われわれは地球に対して所有感覚を持ってしまっているのです。

4 自分の体についても同じことがいえます。みなさん、自分の体は自分のものだと思っていますね。自分の体なんだから、自由勝手にしていいと思っているわけです。

5 ところが死んでしまえば、元素的な意味で、地球に戻《もど》ります。人口の増減によって、その体重のぶんだけ地球が重くなったり軽くなったりすることはありません。ということは、モノとして考えれば、体だってもともと地球のものなのです。

6 このように考えてみると、じつはわれわれにとって重要なのは、モノではなくてその機能なのだということに気づきます。

7 心臓《しんぞう》であるとか肝臓《かんぞう》であるとか、脳《のう》であるとか、身体を構成するそれぞれの臓器《ぞうき》の機能を使って、われわれという身体やその活動を維持《いじ》しているわけです。身体や臓器という物体ではなくて、各臓器の機能と、それらが全体として関連しあい、ひとつの安定状態を維持するということが重要なわけですね。

8 ところがなぜか、われわれはモノとして所有することにこだわるわけです。自分の欲望《よくぼう》を、モノを所有することで満たそうとしているのです。

9 これはよくよく考えてみるとおかしいことですね。国家という問題を考えても、自分の体という問題を考えても、われわれが人間圏をつくって生きていなければきっと所有という感覚はないはずです。人間圏をつくって以来、特にストック依存型《いぞんがた》人間圏になって以来、われわれがたまたまそう思いこんでやっているだけのことです。

10 結局、地球やモノを所有しているというその発想がおかしいということです。

11 重要なことは機能を利用しているということで、このことはじつはモノとしてはレンタルしているということを示唆《しさ》します。「モノとしては借りているのだけど、その機能を利用している」というふうに考えることが重要なのです。

12 人間圏の未来を考える時に、したがって「レンタルの思想」という考え方がこれからは重要だろうと私《わたし》は考えます。すべて借り物なのだと考えて暮《く》らしていけば、時間を速めて物質的豊かさを手にしている云々《うんぬん》の問題解決も、後からついてくるのではないかと思います。

13 このように考えると、われわれが生産活動をやって何か製品をつくっても、重要なのは製品の所有ではありません。製品を、本

時間管理 目標時間＝15分

❶ 通読して話題を確認《かくにん》する	2分
❷ 問1を確認して問2へいく	1分
❸ 問2を解く（文章の構成を確認）	2分
❹ 問3を解く（それぞれの段落《だんらく》を確認）	3分
❺ キーワードを確かめ問4を解く	3分
❻ 問1を解く	3分

通読の目安は2分です。設問をすべて解き終えたら、本文を1分以内に読むことを目指してください。

この文章は話題と構成に注目して解きます。

話題と構成

● **話題** 「所有」について

● **構成**

われわれ（現代人）の問題点は「地球を所有していると思《おも》い込《こ》んでしまったこと」である。

⟸ これまで の問題点と これから の解決策

当は所有する必要はないのです。

問1　この文章で話題となっていることとして、ふさわしくないものを一つ選び、記号で答えなさい。

ア　モノを所有するという考え方。
イ　人間にとって重要なことがら。
ウ　地球の自然環境《かんきょう》を守ること。
エ　「レンタルの思想」の重要性。

ウ

問2　この文章で、筆者の意見が書かれているのはどの段落《だんらく》ですか、番号で答えなさい。

12

問3　1段落から5段落までを次のようにまとめました。（　）に入る言葉を、指定された字数で本文中からぬき出して答えなさい。

1　現代の人間の考え方の問題点は、「人間は①（九字）という思《おも》い込み」である。
2　どうして1段落のように思い込んでしまったのか。→②（十三字）ようになったから。
3　この考え方がよくわかるのが、「国家」という考え方である。
4　人間の体も人間の所有物であると思い込んでいる。
5　ところが、人間の体はもともと③（五字）である。

①　地球を所有している
②　物質循環をコントロールする
③　地球のもの

筆者の考え　地球も人の体もモノとして考えれば地球のものだ。

⇦

発想の転換　モノとしては借りているのだけど、その機能を利用している。

＝

レンタルの思想

設問チェック

問1
□ 文章全体を見る必要があるので後回し。
□ キーワードをもとに本文と照らし合わせる。
□ ふさわしくないものを答える。

問2
□ 文章の構成を確かめる。
□ 文章の表現に注意する。

問3
□ それぞれの段落のキーワードを確かめる。
□ 設問の中のキーワードを決めて考える。
□ それぞれの字数制限を確かめる。

問4　「レンタルの思想」とはどのような考え方ですか。「〜という考え方。」につながるように、本文中の言葉を二十七字でぬき出して答えなさい。

モノとしては借りているのだけど、	その機能を利用している

という考え方。

基本問題1の解き方

読解チェック

前半でくり返されているのは「所有」という言葉です。2段落にも「われわれのものだ」というように「所有」という言葉に関連した表現が出てきます。

ただ、11段落に出てくる「レンタル」という言葉にも注目すると、この文章の構成がわかります。

これまでの考え方　**（所有するという発想）**

⇩

これからの考え方　**（レンタルの思想）**

となっています。

読み取りのリズムを作っているのは6段落の「このように」、9段落の「これ」、13段落の「このように」です。指示語を使って、前の文章をまとめることで、読み取りの流れを作っているのです。

問4

□ キーワードをもとに段落《だんらく》をしぼりこむ。

また、「所有するという発想」の具体例や、おかしいと考える理由などもまとめていくようにすると、文章内容が理解しやすくなるでしょう。

問1

問1は全体に関《かか》わる問題なので、**後回し**にしてもかまいません。それぞれの**選択肢《せんたくし》の文章のキーワードを決めて、本文をたどる**ようにします。

まず、アとエは、本文を通読した時点で、本文に書かれている内容であることがわかると思います。

アの文章では、「所有」がキーワードです。これは、本文のほぼすべての段落に書かれています。

エは、本文の要旨《ようし》にあたる内容です。

イは、「重要」という言葉のくわしい内容が、ややわかりにくいのですが、6段落などで、「重要」という言葉が出てきます。

ウは、入試に出題される説明的文章などでよく出てくる話題ですが、この本文には登場しません。

設問チェックで示したように、この問題では、**「ふさわしくないもの」を答えることに注意**しましょう。選択肢の文章をすべて読まずに、「適切なものを選ぶ」と思いこんで答えてしまうと、うっかりまちがってしまうことになりかねません。

問2

「読解チェック」で示したように、この文章は、

これまでの考え方　**（所有するという発想）**

⇩

これからの考え方　**（レンタルの思想）**

という構成になっています。

これからの考え方である**「レンタルの思想」が書かれている段落**に筆者の意見が書かれています。

問3

①は**「思《おも》い込《こ》み」**、②は**「ようになった」**、そして③は**「もともと」**がキーワードです。設問、本文ともに印を入れて考えるといいでしょう。

キーワードである言葉が、それぞれの段落のどこに出てくるかを確認《かくにん》して、その前後の言葉をうまくぬき出しましょう。

問4

キーワード**「レンタルの思想」**は12段落に出てきますが、12段落では、「レンタルの思想」そのものについてのくわしい説明は出てきません。

その前の段落である11段落の**「レンタル」**に印を入れて、11段落の文章も読んでみましょう。

すると、**「レンタル」についての説明**が出てきています。その部分が答えとなります。

さらにスピードアップ

設問を解く時に線を引いているので、線を引いた状態の本文を1分以内で読んでみましょう。言葉をたどるよりも、**線を引いた部分をつなげるイメージ**です。

基本問題2 文学的文章

●本冊 p.18

六月の手紙は、葉書だった。〈遊びに来るのを楽しみにしています〉とあった。

手紙のやり取りは、そこまでだった。S市を訪《たず》ねる段取《だんど》りは、夏休み前にお母さんとおばさんに決めてもらった。「自分で電話すればいいのに」とお母さんはあきれ顔になって言ったが、少年は「いいよ、お母さんが決めて」と電話番号のメモを渡《わた》しただけで、自分では受話器を取ろうとしなかった。

「もしも断られたら嫌《いや》だから？」とお母さんはいたずらっぽい口調で訊《き》いた。

「違《ちが》うよ」と少年はすぐさま首を横に振《ふ》った。

「じゃあ、アレでしょ、三上くんとしゃべるのが恥《は》ずかしいんでしょ」

「違うってば。いいから早く電話してよ」

三上くんの家に電話したお母さんは、おばさんと長話をして、「そうなんですよ、トシユキが、もう、とにかく三上くんに会いたい会いたいって言ってるんで……」と笑った。①頰《ほお》を赤くした少年は、電話を終えたお母さんに「違うよ、そんなこと言ってないよ、嘘《うそ》つかないでよ」と抗議《こうぎ》した。でも、お母さんにきょとんとした顔で「でも、会いたいから遊びに行くんでしょ？」と訊かれると、なにも答えられなかった。

三上くんの家は県の職員住宅《じゅうたく》だった。前に住んでいた家よりも広い。まだ三上くんは帰っていなかったので、おばさんが「ケイジには内緒《ないしょ》よ」と勉強部屋を見せてくれた。

机《つくえ》や本棚《ほんだな》は昔と同じだったが、机に出しっぱなしだった算数の教科書は、南小で使っているのとは違うものだった。壁《かべ》に貼《は》った時《じ》間割表《かんわりひょう》も違う。月曜日の一時間目から算数なんてかわいそーっ、と笑った。南小では、月曜日の一時間目はどのクラスでも学級活動の時間だ。②南小のほうがいい。ずっといい。

部屋に入ったときに、すぐに気づいたことがある。

三上くんが引《ひ》っ越《こ》す前に、仲良しの友だちみんなと写真を撮《と》った。すぐにプリントをして、みんなでお金を出し合って買った写真立てに入れて三上くんに渡した。

三上くんはそのプレゼントをすごく喜んでくれて、「部屋に飾《かざ》っとくから」と言った。少年たちも「そうだよ、ずーっと一緒《いっしょ》だから」「もし新しい学校でいじめられても、俺《おれ》たちがついてるから」とうれしそうに言った。

でも、部屋のどこにも写真はない。何度見回しても、同じ。だから——写真なんて最初から探《さが》さなかったんだ、ということにした。

「トシくん、カルピスつくったわよお」

台所にいるおばさんに呼《よ》ばれて部屋を出る前、蛍光灯《けいこうとう》のスイッチの紐《ひも》の先に、軽く一発、右フックをぶつけた。紐は思いのほか大きく揺《ゆ》れて動いて、ろくに狙《ねら》いをつけずに放った二発目のパンチは、空振《からぶ》りになってしまった。

正午を回った頃《ころ》、やっと三上くんが帰ってきた。居間でテレビを観《み》ていた少年に、「おーっ、ひさしぶりぃ！」と笑顔《えがお》で声をかける。息が荒《あら》い。顔が汗《あせ》びっしょりになっている。自転車をとばして帰ってきた——早く会うために帰ってきてくれた、のだろうか。

時間管理　目標時間＝15分

1. 通読して場面を確認《かくにん》する　3分
2. 問1を確認する（後回し）　1分
3. 問2を解く（直前の場面を確認）　2分
4. 問3を解く（直前の場面と記号を確認）　2分
5. 心情を確かめながら問4を解く　3分
6. 見直しをかねて問1を解く　3分

通読の目安は3分です。設問をすべて解き終えたら、本文を2分以内に読むことを目指してください。

文学的文章は、細かく場面に分けてから考えましょう。

場面と構成

中心となるのは**「トシユキ」の心情**です。しかし、「三上くん」や「三上くんのお母さん」などの様子にも注意して、本文の様子を確かめることが大切です。

三上くん（転校してしまった友だち）に会いに行こうとする トシユキ の気持ち。

〈期待〉〈喜び〉〈てれくさい〉

一瞬《いっしゅん》ふわっとゆるんだ少年の頰は、三上くんと言葉を交《か》わす間もなく、しぼんだ。

三上くんはおばさんに「お昼ごはん、なんでもいいから、早く食べれるものにして」と言ったのだ。「一時から五組と試合することになったから」

おばさんは台所から顔を出して、「ケイジ、なに言ってんの」と怒《おこ》った。

「トシくんと遊ぶんでしょ、今日は」

三上くんは、あっ、という顔になった。あわてて「わかってるって、そんなのわかってるって」と繰《く》り返《かえ》したが、あせった目があちこちに動いた。

けろっと忘《わす》れていたのだろう。ソフトボールの練習中に急に「試合しよう」という話になって、「じゃあ、俺も行く」と安請《やすう》け合《あ》いしてしまったのだろう、どうせ。「ケイジ、あんたねえ、せっかくトシくんがわざわざ遊びに来てくれたのに、迎《むか》えもお母さんに行かせて、ずーっと待ってもらって……もうちょっと考えなさい」

しょんぼりと肩《かた》を落として「はーい……」と応《こた》える三上くんよりも、少年のほうがうつむく角度は深かった。おばさんが味方についてくれたのが、③うれしくて、悔《くや》しくて、恥《は》ずかしくて、悲しい。

問1 この文章を時間の流れに注目して分けると、三つの部分に分けることができます。二つめと三つめのはじめの七字をそれぞれ答えなさい。

二つめ 三上くんの家は

三つめ 正午を回った頃

問2 ――線①「頰を赤くした少年」とありますが、このときの少年の気持ちとして最も適当なものを次から選び、記号で答えなさい。

ア お母さんに、考えてもいなかったことを言われて、三上くんのお母さんにもからかわれ腹《はら》が立つ気持ち。

イ お母さんに本心を見ぬかれ、それを三上くんのお母さんに言われるのが恥ずかしいという気持ち。

ウ 三上くんに会いたいことをお母さんに伝えたら、それを三上くんのお母さんにまで言うので恥ずかしい気持ち。

エ 三上くんが少年に会いたがっていることを、三上くんのお母さんに言われ、てれくさいという気持ち。

イ

⇦ ところが

三上くんの家の様子

- 南小のことを気にしていない様子。
- 少し不安な気持ちになる。

⇦

帰ってきた三上くんの様子

- トシユキのことを忘《わす》れていた。

〈落胆《らくたん》〉〈悲しみ〉〈悔《くや》しい〉

主題 転校して会わなくなった友だちと心が離《はな》れてしまったさびしさ。

設問チェック

問1
□ 全体を読む問題なので、後回し。
□ 「登場人物」「場所」「時間」に注意して、細かく分けてから全体の構成を考える。

問2
□ 直前の場面に注意する。
□ 「頰《ほお》を赤くした」という慣用表現の意味を考える。

問3 ――線②「南小のほうがいい。ずっといい」という部分から伝わる少年の気持ちとして、最も適当なものを次から選び、記号で答えなさい。

ア 三上くんに南小にもどってきてほしいという気持ち。
イ 新しい環境《かんきょう》になれない三上くんがかわいそうだという気持ち。
ウ きびしい勉強をしている三上くんをライバルだと思う気持ち。
エ 新しい学校でがんばっている三上くんをはげます気持ち。

ア

問4 ――線③「うれしくて、悔しくて、恥ずかしくて、悲しい」からわかる少年の気持ちとして、ふさわしくないものを次から一つ選び、記号で答えなさい。

ア 自分のことを大切にしてくれない三上くんにいらだちを覚える気持ち。
イ 三上くんも自分と会いたがっていると期待していた自分を恥ずかしく思う気持ち。
ウ がっかりしている自分に気をつかってくれる三上くんのお母さんに感謝する気持ち。
エ これだけみんなが親切にしてくれるのに、三上くんと同じ学校にいけない自分が悲しいという気持ち。

エ

問3
- □ 直前の場面を考える。
- □ 「トシユキ」の心情を考える。

問4
- □ ふさわしくないものを答える。
- □ それぞれの選択肢《せんたくし》がどこから作られたかを考える。
- □ 本文全体を読み直してから解く。

基本問題2の解き方

読解チェック

全体の主題(テーマ)は「転校した友だちとの再会」です。

「トシユキ」の心情は

① 三上くんとの再会を楽しみにする気持ち
② 三上くんの家に着いた時の不安な気持ち
③ 三上くんが約束を忘《わす》れていたことへの落胆《らくたん》と変化していきます。

それぞれの心情のもとになる**「きっかけ」**を、きちんとつかむようにしましょう。

登場人物の心情の変化を「しぐさ」や「せりふ」から読み取ることが重要な作品です。

問1

本文全体をふまえて解く問題なので、**後回し**にしてもよい問題です。

設問文に**「時間の流れに注目して」**とありますから、

1　三上くんの家に行くまで
2　三上くんの家に着いてから
3　三上くんが帰ってきた時

で分けるといいでしょう。

本文の線引き例を参考にしてください。

問2

直前の場面を確認《かくにん》しましょう。

また、**「頬《ほお》を赤くした」**とあるので、**「恥《は》ずかしい気持ち」**というのがわかります。

「恥ずかしい気持ち」という点で、まずアが答えから外れます。次に**何が原因で、恥ずかしい気持ちになったのか**を考えましょう。直前の場面でトシユキのお母さんが、三上くんのお母さんと話をしています。その内容に注目するといいでしょう。

なお**「三上くんに会いたい」と言っていたのは、「トシユキ」のお母さん**です。

問3

直前の場面を確認しましょう。ここは、南小に比べて、三上くんの行っている学校の方が時間割《じかんわり》が厳《きび》しいという場面です。

ただし、それは人それぞれの考え方のはずです。

トシユキがそのように思いたかったのは、**「三上くんは新しい学校で困《こま》っている→南小に帰ってきてほしい」**という気持ちがあるからですね。

問4

それぞれの心情に合わせて、本文を読み解いていきます。

「うれしい」のは、三上くんのお母さんの親切に対する気持ちです。**「悔《くや》しい」**のは、三上くんの冷たい態度に対する気持ちでしょう。そして、三上くんに期待していた自分に対する**「恥ずかしさ」**もあります。

ここでは、エの「三上くんと同じ学校にいけない自分が悲しい」というところが、本文にふさわしくないと考えるべきでしょう。**「悲しい」**理由は、「三上くんと同じ学校にいけない」からではないはずです。

基本問題3 説明的文章

●本冊 p.26

一九九〇年四月の初めに、わたしはインドのコモリン岬《みさき》(カニャ・クマリ)にいた。コモリン岬はインド亜大陸《あたいりく》の最南端《さいなんたん》で、朝はベンガル湾《わん》から陽《ひ》が昇《のぼ》り、昼はインド洋を陽が渡《わた》り、夕方はアラビア海に陽が沈《しず》む、という場所である。

ある朝わたしは、そのベンガル湾から陽が昇るときに立ち会おうと、暗いうちから磯《いそ》に出てみた。ごつごつとした岩場みたいな足《あし》触《ざわ》りの岸に、漁船がたくさん上げられて休息している。目がなれてくると、一つ一つの漁船の陰《かげ》に、二つとか三つ、布にくるまって眠《ねむ》っているような人間がいる。それからまた別の漁船の向こうでは、いくつもの目が息をひそめてわたしを見守っているように感じた。

東の雲のすきまから朝の最初の陽の光が一条射《い》るようにさし渡ってくると、岩肌《いわはだ》はいっそう黒々と陰影《いんえい》を見せて立体を立ち上がらせるが、向こうの海は紫《むらさき》や朱《しゅ》や、黄金色《こがねいろ》や緑を点滅《てんめつ》する刻々《こっこく》の変幻《へんげん》を開始している。①遠い変幻に吸《す》い込《こ》まれるみたいに岩場を渡って行くと、不意に激《はげ》しく切迫《せっぱく》した、ほとんど金切り声みたいな人間の声が聞こえる。声はいくつもの声と重なって、言葉の意味は分からないが、わたしにそれ以上先に行ってはいけないと叫《さけ》んでいることだけは分かった。暗がりに②いくつもの目が光って近づいてくる。それは漁船の陰で寝《ね》ていたあの人間たちの目であると、それから別の漁船の向こうからわたしを見ていた目であると、わたしは思った。〈聖域《せいいき》〉があるな、とわたしは思った。人間が立ち入ることのできない、少なくともわたしのような異教《いきょう》の人間が立ち入ることを許されていない、〈A聖域〉があるな。あの切迫した金切り声のような制止の声は、彼《かれ》らにとって大切な〈聖なもの〉を、守る声だな。

(中略)

とにかくその土地の信仰《しんこう》を大切にするということは、旅する者の大切な心がけだから、わたしは現代人間として釈然《しゃくぜん》としない気持ちはあったが、その地点から先に踏《ふ》み込《こ》むということをしなかった。

わたしが足を踏み入れるつもりのないことがわかると、金切り声は止《や》んで、一転して屈託《くったく》のない明るい声があちこちから話しかけてきた。明るくなってきた光の中で見ると、みんな一〇代の前半くらいの男の子たちだった。思ったとおり、さっきまで漁船の陰でころがって寝ていた子どもたちである。家の中で寝るよりも気持ちがいいのだという。彼らはわたしがそれ以上足を踏み入れなかったことに、③ほんとうに喜んでいた。けれども理由は、わたしが想像していたものとは全然ちがった。

わたしが立っていた場所のもう一歩先は、突然《とつぜん》の淵《ふち》になっていて、どのくらい深いのかわからなかった。そういう場所は他にもあって、彼らはわたしがどんどんと歩いて行くので、どきどきしながらずっと見ていたのだという。よかったと、彼らは口々に言って、くり返しうれしそうにうなずいてみせた。

それからいろんなとりとめのないことをネタに、結局その朝は陽の高く昇りきるまで、わたしはこの底ぬけに気のいい少年たちとふざけ合い、笑い合ってすごした。わたしがカメラをもっている事を見つけると、ひしめいて写真を撮《と》ってくれとせがんだ。意味も

時間管理 目標時間=25分

- ❶ 通読して話題・構成を確認《かくにん》する　5分
- ❷ 問1を解く　2分
- ❸ 問2を解く(問1とともに見直し)　3分
- ❹ 問3を解く(前半のまとめ)　2分
- ❺ 問4を解く(要旨《ようし》を考える)　5分
- ❻ 見直しをかねて問5を解く　6分

難問《なんもん》ぞろいですが、問いの性質を見極《みきわ》める練習ができます。

場面と構成

一五年後を目印に、前半後半に分けてみましょう。

一九九〇年
●カニャ・クマリの思い出
わたしを制止しようとした金切り声
●異教の者の立ち入りを禁じる〈聖域〉
⇦実は

前半

なく無為《むい》に過ごした朝だったのだが、ふしぎに忘《わす》れることのできない一日となった。

人に話しておもしろいような「事件」は何もないから、旅の話をするようなときも、この日の話をすることはなかった。「現代社会の比較《ひかく》社会学」という主題で話をするときに、伝えようとしたことの核心《かくしん》、「数値《すうち》にならないもの」「言葉にならないもの」の次元の存在《そんざい》ということにふれるとき、思い起こされているいろんな情景たちのひとつに、いつもこの子どもたちと、この朝の記憶《きおく》とがあったけれども、意味のない予感の切れはしみたいに、話の中からは削除《さくじょ》されていた。

一五年もたって、二〇〇四年の一二月になって、突然④この朝の経験の「意味」が、くっきりとした立体のようにわたしの中で立ち上がってくるということがあった。

二〇〇四年一二月の「スマトラ沖大地震《おきだいじしん》」は、南インド一帯を襲《おそ》う空前の津波《つなみ》となって、とりわけ東海岸の漁村漁村に壊滅的《かいめつてき》な被《ひ》害《がい》を与《あた》えた。日本人の行かないカニャ・クマリについての報道は何もなかったから、インターネットで地域《ちいき》の現況《げんきょう》を検索《けんさく》してみると、一件だけカニャ・クマリのレポートがあった。

ヴィヴェーカーナンダ・ロックというカニャ・クマリの沖合の岩場の上に、数百人の旅行者たちが津波のために取り残された。救助に向かったインド空軍のヘリコプターも、数回の「出撃《しゅつげき》」の試みの末に結局救助を断念し、水と食料を投下するほかは手の下しようもなかった。このとき一〇〇人以上ものカニャ・クマリの漁師たちが、高潮《たかしお》の逆巻《さかま》く海に生命の危険《きけん》を賭《と》して小さい漁船でくり返し乗り出して行き、五〇〇人以上の旅行者たちの生命を救った。「わたしたちが今日生きているのは、この土地の漁師たちのおかげです。」と、プーナからの旅行者は証言している。取材した記者に漁師の一人は、「助けを求める人たちがいる。やるしかないでしょう。」と答えている。

一五年前のあの底ぬけに屈託のない少年たちは、今立派《りっぱ》な漁師たちになっている年頃《としごろ》である。少年のうちの幾人《いくにん》かは、この果敢《かかん》な行動に加わっていることはまちがいないと、わたしは思う。「やったな。あいつら！」わたしは自分の身内のことででもあるように誇《ほこ》りに思った。もちろんわたしにそんな権利など何ひとつないことは分かっているのに。それでもうれしくて仕方がなかった。大人になったら失われる、ということのない〈きれいな魂《たましい》〉というものがある。〈きれいな魂〉の生きつづける世界というものがある。この世界を行動によって再生産し、守りつづける人びとがある。

一五年前、現代人間の感覚からすれば「何の関係もない」ひとりの旅の人間の、勝手な独り歩きを危険から守りぬくために、あんなにも金切り声を上げ、夢中で制止した少年たちの声は、やはりひとつの〈聖域〉を、守りとおす声であったのではないか。失われてはならないひとつの〈世界〉の存在を、守りぬく声であったのではないか。少年たちの精神はそれを意識しないが、少年たちの身体がそれを反応してしまう。身体は精神よりも真正である。この〈聖域〉は、けれども区切られた聖域ではない。排除《はいじょ》するための聖域ではない。全世界にひろがって行くこともできる聖域である。わたしたち自身の方でそれを拒否《きょひ》しているのでないなら。

（注）＊無為に……何もしないで

問1 ——線①は「わたし」のどのような様子を表しているか、その説明として最も適当なものを次の中から選び、記号で答えなさい。

ア はるかな過去を回想し続けている様子
イ 雲のすきまから差す日光に目を奪《うば》われる様子
ウ 移り行く時の流れに思いをはせる様子
エ 海の情景が移り変わっていくことに心ひかれる様子

エ

わたしが危険な目にあわないように注意する声
⇦ 一五年たって真意がわかった。

二〇〇四年
• スマトラ沖大地震《おきだいじしん》のできごと
カニャ・クマリの子どもたちが青年になり、危険をかえりみずに人々を救った。
⇦
ほんとうの〈聖域〉とは何か。
＝

主題
•〈きれいな魂《たましい》〉の生きつづける世界
⇦ 世界を行動によってきれいなままに守ろうとする人々の魂に胸をうたれた。

後半

設問チェック

問1
□ 段落《だんらく》と場面に注意して読む。
□ 描写《びょうしゃ》によって伝えたいことを見つける。

問2 ——線②はどのような目的のために「目が」「近づいてくる」のか。解答らんのA・Bに入る三字以内の語をそれぞれ文中からぬき出しなさい。（記号・句読点も一字とする）

A わたし をB 制止 するため

問3 ——線③の様子をより具体的に述べている一文をぬき出し、そのはじめの五字を書きなさい。（記号・句読点も一字とする）

よかったと

問4 ——線④について、「この朝の経験の『意味』」とは、筆者にとって具体的にはどのようなことか、三十字以内で答えなさい。

きれいな魂の生きつづける世界があることを認識したこと。（二十七字）〈同意可〉

問5 〰〰線A・Bについて、両者の違《ちが》いがわかるように、それぞれの意味を答えなさい。ただし、文中の言葉を用いて、〰〰線Aについては十五字以内、〰〰線Bについては三十字以内で、解答らんに従《したが》って書きなさい。（記号・句読点も一字とする）

A 人間が立ち入ってはいけない 聖域（十三字）〈同意可〉

B きれいな魂が生きつづけ、全世界にひろがって行くこともできる 聖域（二十九字）〈同意可〉

問2
□ 前後に注意して答える。
□ 比喩《ひゆ》から情景を考える。

問3
□ 「具体的」に述べている部分を探《さが》す。
□ 本文の要旨《ようし》を考える。

問4
□ 本文の要旨を考える。

問5
□ 見直しをかねて全体を見直す。
□ 「聖域」というキーワードに○をつける。

基本問題3の解き方

読解チェック

この文章は、「随筆文《ずいひつぶん》」です。**「随筆文」は、筆者自身が見たり、聞いたり、行動したりしたできごと**を書いています。そして、そう**した体験を通じてどのように感じたかという、筆者の思い**が書かれています。

この「随筆文」の特徴《とくちょう》は、はじめの体験での筆者の考えが一五年後に大きく変化したところにあります。通読した後に本文をもう一度読むと変化に気づくことができるでしょう。

問1

——線の前の文を見ると、「東の雲のすきまから朝の最初の陽の光が一条射《い》るようにさし渡ってくると、岩肌《いわはだ》はいっそう黒々と陰影《いんえい》を見せて立体を立ち上がらせるが、向こうの海は紫《むらさき》や朱《しゅ》や、黄金色《こがねいろ》や緑を点滅《てんめつ》する刻々《こっこく》の変幻《へんげん》を開始している」とあります。

ここは**「インドのコモリン岬《みさき》(カニャ・クマリ)」の光景を、美しく描《えが》いている場面**であることに気づきましょう。

すると、アの「過去を回想し続けている」、ウの「移り行く時の流れに思いをはせる」が答えから外れます。

また、——線の前の文の後半に注目すると、イ「日光に目を奪《うば》われる様子」ではなく、エ「海の情景が移り変わっていくこと」がふさわしいことがわかります。

問2

まず、——線の前の部分を見て、どういう場面であるかを確認《かくにん》しましょう。「わたしにそれ以上先に行ってはいけないと叫《さけ》んでいることだけは分かった」とあります。つまり、ここは、**「わたし」を引き留めている場面**です。

また、設問文に**「どのような目的」**とあります。**「目的」を答える時は、その文章の後を見るのが基本**です。

「わたし」を引き留めている場面であることを頭に置いて後の文章を見ると、答えを見つけやすいと思います。

問3

設問文に**「具体的に」**という指示がありますから、**子どもたちの様子が細かく書かれているところ**を探します。

——線の前には、具体的な描写《びょうしゃ》はありませんから、**後ろの段落《だんらく》**を見てみます。すると、そこに「ほんとうに喜んでいた」理由が書かれています。答えはその続きにあります。

問4

一五年後の「スマトラ沖大地震《おきだいじしん》」の経験を通じて、子どもたちの行動の意味がわかったということです。

ポイントは、**「カニャ・クマリのレポート」の後に筆者が感想を述べているところ**です。42行目から後ろの部分をていねいに読みましょう。

つまり、叫び声を上げていた彼《かれ》らの心の美しさに気づき、そして彼らの精神が守ろうとしていたものがわかったということです。彼らが「わたし」や「旅行者たち」を救うことによって守ろうとしていたのは、**〈きれいな魂〉の生きつづける世界だったということに気づいた**、ということをまとめましょう。

問5

「聖域」というキーワードに○をつけていきましょう。

A　はじめに考えていた**「聖域」**は、宗教上《しゅうきょうじょう》の聖域で他の人を入れたくないという排他的《はいたてき》なものでした。〰〰線Aの前を見ると、「人間が立ち入ることのできない、少なくともわたしのような異教《いきょう》の人間が立ち入ることを許されていない」とあるので、この部分をうまくまとめましょう。

B　しかし、のちに気づいた**「聖域」**は、美しい精神と果敢《かかん》な行動によって、自分たちの美しい世界を守りぬこうという「聖域」だったというわけです。〰〰線Bのある段落をうまくまとめましょう。

基本問題 4 文学的文章

●本冊 p.30

今週の給食当番は五班《はん》で、五班には「すいちゃん」がいる。水津弥生《すいつやよい》ちゃん。男子は「すいっちょ」と呼《よ》んでいる。すいちゃんちはなんと六人兄弟で、すいちゃんはいちばん上だ。すいちゃんのうちにはいろいろな噂《うわさ》があって、そしてそれは決してよい噂ではなくて、去年の運動会のときなんて、おばさん連中が輪になって、すいちゃんちのお母さんのことを大きな声でべらべらとしゃべっていた。①悪い大人だと思った。

だけど私《わたし》は、今日の②すいちゃんの格好を見て、あーあと思ってしまった。元は白だと思われる黄ばんだTシャツ、丸首の部分はすっかりすり切れてぎざぎざになっている。お腹《なか》のあたりは、泥《どろ》のついた手をそのまま小さな弟や妹たちが拭《ふ》きました、という具合に茶色の手形がくっきりとついている。スカートは明らかに、サイズが合っていないと思われる（たぶんお母さんのだと思う）まぶしいくらいに真っ黄色のロングスカート。

まあ、たいていはこんな服が多いけれど、たまにまさに新品というような、まるでバイオリンの発表会に着るようなかわいいワンピースや、すてきなブラウスを着てくることもあったりする（ポケットにバラの刺《し》しゅうのついた薄《うす》ピンクのブラウスを着てきたときに、襟《えり》についていた値札《ねふだ》を取ってあげたこともある）。

それにしても今日の格好はあまりよろしくない。給食当番だというのに、これじゃあまた男子がからかうに決まっている。すいちゃんの長い髪《かみ》は、からまったままA無造作《むぞうさ》に結ばれていて、ところどころ痛《いた》そうに引きつっている。髪だって、すごくきっちりと編みこんであったり、かわいいピンでおしゃれにとめてあったりするときが、ごくたまにだけどあるのに、③それが今日でないことを私はうらめしく思った。

案の定、すいちゃんが配っている八宝菜《はっぽうさい》のところだけ並《なら》ぶ列が乱《みだ》れて、男子だけが妙《みょう》に間をとってふくらんでいる。ムコーヤマが「ちゃんと並べ」と注意しても、一瞬《いっしゅん》直るだけでなんの効果もない。

男子だけじゃない。私は知っている。リエと美香《みか》がすいちゃんをいじめているのを。でもそんなのほかのだれも知らないかもしれない。リエたちは本当にさりげないから。さりげなく無視《むし》して、さりげなくひどいことを言って、さりげなく笑っている。

だけど私は困《こま》ったことに、リエたちとは仲がいいわけじゃないけど、別にきらいなわけでもないのだ。

「あたし、いらないから入れないで」

「あたしも」

そう言ったリエと美香を、Bおろおろと見つめるすいちゃんを見て、私は耳の奥《おく》がきゅうっとしぼんでいくのを感じた。

「すいちゃん、私の大盛《おおも》りにして」

私の声はあまりにもCそっけなく響《ひび》きすぎて、すいちゃんは一瞬びくっとしてから、そそくさと大盛りによそってくれた。ごめん、すいちゃん。と思いながらも、それでも、にこやかに言わなかった自分を少しばかり誇《ほこ》りに思った。

「鈴木《すずき》、大盛りかよ！　すげー、食いしんぼう」

後ろに並んでいた西田が、大声で言った。

時間管理

目標時間＝18分

❶ 通読して話題を確認《かくにん》する	3分
❷ 問1は読みながら解いてもよい	1分
❸ 問2を解く（全体もヒントになる）	2分
❹ 問3を解く（後回しでもよい）	4分
❺ 問4を解いた後、見直す	3分
❻ 主題を考えながら問5を解く	3分

登場人物の置かれている状況《じょうきょう》などを読み取りながら解いていきます。

やや難問《なんもん》なので、じっくりと解きましょう。

場面と構成

背景

すいちゃんの家庭の事情

- 両親が家事をしない。

（すいちゃんのうちの悪い噂《うわさ》）

できごと

すいちゃんは給食当番**なのに**みすぼらしく、不潔な格好をしてきた。

周囲の様子と私の気持ち

「うるさい。いいじゃん、八宝菜好きなんだから」
そう言ってじろっとにらんだ私に、西田は、
「おれも」
と笑って言って、すいちゃんに
「大盛り！」
と叫《さけ》んだ。④すいちゃんはうれしそうに、二軒隣《にけんどなり》の家に住む西田のプラスチックの皿に、たっぷりと八宝菜をよそった。

問1 〰〰線A〜Cの意味として最も適切なものをそれぞれ選び、記号で答えなさい。

A 無造作に
ア ありきたりに　イ きっちりと　ウ みっともなく　エ 自然な感じに　オ いいかげんに

B おろおろと
ア 悲しげに　イ びくびくして　ウ 戸惑《とまど》って　エ 落ち着いて　オ いらだって

C そっけなく
ア なにげなく　イ 愛想《あいそ》がなく　ウ しらじらしく　エ わざとらしく　オ あからさまに

A オ　B ウ　C イ

問2 ――線①「悪い大人だと思った」とありますが、「私」はどういう点を「悪い」と思っていると考えられますか。最も適当なものを次の中から選び、記号で答えなさい。

ア 噂をたしかめもせずに広めるという、いい加減な点。
イ 内緒話《ないしょばなし》を大声でしゃべるという、はしたない点。
ウ 運動会の最中に噂話をするという、場所をわきまえない点。
エ みんなで一方的に悪口を言うという、思いやりのない点。
オ わざと噂を広げ、すいちゃんを困《こま》らせようとする点。

ア

問3 ――線②「すいちゃんの格好」から、家庭での「すいちゃん」のどのような様子がうかがえますか。わかりやすく説明しなさい。

すいちゃんが弟や妹のめんどうをみているということ。〈同意可〉

みんな すいちゃんの入れる八宝菜《はっぽうさい》を断る。
私 つらい気持ちになる。

私と西田くん
私 そっけなく「大盛り」と言う。
西田くん 大声で「大盛り」と言う。

すいちゃんの気持ち
いつもどおり接してくれるのでうれしい。

主題
家庭の事情でつらい生活をしている子と、それに対する周囲の反応を描写《びょうしゃ》し、自然に接するやさしさを伝える。

設問チェック

問1
□ 語句の問題は空らんと考えてもよい。
□ 場面と連動させて考える。

問2
□ 選択肢《せんたくし》の文章を分ける。
□ それぞれの選択肢の文章に○×をつける。

問3
□ ――線と同じ段落《だんらく》を確認する。

問4　――線③「それが今日でないことを私はうらめしく思った」のはなぜですか。次のように説明するとき、空らんにあてはまる内容を三十字以内で答えなさい。

◎（　　）のに、今日の格好は清潔さに欠け男子にからかわれそうだから。

清潔ですっきりとした格好をしていれば給食当番にふさわしい（二十八字）〈同意可〉

問5　――線④「すいちゃんはうれしそうに」とありますが、なぜ「すいちゃん」はうれしかったのですか。四十字以内で説明しなさい。

みんなは身なりの悪い自分をさけているのに、西田くんは自然に接してくれるから。（三十八字）〈同意可〉

問4
- □ ――線の中の指示語の内容をおさえる。
- □ 直前の内容をまとめる。

問5
- □ 答えの最後は「〜から。」。
- □ ――線の前を確認《かくにん》する。
- □ 主題を考えて解く問題。

基本問題4の解き方

読解チェック

すいちゃんの家庭環境《かんきょう》をめぐっての物語文です。

- 近所のおばさん
- リエたち
- 私《わたし》
- 西田君

それぞれが事情を知りながら、**「すいちゃんとどのように関《かか》わっているか」**を考えていきましょう。

問1
語句の問題です。その意味を知っていたらすぐに答えられるのはもちろんですが、**知らなかった場合は、前後の文脈から判断する**しかありません。そういう時は**問題が空らんになっていると考えて、あてはまる語句を答える問題だと思って取り組んでください。**

それぞれの語句の意味を単独で考えるのではなく、場面と連動させて考えるようにしましょう。

A　すいちゃんが、とりあえず、**適当に髪《かみ》をくくっている**という場面です。

B 「おろおろと」とは、リエや美香《みか》に何も言えない、すいちゃんの様子です。**気の弱いすいちゃんの性格**がわかる場面です。

C **なるべく自然をよそおって対応している「私」の心情**がわかる場面です。

問2

それぞれの選択肢《せんたくし》の文章に○×をつけていきます。

線引き例を見てください。

ウは、「運動会の最中に噂話《うわさばなし》をする」も「場所をわきまえない」もおかしいです。

オ「すいちゃんを困《こま》らせようとする」ために噂をするのではありません。

これらから、まず**ウ・オ**を外すことができます。

イは、「大声」がひっかかります。「大声」がよくないなら、「小声」で言えばいいのかとなりますからね。

ここでは、ア・エにしぼりこんで、なんの根拠《こんきょ》もない噂話をしているという気持ちを読み取りましょう。

問3

――線と同じ段落《だんらく》を読むという基本をおさえれば解ける問題です。**弟、妹の手形がヒント**です。**すいちゃんが弟や妹のめんどうをみている**ということですね。

そして、すいちゃんの両親が弟や妹のめんどうをみていないということは、両親はすいちゃんのめんどうもあまりみていないということにつながります。

問4

――線の中の「今日」が何の日かということは、――線をふくむ段落にあります。今日はすいちゃんは**「給食当番」**なのです。

また、**――線内に指示語「それ」があるので、指示語の内容をおさえましょう。**「それ」の指すものは直前にあります。

すいちゃんの身なりがごくたまにすっきりしている時があるということです。これと「給食当番」の関係を考えてみましょう。

「清潔」がポイントとなります。

問5

設問文に**「なぜ」**とあるので、**答えの最後は「〜から。」**となります。これを答えの「わく」として、「〜」に入る内容を考えていきます。

みんなの様子と、西田くんの様子のちがいに注目します。みんなはすいちゃんの身なりがよくないので、給食の時にすいちゃんをさけるのです。しかし、西田くんは同情しているふうでもなく、ふつうに接してくれています。

このことから、下書きを作ることができます。

●**西田くんが自然に接してくれるから。**（17字）

この下書きの前に、西田くんとのちがいがわかるように、**「みんなは〜なのに」**という形を使った文を付け加えましょう。

答えを仕上げると、

●**みんなは身なりの悪い自分をさけているのに、西田くんは自然に接してくれるから。**（38字）

となります。

基本問題5 説明的文章

●本冊 *p.* 38

この国の人々ははるかな昔から自分のことを「わ」と呼《よ》んできた。ただ、それを書き記す文字がなかった。中国から漢字が伝わる以前のことである。これは今でも「われ」「わたくし」「わたし」という形で残っている。

日本がやがて中国の王朝と交渉《こうしょう》するようになったとき、日本の使節団は自分たちのことを「わ」と呼んだのだろう。①中国側の官《かん》僚《りょう》たちはこれをおもしろがって「わ」に倭《わ》という漢字を当てて、この国を倭国《わこく》、この国の人を倭人《わじん》と呼ぶようになった。倭という字は人に委《ゆだ》ねると書く。身を低くして相手に従《したが》うという意味である。中国文明を築いた漢民族は黄河《こうが》の流れる世界の中心に住む自分たちこそ、もっとも優《すぐ》れた民族であるという誇《ほこ》りをもっていた。そこで周辺の国々をみな蔑《さげす》んでその国名に侮蔑的《ぶべってき》な漢字を当てた。倭国も倭人もそうした蔑称《べっしょう》である。

ところが、あるとき、②この国の誰《だれ》かが倭国の倭を和と改めた。この人物が天才的であったのは和は倭と同じ音でありながら、倭とはまったく違《ちが》う誇《ほこ》り高《たか》い意味の漢字だからである。和の左側の禾は軍門に立てる標識、右の口は誓《ちか》いの文書を入れる箱をさしている。つまり、和は敵対するもの同士が和議を結ぶという意味になる。

この人物が天才的であったもうひとつの理由は、和という字はこの国の文化の特徴《とくちょう》をたった一字で表しているからである。というのは、この国の生活と文化の根底には互《たが》いに対立するもの、相容《あいい》れないものを和解させ、調和させる力が働いているのだが、この字はその力を暗示しているからである。

和という言葉は本来、この互いに対立するものを調和させるという意味だった。そして、明治時代に国をあげて近代化という名の西洋化にとりかかるまで、長い間、この意味で使われてきた。和という字を「やわらぐ」「なごむ」「あえる」とも読むのはそのためである。「やわらぐ」とは互いの敵対心が解消すること。「なごむ」とは対立するもの同士が仲良くなること。「あえる」とは、料理でよく使う言葉だが、異《こと》なるものを混ぜ合わせてなじませること。

この国の歌を昔から和歌というのは、もともとは中国の漢詩に対して、和の国の歌、和の歌、自分たちの歌という意味だった。しかし、和歌の和は自分という古い意味を響《ひび》かせながらも、そこには対立するものを和《なご》ませるというもっと大きな別の意味をもっていた。

③明治時代になって、西洋化が進むと江戸《えど》時代以前の日本の文化とその産物をさして和と呼ぶようになった。着物を和服といい、畳《たたみ》の間を和室というのがそれである。この新しい意味の和は進んだ西洋に対して遅《おく》れた日本という卑下《ひげ》の意味を含《ふく》んでいた。

歴史を振《ふ》り返《かえ》ると、はるか昔、中国の人々が貢物《みつぎもの》を捧《ささ》げにきた日本人をからかいと侮蔑をこめて倭と呼んだ。それをある天才が一度は和という誇り高い言葉に書《か》き替《か》えたにもかかわらず、その千年後、皮肉なことに今度は日本人みずから自分たちの築いてきた文化を和と呼んで卑下しはじめたことになる。この新しい意味の和は近代化が進むにつれて徐々《じょじょ》に幅《はば》を利《き》かせ、今や本来の和は忘《わす》れられようとしている。

時間管理 目標時間＝15分

- ❶ 通読して話題を確認《かくにん》する　3分
- ❷ 問1を解く（同じ段落《だんらく》を確認）　2分
- ❸ 問2を解く（同じ段落を確認）　2分
- ❹ 問3を解く（同じ段落を確認）　2分
- ❺ 問4を解く（近くの段落を確認）　2分
- ❻ 本文全体を読み直し問5を解く　3分

設問を解く時は、**「まず——線と同じ段落を点検する」**という姿勢《しせい》を大切にしましょう。

話題と構成

● **話題**　「わ」という言葉について

● **構成**

「わ」のもともとの意味「わたし」

⇦「倭《わ》」…相手に従《したが》う

⇦「和」…敵対するもの同士が和議を結ぶ

⇦明治時代の「和」…西洋に対して遅《おく》れた日本

身のまわりを見わたせば、近代になってから私《わたし》たちが和と呼んできたものはみな生活の隅《すみ》っこに押《お》しこめられてしまっている。現代の日本人はふだん洋服を着て、洋風の食事をし、洋風の家に住んでいる。ふつうの人にとって和服は特別のときに引っ張り出して着るだけである。和食といえば、すぐ鮨《すし》や天ぷらを思《おも》い浮《う》かべるが、鮨にしても天ぷらにしても、多くの人にとって、むしろ、ときどき食べにゆくものにすぎない。和室はどうかといえば、一戸建てにしろマンションにしろ一室でも畳の間があればいいほうである。こうして片隅《かたすみ》に押《お》しこめられ、ふつうの日本人の生活からかけ離《はな》れてしまったものが和であるなら、私たち日本人はずいぶんあわれな人々であるといわなければならない。

ところが、この国には太古の昔から異質《いしつ》なものや対立するものを調和させるという、いわばダイナミックな運動体としての和があった。この本来の和からすれば、このような現代の生活の片隅に追いやられてしまっている和服や和食や和室などはほんとうの和とはいえない。たしかにそれは本来の和が生み出した産物にはちがいないが、不幸なことに近代以降《いこう》、固定され、偶像《ぐうぞう》とあがめられた和の化石であり、残骸《ざんがい》にすぎないということになる。

では、異質《いしつ》なもの、対立するものを調和させるという本来の和は現代において消滅《しょうめつ》してしまったか。決してそんなことはない。それは今も私《わたし》たちの生活や文化の中に脈々と生きつづけているのだが、私たちは④和の残骸を懐《なつ》かしがってばかりいるものだから、本来の和が目の前にあるのに気づかないだけなのだ。

問1 ――線①「中国側の官僚たちは～呼ぶようになった」とありますが、中国の人がこの呼び方にこめた意味を本文中から十五字以上二十字以内でぬき出して答えなさい。

身を低くして相手に従うという意味（十六字）

問2 ――線②「この国の誰かが倭国の倭を和と改めた」とありますが、これによって、「わ」はどのような意味になりましたか。本文中から十五字以上二十字以内でぬき出して答えなさい。

敵対するもの同士が和議を結ぶという意味（十九字）

問3 ――線③「明治時代になって、～呼ぶようになった」とありますが、このときの「和」はどのような意味でしたか。本文中から二十字以上二十五字以内でぬき出して答えなさい。

進んだ西洋に対して遅れた日本という卑下の意味（二十二字）

⇦現代の「和」…生活からかけ離《はな》れてしまったもの

筆者の考え

今の日本は「和」の残骸《ざんがい》を懐《なつ》かしがってばかりで、本来の「和」に気づかない。

⇩本来の和とは異質《いしつ》なものや対立するものを調和させる文化である。

設問チェック

問1
- □ ――線の中の指示語を言いかえる。
- □「意味」という言葉に注目して探《さが》す。

問2
- □ 設問文中の指示語を言いかえる。
- □「意味」という言葉に注目して探す。

問3
- □ 設問文中の指示語を言いかえる。
- □「意味」という言葉に注目して探す。
- □「西洋」というキーワードに○をつける。

問4 ――線④「和の残骸」の具体例として、筆者があげているものを、――線④より前の部分から、三十字以上三十五字以内でぬき出して答えなさい。

現代の生活の片隅に追いやられてしまっている和服や和食や和室など（三十一字）

問5 この文章で述べられていることについて正しいものには○、間違《まちが》っているものには×を答えなさい。

ア 中国の王朝と交渉《こうしょう》するようになった日本人は、自分たちのことを「相手に従《したが》う者」と表現した。

○イ 「倭」に変わって使用した「和」という言葉は、当時の日本の文化の特徴《とくちょう》をうまく表している。

ウ 「和歌」という言葉は、中国の漢詩に対抗《たいこう》して、よりよいものを作ろうとして考えられた表現である。

○エ 明治の人たちは、西洋を進んだ国として考えるようになった。

ア ×　イ ○　ウ ×　エ ○

問4

□「残骸」というキーワードに○をつける。

□キーワードと同じ段落、近くの段落を点検する。

問5

□○×問題は本文のどこにあるかを探し、本文に書いてあれば線を引く。

□まちがっていれば、選択肢《せんたくし》の文章に線を引いて×をつける。

基本問題5の解き方

読解チェック

「わ」という言葉について、歴史的な視点《してん》で述べている文章です。中国と日本との関係から始まり、明治時代の西洋化へと、話が移っていることに注意しましょう。

問1

まず、**――線①にある指示語「これ」を言いかえましょう。**「これ」は、**日本の人たちが自分のことを「わ」と呼《よ》んだこと**を示しています。それに対して、中国の人が「倭《わ》」という漢字を当てたのです。**「倭」の意味**については、――線①の後ろ、**同じ段落《だんらく》に**書いてあります。侮蔑《ぶべってき》的な（ばかにしたような）意味の漢字を当てたということですね。

問2

ここでもまず、**指示語を言いかえましょう。**設問文の「**これによって**」は、「**倭」を「和」に改めたこと**を指しています。つまり、「**和」という漢字の意味**を答えればいいということになります。「和」の意味については、**同じ段落**に書いてあります。**「――線をのばして、同じ段落内を探す」**という基本を守れば簡単《かんたん》に解けます。

問3
設問文の**「このとき」**は、**明治時代になった時**という意味です。――線③を見ると、**明治時代を「西洋化が進んだ時代」と考えています。**この意味についても**同じ段落内**に書いてあります。

問4
まず、――**線④にある「残骸《ざんがい》」に印をつけます。**それから、**同じ段落、近くの段落に「残骸」というキーワードがないか**を探して○をつけましょう。36行目に「残骸にすぎない」がありますね。そうすると、その主語の「たしかにそれは」が見つかります。**指示語の「それ」が指しているものが答え**となります。「このような現代の生活の片隅に追いやられてしまっている和服や和食や和室など」の部分が答えにあてはまりますが、**字数制限が「三十字以上三十五字以内」というのは大きなヒント**です。**「など」**を入れるのを忘れてはいけません。

また、このように、**字数の多いぬき出し問題の場合は、五文字ずつ線を入れておくと数えやすく、まちがえにくい**です。

問5
○×問題は本文と照らし合わせながら考えましょう。

ア 「相手に従《したが》う者」とは、「倭」という漢字の意味でした。このことは、3~7行目に書いてあります。日本人が「倭」という漢字を当てたわけではないから×。

イ 11~13行目に書いてあります(線引きを参照)。

ウ 「和歌」については18~20行目に書いてあります。「和歌」が「漢詩」に対抗《たいこう》したとは書いていませんから×。

エ 明治時代の人たちの考え方は、22行目に書いてあります(線引きを参照)。

さらにスピードアップ

歴史的な目で書かれた説明的文章は、話題になっている時代ごとに分けてみましょう。この文章では、**「日本と中国の時代」「日本と西洋の時代」「現代」**というように分けられます。

ひと通り問題を解き終えたら**「和」**という言葉に注目して本文を読み直しておきましょう。目標は2分です。

基本問題 6

文学的文章

●本冊 p.42

六月に入った頃《ころ》、健一たちの間で急にブランコ遊びが、はやりだしたのである。

そんなある日、中学生の毅が、取り外されたままのシーソーの板を持って来た。ガキどもには何をするのか見当がつかない。その板を二つのブランコに渡《わた》すのだと毅はいった。ブランコは四つあった。そのうちの二つのブランコを板でひとつにしてしまおうと考えたわけだ。その上に、毅を先頭に健一たち七、八人が乗《の》り込《こ》み、ゆっくりとブランコを漕《こ》ぎだした。ガキどもはしだいに興奮《こうふん》し始め、キャッキャッという声があがり始めた。隣同士《となりどうし》しっかりつかまっていないと、バランスが崩《くず》れて落下してしまう。緊張《きんちょう》と興奮で、徐々《じょじょ》にガキどもはこの変造ブランコに夢中になっていく。地面が揺《ゆ》れた。高く漕げ！　思いっ切り漕げ！　と一心不乱《いっしんふらん》にブランコを漕ぐ。皆《みな》で一緒《いっしょ》に思い切りブランコを漕ぐのは初めてだったが、何回かやるうちに誰《だれ》がどこに座《すわ》るといいかもわかってきた。チームワークも徐々に出てきて、毅の指示に従い、声を揃《そろ》えながら漕いだ。時々、恐怖《きょうふ》が襲《おそ》ってきた。見ている者には怖《こわ》さだけが伝わっていく。（　A　）健一の妹がそれを見ていた。異様《いよう》な雰囲気《ふんいき》を感じたのだろう、青い顔になり、あわてて家に帰って父親に知らせた。

しかし、父親は「男の子だから」と一笑《いっしょう》に付した。

こうして、①変造ブランコは興奮の坩堝《るつぼ》と化し、連日、学校から帰ると我先《われさき》にと公園にやってくるようになった。七、八人の少年を乗せたブランコは毎日、暗くなるまで、大きく揺れ続けた。

三日目になってブランコの鎖《くさり》が切れ、あぶなく誰《だれ》かの頭が地面に激突《げきとつ》しそうになった時は、一瞬《いっしゅん》、皆の顔もこわばったが、すぐに毅がもう一つのブランコに代えようというと、ガキどもは我にかえって隣のブランコに板を渡した。ふたたび変造ブランコはゆっくりと動きだした。②健一はその時、厭《いや》な予感がした。しかし、何かいいだせる状況《じょうきょう》ではなかった。皆、一緒に漕ぎだした。集団で怖いことをするときの秘密《ひみつ》めいた喜びがブランコを取《と》り巻《ま》いていた。遊びはエスカレートしていく。誰かが泣くしか終わりはなかった。

漕げ！　もっと漕げ！　毅はヒステリックに叫《さけ》び続《つづ》けた。地面が揺れる。体がひっくり返りそうになった。興奮しているから、何度も行ったり来たりしているうちにだんだん恐怖も麻痺《まひ》してくるような気がした。地面が揺れた。景色が反対に見えた。皆はそれでも漕ぎ続けた。

始めてから四日目だった。何かに憑《つ》かれたように、少年たちは顔を引きつらせながらブランコを漕ぎ続けた。

「それっ！　漕げ！　それっ！　漕げ！」毅が大声で狂《くる》ったように叫んでいる。鎖を持つ手が緊張のために汗《あせ》ばんで鉄の匂《にお》いがした。もっと漕げ！　健一は気分が悪くなりそうだった。高さは限界にきていた。それでも少年たちは漕ぐのをやめなかった。一瞬、グラッとした。次の瞬間、地面が不自然に揺れて、急に目がぐるぐる回った。誰かがギャーッと叫び、泣きだす声がした。鎖が切れ、ガキどもは板もろとも落下したのだ。

健一は一瞬、どうなったのかわからなかった。地面に放り出され、腰《こし》を思いっきり打った。「いて！」と泣きそうになった。見ると二つのブランコに渡したシーソーの板がまっぷたつに割《わ》れて、ガキどもはばらばらに放り出されていた。吉岡《よしおか》弟は運悪く板の下敷《したじ》きになってしまった。いつもは無口で、猫《ねこ》を追いかけ回すだけの吉岡弟も、この時ばかりは、泣《な》き叫《さけ》んでいる。③血の気の退いた毅はその場にいることがやばいと思ったのか、いきなり逃《に》げだした。

時間管理　目標時間＝15分

1. 通読して場面を確認《かくにん》する　3分
2. 本文を読み直しながら、問1の空らんが出てくるたびに解く
3. 問2を解く（――線より前を確認）　3分
4. 問3を解く（――線より後ろを確認）　3分
5. 問4を解く（本文全体から考える）　2分
6. 本文全体を読み直し問5を解く　3分

心情を考える時は、**どのようなできごとが起こっているか**を確認しましょう。

場面と構成

1 ブランコ遊びについての説明

- 危険《きけん》な遊びであることを描《えが》いている。
- 子どもたちが夢中になっていく様子。

日を追うごとにエスカレートしていく構成。

⇩

2 （二日目から三日目）
大きな事故が起こることを暗示している。

⇩

3 （四日目）
大きな事故が起こる。

吉岡兄が「大丈夫《だいじょうぶ》か。どこがいたいんだ？」と心配そうに弟に訊《き》いた。健一は青ざめた顔で、呆然《ぼうぜん》とその場に立《た》ち尽《つ》くしていた。激《はげ》しく泣き叫ぶ吉岡弟を、兄がかついで家に帰った。翌日《よくじつ》、吉岡弟はあばら骨《ぼね》を折っていたことがわかった。大怪我《おおけが》になった。だが、よくあれくらいですんだともいえる。

こうして最後まで残っていたブランコも、④集団の狂気《きょうき》を呼《よ》び起《お》こしてめちゃくちゃにこわされてしまったのである。公園は一年もしないうちに施設《しせつ》の全部がこわれて、原っぱに戻《もど》りつつあった。シーソーの鉄製の台と、滑《すべ》り台《だい》の梯《はしご》と上の部分が少しずつ持ち去られながらも、最後まで残った。ブランコは、しばらくは鋼鉄製《こうてつせい》の台だけは残っていたが、それも（　B　）、誰かが持ち去って消えてしまった。

公園には、異様な残骸《ざんがい》だけが残ったのである。

問1　A・Bにあてはまる語として最も適当なものをそれぞれ選びなさい。

ア　いつしか　イ　たまたま　ウ　つい　エ　ひたすら　オ　やけに

A　イ　B　ア

問2　――線①「変造ブランコ」とはどのようなものですか。本文の言葉を使って、三十字程度で答えなさい。

二つのブランコにシーソーの板を渡してひとつにしたもの。（二十七字）〈同意可〉

問3　――線②「健一はその時、厭な予感がした」とありますが、それは何が起こる予感ですか。それがよくわかる一文を本文からぬき出し、はじめの五字を答えなさい。

鎖が切れ、

問4　――線③「血の気の退いた〜いきなり逃げだした」とありますが、毅の逃げだした理由を説明したものとして最も適当なものを次から選び、記号で答えなさい。

ア　ルールを守らず遊んでいたために遊具を壊《こわ》してしまったことを責められると思ったから。

イ　吉岡弟があばら骨を折るほどの大きな事故を起こしたことに気付き、あわてふためいたから。

ウ　年長者として変造ブランコ遊びの主導的立場にいた責任を問われることになると思ったから。

エ　このような事故を起こした以上、健一たちが自分の指示には従《したが》うことはないと思ったから。

ウ

危険な遊びに夢中になる子どもたちの様子をややユーモアを交えて描いている作品。

設問チェック

問1

□ それぞれの副詞《ふくし》の持つ意味を確かめる。

□ 空らんをふくむ一文をチェック。

問2

□ 「ブランコ」というキーワードに○をつける。

□ ――線の前の「こうして」に印を入れる。

□ 本文の言葉を使って書く。

問3

□ 場面を意識して後半を読み進める。

□ 場面を区切りながら解く問題。

問4

□ 「毅」はどんな人物かを確かめる。

□ 「血の気が退いた」という慣用句の意味を確かめる。

□ 毅の心理を読み解く問題。

問5　――線④「集団の狂気」とあるが、ブランコの事件において彼《かれ》らがその状態に陥《おちい》ったことがよくわかる一文を二つ探《さが》し、それぞれはじめの五字を答えなさい。

集団で怖い

何かに憑か

基本問題6の解き方

読解チェック

危険《きけん》な遊びに夢中になる子どもたちの様子と気持ちに、注目しましょう。**登場人物の様子をいきいきと描くことで、事件を印象づけている**作品です。

問1　**副詞《ふくし》を入れる問題**です。**空らんをふくむ一文**を読みましょう。

A「健一の妹」が、ブランコを漕《こ》いでいた様子を、どのように「見ていたか」ということです。今までの話では「健一の妹」は出てきていません。イの「たまたま」がぴったりです。

B「ブランコ」の鋼鉄製《こうてつせい》の台だけ残っていたが、（　B　）持ち去って消えてしまった、という文脈ですから、アの「いつしか」が当てはまります。

問2　――線①の前に「**ブランコ**」という言葉が何回か出てきますから、うすく印をつけます。その近くで「**変造ブランコ**」の手がかりになるものがあれば、線を引いていきます。

3行目の「**二つのブランコを板でひとつにしてしまおう**」がポイントです。これをぬき出して、書き直すことが第一段階《だんかい》です。

● **二つのブランコを板でひとつにしたもの。**

これで十九字です。制限字数は三十字ですから、さらにくわしく書けるはずです。次に「板」をくわしく説明しましょう。本文中に「板」があるか探してください。

・**（取り外されたままの）シーソーの板**（2行目）

・**（その）板を二つのブランコに渡《わた》すのだ**（3行目）

この二つを手がかりにします。

● **二つのブランコにシーソーの板を渡してひとつにしたもの。**（27字）

「板を渡す」ということに気づかないと、

二つのブランコをシーソーの板でひとつにしたもの。（24字）

となり、やや短い答えになります。

問5

□本文全体を読み直してから解く。

□「集団」「狂気《きょうき》」を言いかえる。

問3

「変造ブランコ」が、あきらかに乗りすぎであることを理解しましょう。その結果、当然事故が予想されますし、また、本当に事故が起こっています。

ここでは問題を読みかえてみましょう。

「子どもたちに起こった事故をくわしく説明している一文を探しなさい」というふうに考えてみます。

事故の様子を描《えが》いている部分を、区切って探すようにしてください。事故の内容をくわしく説明している部分は、23〜27行目にあります。

ぬき出す前に、**記述問題として考えて、**

「鎖《くさり》が切れて、子どもたちがブランコから落下すること。」と答えても力がつくでしょう。

問4

本文全体から登場人物の心理を読み取ります。

「毅」は変造ブランコの発案者です。彼《かれ》が、今回の事故の責任を問われるのは当然といえるでしょう。

「血の気が退く(引く)」とは、「恐怖《きょうふ》などのために、顔が青ざめる」様子を表す表現です。

ここでは、**エ**が最もおかしな内容です。また、**ア**は「遊具を壊《こわ》した」がおかしく、**イ**は「あばら骨《ぼね》を折った」がこの時点ではわかっていないので、まちがいであるとわかります。

問5

危険な遊びであるが、それがかえってみんなの興奮《こうふん》をかきたて、事故が起こるまで冷静になることがなかった、というこの場面の様子を確認《かくにん》してから探すようにしましょう。

また、探す時は、遊びがエスカレートしていく場面に限定するようにしましょう(13〜22行目)。

また**「集団」**という言葉もヒントになります。個人的な気持ちを書いている部分を選ばないようにしましょう。

「狂気」は、この場面では「恐怖を感じなくなること」という意味で考えるといいでしょう。

さらにスピードアップ

この文章は時間の流れがはっきりとわかるので、一日目、二日目、三日目、四日目という**時間の切れ目に印を入れることが大切**です。

物語文はときに、一つの場面だけをじっくり読むのではなく、**全体の流れがわかってからじっくり読んだ方が、読解の精度があがる**ことがあります。

基本問題7　説明的文章

●本冊 p.50

たとえば①こんなことがあった。あるメンバーで、どうもリーダーの私《わたし》に今ひとつなじまない人がいた。ある機会に二人だけで話してみた。なんのことはない、私にきらわれていると思っていたというのである。それは彼《かれ》の発言に対して私が否定的《ひていてき》な反応を示したことがあるからだという。「君、ゼミとはそんなものだよ。君がぼくに反論《はんろん》したからといって、ぼくは君にきらわれたとは思わないよ」とは答えたものの、やはりリーダーの私は誤解《ごかい》されないもっと上手な(もっとマイルドな)いい方があったろうにと自戒《じかい》した。彼が②そうだとすると、多分ほかのメンバーも私の機嫌《きげん》を気にしているかもしれない。私に好かれたいという欲求《よっきゅう》が意外につよいかもしれない。私はこう推論《すいろん》して、各メンバーに対して、（　A　）をあるていど意識して表現するように心がけるようになった。

集団をまとめるのに注意しなければならないことは、右の例でもわかるように「人は好かれているのに、私は好かれていない」というしっとの問題である。この傾向《けいこう》をシブリング・ライバルリィ(sibling rivalry)という。

人間はいくつになってもシブリング・ライバルリィの心理傾向をもっている。えこひいきに対しては敏感《びんかん》である。シブリング・ライバルリィのことのおこりは、親をめぐってのきょうだいの愛情争奪戦《そうだつせん》である。この心理がおとなになっても残っているのがふつうである。

「この間、俺《おれ》、社長に呼《よ》ばれてねえ……」とか「部長がアメリカからくれた絵葉書によると……」と、いかにも「俺は君たちとちがって上司に好かれているんだぞ」と誇示《こじ》したくなるのは、シブリング・ライバルリィのなせるわざである。その話をきかされた同《どう》輩《はい》は、心のなかで「この野郎《やろう》！　いい気になりやがって！」と思うのがふつうである。これもシブリング・ライバルリィの心理があるからである。

つまり、リーダーというのは親代理、親象徴《しょうちょう》であるから、メンバーに対して絶えず公平であらねばならない。不公平だとメンバーが仲間割《なかまわ》れする。いざというとき団結しない。

わかりやすい例はドラッカーが引用している③マーシャル元帥《げんすい》の話である。マーシャル元帥は第二次大戦のとき、連合軍のノルマンディ上陸作戦の将《しょう》であった。彼には幾人《いくにん》もの幕僚《ばくりょう》がいた。ある人が「君はなぜあんな変人ばかりを幕僚にしているのか」と聞いた。マーシャルはためらいもなく、すらすらとこう述べた。

「幕僚Aは酒飲みだと君たちはいうが、彼は敗《ま》け戦のときにはいつもいい案を出してくれる。幕僚Bはけんか好きというけれども、議論《ぎろん》がふたつに分かれたときこれをまとめる能力がある。幕僚Cは……」という具合に、部下のひとりひとりの特技を認《みと》める答えをした。部下のひとりひとりが「俺はマーシャルに好かれている。マーシャルに信用されている」と思うのは当然である。それゆえ仲間の足をひっぱって自分だけ認められようなどというシブリング・ライバルリィの醜態《しゅうたい》をさらけ出す必要がない。これがノルマンディ作戦のとき部下が団結してマーシャルを補佐《ほさ》した理由だというのである。

時間管理　目標時間＝20分

❶ 通読して話題を確認《かくにん》する	3分
❷ 問1を確認して読み進める	1分
❸ 問2を解く（——線の前で解く）	2分
❹ 問3を解く（問2・3の見直し）	4分
❺ 問4を解く（段落《だんらく》を読み直して解く）	3分
❻ 全体を読み直して問5・6を解く	5分

この文章は具体例に注意して、文章を三つか四つに分けてみましょう。

話題と構成

● 話題　「シブリング・ライバルリィ」について

● 構成

キーワード

…シブリング・ライバルリィ

＝（言いかえると）

「人は好かれているのに私は好かれていない」という**しっとの問題**

• 具体例三つ

⇦

④リーダーはメンバーに公平にしなければならないが、誰《だれ》にでも自己盲点《じこもうてん》があるので、悪意がなくても差別することがある。これは用心したほうがよい。同県人、同室者、縁戚《えんせき》、ゴルフ仲間といったのがその例である。

私の知るある若《わか》い心理学者で、ある機関のコンサルタントをしているのがいる。彼は好人物であるにもかかわらず評判が芳《かんば》しくない。自分でもそれに気づいているが、⑤原因がわからないというのである。ところが間もなく、会議がすんで辞するとき、メンバーのひとりである大学の後輩に「一緒《いっしょ》に帰ろうか」と声をかけることがどうもよくないらしいといい出した。会のあとは私的《してき》な時間だから、自分のしたいようにしてもよいという理屈《りくつ》のようである。私にいわせれば、彼のこの理屈が命とりなのである。他のメンバーからみれば、えこひいきである。どうしてもその後輩と飲みたければ、自宅《じたく》に電話でもいれて、人目にふれぬ場所で落ち合うだけの用心深さをもたなければならない。これはおとなの常識だと思う。

問1 ――線①「こんなこと」とは、どのような問題を説明するために書かれた例か。本文中から六字でぬき出して答えなさい。

しっとの問題

問2 ――線②「そう」の指す内容を、次の中から選び、記号で答えなさい。

ア ○ 私に好かれたいと思っている
イ × みんなに好かれたいと思っている
ウ × みんなのことを好きになりたいと思っている
エ × 私を好きになりたいと思っている

ア

問3 （ A ）にあてはまる言葉を次の中から選び、記号で答えなさい。

ア 好感をもっていること　イ × 好感をもっていないこと
ウ 興味をもっていること　エ × 興味をもっていないこと

ア

問4 ――線③「マーシャル元帥の話」は、何を説明するために書かれた例か。次の中から選び、記号で答えなさい。

ア ○ リーダーが公平だと部下が周囲から認められるということ。
イ × リーダーが不公平だと部下が周囲から認められないということ。
ウ ○ リーダーが公平だと部下が団結してくれるということ。
エ × リーダーが不公平だと部下が足をひっぱりあうということ。

ウ

リーダーはメンバーに対して公平でなければならない。
↓いざというとき団結できないから。

⇦ **要点**

リーダーはメンバーを団結させるために常に「シブリング・ライバルリィ」の心理を意識してメンバーに公平に接するべきだ。

設問チェック

問1
□ 段落の先頭にある指示語の問題。
□ 問2などの後回しになる。

問2
□ 指示語の問題。
□ 直前で答えられる問題。

問3
□ ――線と同じ段落全体で考える。

問4
□ すべての選択肢《せんたくし》に○×をつける。
□ ――線と同じ段落全体で考える。
□ ほかの具体例との共通点を考える。

問5　——線④「リーダーはメンバーに公平にしなければならないが、誰にでも自己盲点があるので、悪意がなくても差別することがある」とあるが、これを言いかえたものとしてふさわしいものを次の中から選び、記号で答えなさい。

ア　リーダーは常に公平でなければならないが、気づかないうちに不公平になってしまうことがある。
イ　リーダーは常に公平でなければならないが、相手に悪意がある場合は不公平になってもよい。
ウ　リーダーとメンバーは公平に扱《あつか》われなければならないため、差別をするならば見えないところでやるべきである。
エ　リーダーとメンバーは公平に扱われなければならないため、誰からも注目されなければならない。

問6　——線⑤にある「原因」とは何か。本文中から五字でぬき出して答えなさい。

ア

えこひいき

問5
□すべての選択肢《せんたくし》に○×をつける。
□——線をしっかり読む。

問6
□同じ段落から探《さが》す。
□字数をヒントにする。

基本問題7の解き方

読解チェック

この文章では、**「シブリング・ライバルリィ」**という言葉が中心になっていますが、そのほかにも**「しっと」「えこひいき」**なども**同じような意味を持つ言葉**として出てきています。

また、「会社の上司」「マーシャル元帥《げんすい》」「心理学者」の例をあげて、本文で言いたいことをよりわかりやすく説明しています。

それぞれの**「具体例」**で説明されていることは、その他の「具体例」においても使えることに気をつけて考えていきましょう。

問1

段落の先頭にある指示語で、しかもそれが文章の頭にあります。これは指示語の珍《めずら》しい使い方です。**字数制限があるので、本文を**

読み進めながら、答えになりそうなものを、どんどんピックアップして並《なら》べていきます。

まず、同じ段落で「好かれている、好かれていない」という問題があることがわかります。そのうえで、次の段落で「集団をまとめる」という内容で、この「好かれている、好かれていない」が出てきます。すると、内容をまとめた言葉である**「しっとの問題」**（8行目）という言葉が見つかります。

この問題を解くためには、真ん中あたりまで読み進める必要があります。**問2**、**問3**の後で解いてもよい問題です。

問2

——線を一文にのばして考えます。すると後ろに「ほかのメンバーも私の機嫌《きげん》を気にしているかもしれない」という内容に出会います。

選択肢の文章の中に「機嫌を気にしている」がありませんが、**「機嫌を気にする」＝「好かれたい」**と考えるといいでしょう。

問3

空らんも——線と同じように一文にのばして考えましょう。すると、**この空らんは「私」が各メンバーに対して心がけていること**だとわかります。

また、問2で考えたように、周囲の人たちは上司である「私」に好かれたいと考えています。そして、「私」はそれに気づいてみんなに（　A　）を伝えようと考えています。

つまり、「私」に好かれたい、という気持ちを満足させたいと思っているのですね。

問4

選択肢の文章を分けてから、すべての選択肢に○×をつけて考えましょう。

「マーシャル元帥」といっても、なじみのない人がいるかもしれませんが、つまりは**「上司」の例**です。歴史上の人物は評価が定まっていることが多く、また読者にとってイメージをつかみやすいということもあり、よく使われます。

大きな分かれ目は**「マーシャル元帥」がどのような上司だったか**ということです。ここでは部下一人一人の特技をすべて把握《はあく》していたというわけですから、**公平な上司**だといえます。

ここで、「不公平」としている**イ・エを外します。**

次に、その「マーシャル元帥」が「ノルマンディ上陸作戦」を成功させたのは部下の団結があったからだということですから、**「団結」**がキーワードのウが正解であるとわかります。

問5

選択肢の文章を分けてから、すべての選択肢に○×をつけて考えましょう。

まず、——線④を確認《かくにん》すると、「リーダー**は**メンバー**に**公平にしなければならない」とあるので、「リーダー**と**メンバー**は**公平に扱《あつか》われなければならない」としているウ・エを外します。

次に、「悪意が**なくても差別することがある**」ということは、イのような「相手に悪意が**ある場合は不公平になってもよい**」ということではないので、アが正解となります。

問6

この問題は、ここまで解いてきたのであれば、難《むずか》しい問題ではありません。

——線をのばして、この「原因」がだれのものかを確認すると、28行目の**「私の知るある若《わか》い心理学者」**のものだとわかります。そして、**「評判が芳《かんば》しくない」「原因」がわからない**こともわかります。

——線と同じ段落を確認すると、この若い心理学者がやってしまっていたことは「不公平な上司」だったというわけです。つまり、ある人物を**「えこひいき」**していたと、とらえられたのですね。

基本問題 8 文学的文章

●本冊 p.54

小学四年生のぼくは、夏休みに親戚《しんせき》のモリおじちゃんの山小屋へ遊びにきた。

「おじちゃん！　これ、ハルだよ。」

ぼくは写真立てをもっていって、おじちゃんに見せた。キツネみたいにとがった鼻。アゴの下と胸《むね》の白い毛。

「ほら、ハルだよ。ねっ。ハル、ここんちで飼われてたんだ！」

モリおじちゃんは手をのばして写真を見た。そして、①「うん、ハルだな。」といった。

「どーして、ハルだけ、ここにいるんだろう。」

「おいていかれたのかな。」

おじちゃんは、すこしくもっている写真立てのガラスを手のひらでこすった。

ぼくは、はじめてハルを見たときのことを思い出した。よごれて、ひどい首輪をしていたハル。野生のキツネかと思ってしまった。

「不動産屋の話では、この家の前の持ち主はイギリス人の大学の先生だった人でさ、*退官してひとりでここに住んでいたらしい。日本びいきでタタミや障子《しょうじ》がお気に入りだったようだ。年をとって、家族のいるイギリスに帰ったって聞いてる。」

「だからって、おいていくなんて……、ひどいよね。」

モリおじちゃんは、写真立ての裏《うら》のとめ具をはずして写真をとりだした。

裏がえした写真をのぞきこむと、黒いペンで英語がかいてあった。

「メイとアロー、秋の庭で。とかいてある。」

おじちゃんがいった。

「メイとアローかあ、アローって名前だったんだ、ハル。」

ぼくは、じっと写真を見つめた。

「この女の子もイギリス人だよね。*久美《くみ》ねえちゃんくらいだね。」

「ああ、まごむすめかな。」

「この黄色い花はなんだろう。ナノハナかな。」

「キリンソウだよ。秋にさくアキノキリンソウだ。」

いいながらモリおじちゃんは、写真立ての台紙にはさんであった四つにたたんだ紙をひらいた。そのひょうしに、写真が一まいおちた。

「②見て、家族の写真だよ。」

女の子と犬のうしろに、ステッキをもった口ひげのおじいさんと、女の子のおかあさんらしい茶色のかみの女の人がわらっていた。

「このおじいさんの山小屋だったんだね。」

時間管理　目標時間＝20分

❶ 通読して場面を確認《かくにん》する	4分
❷ 問1を解く（前の場面を確認）	2分
❸ 問2を確認して後回し	2分
❹ 問3を解く（せりふの直後を読む）	3分
❺ 本文を読み直し問4を解く	3分
❻ 見直しをかねて問2を解く	4分

「ハル」をめぐる、ぼくやおじさんの気持ちを読み取りながら進めていきます。

場面と構成

背景

モリおじちゃんの山小屋に犬（ハル）が迷いこんできた。犬はよごれて、ひどい首輪をしていた。

できごと

写真には女の子と、ハルが写っていた。

⇩

ハルはこの山小屋の前の持ち主に飼われていた。

⇩

「ひとりで住んでいたというから、イギリスから家族があそびにきたときの写真だな。」

「よくあそびにきてたのかなあ。ハル、すごくなついてるかんじ。うれしそうだよ。」

「そうかもしれないなあ。それに犬はな、じぶんの飼い主がたいせつに思っている人は、すぐわかるんだよ。じぶんにとってもたいせつだって。」

「へー、そうなんだ。おじいさんの家族だもんね。写真をとったのは、この子のおとうさんだね。」

みんなカメラのほうを見てわらっている。

「こっちは手紙の下書きらしいな。もっと、英語を勉強しとけばよかったなあ。後悔《こうかい》先にたたず、だ。」

モリおじちゃんは、ひたいにしわをよせて手紙とにらめっこしていたけれど、

「だいじなところはだな、家族のいるイギリスに帰るので、犬を、アローをもらってほしい……ということだ。」

といった。

「だれに出したんだろう。」

「ああ、ここに住所と名前がメモしてある。東京の林さんという人だ。とどくかどうかわからんが、この人に手紙をかいてみよう。」

おじちゃんはメモを四つにたたんで胸のポケットにいれた。

「③知らせるの？　知らせるのやめようよ。」

ぼくは、ちょっとしんぱいになった。知らせて、ハルを、アローをかえせといわれたらどうしようと思ったのだ。

「もし、輝《てる》ちゃんがその人だったら、どうだ？　知らせてほしいだろう？」

おじちゃんに聞かれて、しかたなくぼくはうなずいた。

「ねえ、もしかしてハルは、ここにきたら飼い主だったおじいさんや女の子にあえると思って、にげだしてきたのかもしれないね。」

④ハルは、この人たちにあいたくて、東京からここまで、車にも電車にものらないで、ぼろぼろになってたどりついたのだ。

ぼくは、写真立てをもってハルの小屋にとんでいった。

いつのまにか雨はやんでいた。

ハルは小屋から出てきて、のんびりとからだをのばし、しっぽをふった。

（注）＊退官……官職をやめること。ここでは、大学の先生をやめること。
＊久美ねえちゃん……ぼくの姉で、小学六年生。

問1　――線①「『うん、ハルだな。』といった」とありますが、モリおじちゃんは、写真に写っている犬のどのような特徴《とくちょう》を見て、ハルだと判断したと考えられますか。文中から二つ、それぞれ十字前後でぬき出して答えなさい。

キツネみたいにとがった鼻

アゴの下と胸の白い毛

ハルはその後、東京の林さんという人のところにもらわれたが、もとの飼い主に会いたくて、山小屋までもどってきた。

ぼくの気持ち

ハルをかえせといわれるのは不安だが、飼い主に会いたいと一心に思っているハルの心を考えると、ハルの気持ちを確かめたいと思った。

設問チェック

問1
- □ 読み取る場所を特定する。
- □ 二つ選ぶことと字数に気をつける。

問2 ――線②「見て、家族の写真だよ」とありますが、この「家族の写真」とモリおじちゃんの話から、ぼくはどのようなことを理解しましたか。次の中から最も適当なものを一つ選び、その記号を答えなさい。

○ア メイちゃんは、おじいさんのまごむすめで、ハルはアローという名前で呼ばれていたこと。

イ メイちゃんのおじいさんは、家族を大切に思っていて、ハルにもそれがわかっていたこと。

ウ ハルは、メイちゃんの家族といっしょに、よくおじいさんの山小屋へ遊びにきていたこと。

エ メイちゃんは、おじいさんとおばあさんに、まごむすめとしてとても愛されていたこと。

ア

問3 ――線③「知らせるの？ 知らせるのやめようよ」とありますが、ぼくはなぜそう言ったと考えられますか。次の中から最も適当なものを一つ選び、その記号を答えなさい。

×ア いきなり知らない人から手紙が来たら、林さんがびっくりするから。

×イ いまさら犬をもらってほしいとお願いするのは、林さんに失礼だから。

○ウ 林さんがハルを引き取ると言いだしたらいやだから。

×エ むりやり東京へ連れて行かれたらハルがかわいそうだから。

ウ

問4 ――線④「ハルは、この人たちにあいたくて、東京からここまで、車にも電車にものらないで、ぼろぼろになってたどりついたのだ」と、ぼくは推測《すいそく》していますが、これを裏付《うらづ》けるハルの外見について書かれた一文をこれより前の部分からぬき出して、その初めの四字を答えなさい。

よごれて

問2

□ 家族の写真からわかることをまとめる。
□ おじちゃんの話をまとめる。
□ すべての選択肢《せんたくし》に○×をつける。

問3

□ せりふの後の心情を見つける。
□ すべての選択肢に○×をつける。

問4

□ 本文を読み直しながら解く。
□ ハルの外見に印をつける。

基本問題8の解き方

読解チェック

まず、**ハルが、なぜモリおじちゃんに飼われているのかがポイント**になります。この山小屋はかつてイギリス人の大学の先生が住んでいたと書かれています。

ハルがその先生の飼い犬であったことが、山小屋で発見された写真からわかったということです。

そして、ハルをはじめて見たときの様子から、東京へもらわれた先からここまでやってきたこともわかります。

また、**もう一つ問題になっているのは「ぼく」の気持ち**です。もとの飼い主に連絡《れんらく》を取るのはごく当然のことなのかもしれませんが、ハルが連れて行かれるかもしれないと思った「ぼく」が不安になっているのです。

問1

写真立ての写真の様子については、2行目に書いてあります。

少し前の写真かもしれませんが、ハルと同じ特徴《とくちょう》を持っているということです。

十字前後というのは十字を少しこえてもかまわないという意味です。十二字ぐらいなら大丈夫《だいじょうぶ》です。

問2

それぞれの選択肢の文章をくわしく分析《ぶんせき》します。

そして、**〇×をつけてみましょう**。

本文と合っているかどうかで見ると、ほとんど×がつきません。

しかし、設問文には**「『家族の写真』とモリおじちゃんの話から」**とあります。つまり、それ以外のことから想像したことは、省いて考えることになります。

迷った時は、設問文をもう一度よく読んで、話題になっているのは何かを考えるようにしましょう。

まず、「ぼく」が理解したことは「ハル」についてです。ですから、「メイちゃん」を中心にして答えている、エを外します。

次に、ハルはおじいさんの山小屋(つまり、モリおじちゃんの山小屋)で飼われていたので、ウが外れます。

ア・イで迷うところですが、アは「ハルがアローと呼ばれていたこと」が中心であることに対して、イは「おじいさんが家族を大切に思っていたこと」が中心になっています。

「最も適当なものを選ぶ」という設問から考えると、アを解答とするのがいいでしょう。

問3

せりふの後に、すぐ行動や心情が書かれていることが多いので、**せりふの直後は必ず読んでおきましょう。**

ここでは**「知らせて、ハルを、アローをかえせといわれたらどうしよう」**という部分がポイントです。

そのことについてふれている記号は、ウだけです。

問4

この小屋にはじめてハルがやってきた(ハルからみれば帰ってきた)時の様子を読み取りましょう。

ハルの様子を表しているところに印をつけながら、本文を読み直していきます。

すると、8行目に「ぼくは、はじめてハルを見たときのことを思い出した。よごれて、ひどい首輪をしていたハル。野生のキツネかと思ってしまった」とあります。

基本問題9 説明的文章

●本冊p.62

きみたちは将来《しょうらい》、自分はこんな人間になりたい、こんな仕事についてみたい、という夢を持っていますか？　あるいは、すでに自分がなりたいものに向かって、地道な努力をかさねているかもしれませんね。

たとえば漫画家《まんがか》をめざして、勉強そっちのけでコツコツと漫画を描《か》きためていたり、サッカー選手を夢見てサッカー部に入り、毎日、泥《どろ》だらけになって練習したり、あるいは海外留学を目標にして、人一倍、英語の勉強に力を入れていたり——。

その一方では、漠然《ばくぜん》とした将来の夢や希望はあるけれど、「どうしたら、その夢が実現できるのかわからない」という人もいれば、自分が何になりたいのかわからず、もたもたしている人だっているでしょう。いや、もしかしたらきみたちのなかには、「将来の目標など考えたこともない」という人のほうが多いのかもしれません。

実際、「いのちの授業」をして全国を回っている私《わたし》は、小学校の子どもたちに「将来は何になりたいの？」とよく質問するのですが、「わからない」と首を横にふる子が意外と多いのです。

この傾向《けいこう》は大学生にもよく見られます。

私が働いている聖路加《せいろか》国際病院には毎年、医学生たちが実習にやってきます。私は毎回、医師の卵《たまご》たちである彼《かれ》らに、こうたずねます。

「将来、どんな医師になりたいの？」

すると彼らは、「内科医です」「外科《げか》をやりたいんです」とは答えるのですが、かさねて私が、

「では、どの病院の、どの先生のような医師になりたいと思っているの？」ときくと、きまって困《こま》ったような顔をして口ごもってしまいます。どうやら、学生たちは漠然と医師になりたいと思ってはいても、誰《だれ》それのような医師をめざしたいとか、医師としてどんな生き方をしたいのかについては、考えたこともないらしい。つまり、彼らには「ぜひ、あの先生のような医師になりたい」という理想のモデル像が見あたらないまま、なんとなく医師という職業につこうとしているのです。

では、私の中学時代はどうだったのでしょう？

実は私も小学校四年生までは、自分が何になりたいかなどと考えたこともなく、「将来はお医者さんになろうかな」という気持ちがわいてきたのは、五年生の終わりごろでした。そのころ、私はある医師に出会い、強い印象が残っていたからです。

小学校四年生のとき、私は急性腎炎《じんえん》という病気にかかりました。急性腎炎は体全体にむくみがでて、食欲《しょくよく》が衰《おとろ》えるというやっかいな病気です。そのとき、私を診《み》てくださったのが安永謙逸《やすながけんいつ》先生という小児科《しょうにか》の先生でした。

先生は、体に変調をきたし不安でいっぱいになっている十歳《じっさい》の私を「必ず治るから心配しないで」と言葉少なく、しかし、力強く勇気づけてくださったのです。

先生から「動くと体に悪いから」と言われ、一日中床《とこ》に横になったままの毎日がつづき、ようやく、体を起こせるようになってか

時間管理　目標時間＝15分

1. 通読して話題を確認《かくにん》する　5分
2. 問1を解く（心情を読み取る）　3分
3. 問2を解く（前半をまとめる）　3分
4. 問3を解く（全体を見直す）　3分

この文章は、「具体例」を中心に場面分けをして考えます。

話題と構成

● **話題**　「将来《しょうらい》何になりたいか」について

● **構成**

若い人たちは「将来何になりたいのか」という夢を持っていないことが多い。

⇩

〈理想のモデル像がない〉

⇩

・「私」の体験（小四～五年生の終わりごろ）

らも、外出はかたく禁じられました。おかげで、家の中から一歩も外に出られない生活が三か月もつづき、外で遊び回るのが大好きだった私にとっては、まるで拷問《ごうもん》のような毎日でした。そんなときも、安永先生は往診《おうしん》にこられるたびに、友だちと遊ぶこともできない私をやさしくなぐさめてくださいました。

安永先生の適切な治療《ちりょう》のおかげで、私は元気を取《と》り戻《もど》し、学校に通いはじめました。ところが、悪いことはつづくもので、同じ年、こんどは母が夜中に突然《とつぜん》、全身にけいれんを起こして倒《たお》れてしまったのです。前々から患《わずら》っていた腎臓病《じんぞうびょう》が急に悪化して、発作《ほっさ》を起こしたのでした。

父は大あわてで安永先生を呼《よ》びにやりました。深夜にもかかわらず駆《か》けつけてきてくださった安永先生は、手早く母を診察《しんさつ》して、すぐに注射《ちゅうしゃ》を打ちました。すると、母のけいれんはおさまり、容態も少し安定してきました。

「奥《おく》さまは尿毒症《にょうどくしょう》です」

先生は心配そうな父に向かって、そう告げました。尿毒症というのは腎臓の機能が低下したため、通常、尿の中に排泄《はいせつ》*される尿素などの廃棄物《はいきぶつ》が血液中に残存《ざんそん》することによって引き起こされる症状《しょうじょう》です。

もちろん、当時の私はそんなことなど理解できず、ただ、大好きな母親が死んでしまうのでは、という不安と恐怖《きょうふ》で、胸が張りさけそうでした。でも①その疑問《ぎもん》を直接先生にきくのは、あまりに恐《おそ》ろしいことでした。私は泣きたくなるのを必死にこらえながら、

「お母さんは助かるの？」

と、たずねてみました。すると、先生は私の目を見つめて、しっかりとうなずいてくれたのです。そのときの先生の自信に満ちた態度に接して、私はどれほどホッとし、勇気づけられたことでしょう。実際、ほどなくして母の体調は元に戻ったのでした。

②そうした体験が強烈《きょうれつ》に印象に残っていたので、私は「できることなら安永先生のようなお医者さんになりたい」と、ごく自然に思うようになったのです。

もし、きみたちが「将来、自分がどんな人間になりたいのかわからない」と思っているなら、「できることなら、自分はこの人のようになりたい」という手本となるモデルを見つけてほしいと思います。

きみが将来、プロ野球選手をめざしているのなら、「イチローみたいな選手になりたい」でもいいでしょう。キュリー夫人の伝記を読んで感動して「ぼくも科学者になりたい」というのでもいいし、看護師《かんごし》として働いているお母さんの姿を見て、「わたしも働きながら子育てをする女性になりたい」というのもすばらしいと思います。

③私がきみたちにモデルを見つけることの必要性を説くのには、理由があります。

それは、人間が「自分一人だけの考え方で生きていく」ということは、とてもたいへんだからです。

こうなりたい、と思える人のまねをする、つまりモデルがいると、多くのことを学べます。でも、まるごとのまねでは、自分自身がなくなってしまいますが——。

目的の見えない人生というのは、真っ暗な闇《やみ》の中を手さぐりで進んでいくのに似ています。しかし、自分がめざすモデルがいれば、人はそのモデルを目標にして前に進むことができるのです。

まだ、磁石《じしゃく》のない時代、旅人たちは夜空の星を頼《たよ》りに目的地へ向かったといいます。モデルとは暗い夜空に輝《かがや》く星であり、先がよく見えない「人生」という暗闇《くらやみ》を照らす一条《いちじょう》の希望の光のようなものです。

（注）　*排泄……体の中の不要なものを体外に出すこと。

具体例

安永謙逸《やすながけんいつ》先生との出会い

- 体に変調をきたし、不安な私を勇気づけてくれた。
- 母が倒《たお》れたとき、不安と恐怖《きょうふ》におびえていた私を自信に満ちた態度で勇気づけてくれた。

⇩

安永先生のようになりたい、と自然に将来の夢がつくられた。

⇩

主張

若い人たちが将来の夢を持つときには、理想のモデル像を見つけ、多くのことを学ぶべきだ。

問1

(1) ――線①「その疑問を直接先生にきくのは、あまりに恐ろしいことでした」とありますが、「その疑問」にあてはまる部分を、文中から二十字以内でぬき出して答えなさい。（句読点はふくまない）

大好きな母親が死んでしまうのでは（十六字）

(2) なぜ恐ろしかったのですか。わかりやすく説明しなさい。

母の容態が悪くなったことが恐ろしく、医者に聞けば、母は助からないと言われるかもしれないから。〈同意可〉

問2 ――線②「そうした体験」とはどのような体験ですか。六十字以内でまとめなさい。

子どものころに、母の容態が悪化し、何もわからず不安でたまらなかったときに、安永先生の力強い言葉で勇気づけられた体験。（五十八字）〈同意可〉

問3 ――線③「私がきみたちにモデルを見つけることの必要性を説くのには、理由があります」とありますが、筆者の考える理由を具体的に五十字程度で説明しなさい。

人生においても手本となる人がいれば、一人で学ぶよりも多くのことが学べ、目標にして前に進むことができるから。（五十二字）〈同意可〉

基本問題9の解き方

読解チェック

冒頭《ぼうとう》に出てくる**「将来《しょうらい》何になりたいか」**が話題です。

そこで、筆者が医学生に問いかけているという「具体例」や筆者自身が体験した「モデルとなる先生」の話を紹介《しょうかい》することで、筆者の言いたいことを伝えていることがわかります。

設問チェック

問1

(1)
- □指示語の問題。
- □筆者の置かれた状況《じょうきょう》を読み取る。

(2)
- □答えの「わく」は「〜から。」。
- □筆者の置かれた状況を読み取る。
- □筆者の心情を答えに入れる。

問2
- □答えの「わく」は「〜体験。」。
- □指示語に注意する。
- □――線の前の部分をまとめる。

問3
- □答えの「わく」は「〜から。」。
- □――線の後ろの指示語に注意する。
- □書くべき内容をまとめる。

問1

(1) **指示語の問題**です。

「その疑問《ぎもん》」とあるので、**筆者がいだいていた疑問**を書けばよいことになります。——線①の前を見ると、筆者の疑問がわかります。

(2) **設問文に「なぜ」とあるので、答えのわくは「〜から。」**となります。そのまま答えると、「母が死んでしまうと思ったから」となりますが、それでは字数が足りません。解答らんの大きさからして、五十字くらいは答えたいところです。

● **不安になった原因＝母の容態の悪化**

● **先生(医者)に聞くことで考えられる結末＝母の死**

という二つを答えに入れましょう。

つまり、不安で仕方がないので、悪い方にしか想像が向いていかなかったということです。

問2

設問文に「どのような体験」とあるので、答えの「わく」は「〜体験。」となります。**指示語の問題**ですから、——線②の前の部分を使い、19〜42行目の具体例をまとめます。まず簡単《かんたん》に

● **安永先生に勇気づけられた体験。**

と書いてみます。

そして「いつ」を加えます。

● **子どものころに、**安永先生に勇気づけられた体験。

次に「どのように」を加えます。

● 子どものころに、安永先生の**力強い言葉で**勇気づけられた体験。

これで二十九字です。まだ字数が足りないので、「いつ」の部分を具体的にくわしくしてみましょう。

● 子どものころに、**母の容態が悪化し、何もわからず不安でたまらなかったときに、**安永先生の力強い言葉で勇気づけられた体験。(58字)

問3

理由を答える記述問題なので、**答えの「わく」は「〜から。」**となります。

本文では、——線③の後に「それは…」と続いていきますから、**後ろの部分をまとめる**ことになります。ただし、設問文に**「具体的に」**とありますから、56行目の「暗い夜空に…」などの**比喩《ひゆ》は使わない**ようにします。「暗い夜空」とは**「人生」**の比喩ですから、言いかえて使いましょう。

本文では55行目に

● **モデルを目標にして前に進むことができる(から。)**

がありますから、これを答えの中心にします。

前には「モデルがいると、多くのことが学べる」(52行目)とありますから、この答えを付け加えましょう。

● **人生において手本となる人がいれば、一人で学ぶよりも多くのことが学べ、目標にして前に進むことができるから。**

さらにスピードアップ

下書きをして、足りない部分を検討《けんとう》した後、**一気に書き上げる練習**をしてみましょう。

基本問題10 文学的文章

●本冊 p.66

東京のマンションに一人暮らしの亜季《あき》は、仕事で大きなミスをしてしまった。そんな時、長野県で消防士をしている父から、急に出張で泊《と》めてほしいという連絡《れんらく》が入った。仕方なく父と待ち合わせて先に食事をすることにした。

「だけど、こっちに出張なんてこともあるんだね」私《わたし》が尋《たず》ねた。

「調布の消防研究センターに、ちょっとばかり用事があってな」

自分の親のことでありながらも、仕事の内容など詳《くわ》しくは知らない。勿論《もちろん》、父が消防士であることは小さい頃《ころ》から分かっていた。

いつだったか、火事の現場について尋ねた時、父は、「人様《ひとさま》の災難《さいなん》を話すなんてことはできない」と首を振《ふ》って答えた。面白味《おもしろみ》のない人だが、それは真面目《まじめ》な父のよい面でもある。そういえば、小学生の頃、クラスメイトの男の子から「沢村《さわむら》、お前んちの父ちゃんに言って消防車に乗せてくれよ」と①頼《たの》まれて困《こま》ったことがあったっけなあ……。

注文したおにぎりは、四角い皿に載《の》せられて運ばれてきた。黄色い沢庵《たくあん》が二切れ添《そ》えてある。

「なあ、亜季、お前、覚えているか」

父は感慨深《かんがいぶか》げに手にしたおにぎりを見つめながら尋ねてきた。

「一度だけ、お前たちにおにぎりを、いや、お弁当を作ってあげたことがあったなあ……」

「そんなことあったっけ?」

「あったよ。お前が小学校六年生で、久司が四年生の時の運動会だった」

「運動会? あっ……」私は思わず顔を歪《ゆが》めてしまった。

「あの朝、お母さんの悲鳴で目が覚めた。一瞬《いっしゅん》何が起きたのか分からなくてびっくりしたけど……。お母さん、ベッドから起き上がった途端《とたん》にギックリ腰《ごし》やっちゃってな。そのまま身動きできなかった」

私も弟もぐっすり寝《ね》込《こ》んでいたので、まったく気づかなかった。

「それでもお母さんは偉《えら》いな。お前たちのお弁当作るって言って台所に這《は》って行こうとしたんだから。でもどう見ても無理だったし、ついオレが作るって言っちゃったんだな。弁当っていうか料理だって一度も作ったことなんかなかったのに。で、一応お前たちに持たせてやることができたけど。後にも先にもあれが最初で最後の弁当作りだったなあ」

どこか②満足そうな顔で話をする父にはすまないけど、それはあまり思い出したくない想《おも》い出《で》なのだ。

私は足が遅《おそ》かった。いや、中途半端《ちゅうとはんぱ》に遅いというのが正しい。うちの小学校では、一着から三着までは、順位の数字が染《そ》め抜《ぬ》かれた赤い旗の列に並《なら》び、それ以外は白い旗の列に一緒《いっしょ》くたに並んだ。何も一着などとは言わない。でも、一度でいいから、ちゃんと数字のある旗の列に並びたいと、ずっと思っていた。六年生の運動会で、そのチャンスが巡《めぐ》ってきた。組み合わせの妙《みょう》なのだが、予行練習では三着に入れた。私は密《ひそ》かに本番を心待ちにしていたのだ。

時間管理　目標時間＝15分

- ❶ 通読して場面を確認《かくにん》する　4分
- ❷ 問1を確認する(父の性格を読み取る)　3分
- ❸ 問2を解く(父の心情を読み取る)　3分
- ❹ 問3を解く(全体を見直す)　4分

文学的文章は、細かく場面に分けてから考えましょう。

場面と構成

背景
消防士の父と急に会うことになった。
●父の性格……仕事に対して真面目《まじめ》

できごと
亜季《あき》が小学六年生の時の話を、父が語り始める。

私の心情
あまり思い出したくないのに、満足そうに話す父を見て、いらだちを覚える。

当日の朝、母が腰《こし》を痛《いた》め、運動会に来られないことを知ったときには、さすがにがっかりしたものだ。それでも、父がビデオに撮《と》ってくれれば、私の走りを母も見ることができるだろうと、③一層頑張《いっそうがんば》ろうと心に決めて登校した。

午前中のプログラムが終了《しゅうりょう》して、昼食タイムになった。食事はクラスごとに広げられたシートの上でとる。

「お父さんが作ったんだからな」

出がけに、そう言われて父から手渡《てわた》されたお弁当の包みを、なんの躊躇《ためら》いもなく解いた。タッパーの中には、海苔《のり》に巻《ま》かれたおにぎりが二つと、卵焼《たまごや》き、ウインナーが無造作《むぞうさ》に入っていた。それだけ聞けば、ごく普通《ふつう》の内容なのだが、それはふと目に入った他《ほか》の子たちのそれからすると、酷《ひど》く見栄《みば》えの悪く見えるものだった。

そうだよ、これ、お父さんが作ったんだった……。でもそれだけなら隠《かく》しながらでも食べていたかもしれない。ところが……。

「沢村のおにぎり、でっけー、ヘンな形っ」

目敏《めざと》いクラスメイトの男子が、私のお弁当を背後《はいご》から指差し、囃《はや》し立《た》てた。

当時の私にしてみれば、そのひと言で充分《じゅうぶん》に傷ついたのだった。そして父に対して腹《はら》を立てた。

「なんかおなかいっぱい……」と周囲に聞こえるように言《い》い訳《わけ》すると、蓋《ふた》をして片《かた》づけてしまった。

六年女子の徒競走は、二時半ぐらいに始まった。スタートのピストル音が響《ひび》く中、どきどきしながら順番を待っていると、グルルッとおなかが鳴った。声援《せいえん》が飛《と》び交《か》い、音楽が流れていたにもかかわらず、それははっきりと聞こえた。お弁当を食べなかったせいで、かなりおなかがすいていたのだ。

隣《となり》に座《すわ》っていた雅代《まさよ》ちゃんが、「亜季ちゃん、おなかが鳴った」と笑った。その声につられるように、他のクラスメイトからも笑いがこぼれ、緊張《きんちょう》の場が一気に和《なご》やかな雰囲気《ふんいき》に包まれた。顔を紅《あか》くした私以外は……。

そんな恥《は》ずかしさを引きずったことと、きっとおなかがすいていたことも災《わざわ》いしたのだろう。スタートで出遅《でおく》れた上に、力が出ずに挽回《ばんかい》も叶《かな》わなかった。結局五着に終わり、数字の染め抜かれた旗の列にならぶことはできなかったのだ。そんな私の気持ちも何も知らず、ビデオカメラを向ける父に気づき、無性《むしょう》に腹が立った。

私は下校の途中《とちゅう》で、友達と別れると、お弁当の中身を道端《みちばた》の側溝《そっこう》に捨《す》てた。悔《くや》しくて、情けなくて、涙《なみだ》が出た。

問1 ——線①「頼まれて困った」とありますが、それはなぜですか。四十字以内で答えなさい。

父は仕事に対して真面目な人なので、職場に遊びを持ちこむようなことは頼めないから。（四十字）〈同意可〉

問2 ——線②「満足そうな顔で話をする父」とありますが、このときの父の気持ちを四十字以内で答えなさい。

娘のために何かをしてやれたという思い出の一つとしてなつかしく思う気持ち。（三十八字）〈同意可〉

この場面の主題

娘のためによいことをしたと思っている父と、父の作ったお弁当について苦い思いをしていた娘との心のすれちがい。

※このように、登場人物の心のすれちがいを描いているところは、その後、二人の関係がどう変化するかに注意して読んでいきます。

設問チェック

問1
- □ 答えの「わく」は「～から。」。
- □ 父の性格がわかるところを探《さが》す。
- □ 具体的なことは言いかえる。

問2
- □ 答えの「わく」は「～気持ち。」。
- □ 父のせりふを読み取る。
- □ 父の「満足そうな顔」から心情を読み取る。

問3 ――線③「一層頑張ろう」とありますが、このときの私の気持ちを五十字以内で答えなさい。

旗の列に並ぶチャンスであるが、それ以上に運動会に来られずに残念がっている母を喜ばせたいという気持ち。

（五十字）〈同意可〉

問3

□ 答えの「わく」は「〜気持ち。」。
□ 情景を理解する。
□ 私の心情を表す言葉を考える。

基本問題10の解き方

読解チェック

父に対する私《わたし》の気持ちの変化が読み取りのポイントです。

父が私の子どものころの思い出（母の代わりに弁当を作ったこと）を話し出しますが、「私」にとっては、あまり思い出したくない、苦い思い出だったということがポイントになります。

父の話を聞き、その時のことを思い出しているうちに、父の真意がわかっていったという話です。

問1

設問文に「なぜですか」とあるので、答えの「わく」は「〜から。」となります。

また、――線①より前から、**父の性格**がわかります。

4行目の**「人様《ひとさま》の災難《さいなん》を話すなんてことはできない」**という父のせりふと、5行目の**「真面目《まじめ》な父」**というのがポイントになるでしょう。

そこで、あらためてクラスメイトの男の子のせりふ「お前んちの父ちゃんに言って消防車に乗せてくれよ」を考えます。

もちろん、消防車に乗るというのは、ふざけてのことでしょうから、**職場に遊びを持ちこむようなことを真面目な父が許すはずはない**と思ったのです。

こうしたことを中心に答えを作っていきましょう。

問2

設問文に「このときの父の気持ち」とあるので、答えの「わく」は「〜気持ち。」となります。

父が満足そうな顔をしているのは「運動会の時にお弁当を持たせてやったこと」に対してです。その前には「弁当どころか料理すらしたことがない」と発言しています。

つまり、結果はどうあれ、**父からすると精一杯《せいいっぱい》の料理をしたということで満足している**ということです。いずれにせよ、かなり前の話なので、二人の思い出に対するずれが生まれています。私にとってはつらい思い出だったのですが、おそらく父にとっては、どんな弁当だったかまでは覚えていないものの、よい思い出の一つと言えます。

また、18～19行目の「持たせてやることができた」という表現にも満足する気持ちが読み取れます。

こうしたことから、お弁当のことは**「娘のために何かをしてやれたというよい思い出の一つ」**くらいにまとめておきましょう。

そして、父は、そのことを**「なつかしく思い出している」**ということを読み取りましょう。

これらをうまくまとめて答えを作ります。

問3

設問文に「このときの私の気持ち」とあるので、答えの「わく」は「～気持ち。」となります。

「一層《いっそう》頑張《がんば》ろう」とあるので、ここでは、わくとして

● **Aだがそれ以上にBという気持ち。**

を使うことにします。

AとBに入る内容を考えていきましょう。

――線③の前を見ると、「母が腰《こし》を痛《いた》め、運動会に来られないことを知ったときには、さすがにがっかりしたものだ。それでも、父がビデオに撮《と》ってくれれば、私の走りを母も見ることができるだろうと」とあります。これがBの内容と関《かか》わる心情です。

「母」という言葉の前に「運動会に来られない」という内容を入れればよいとわかります。

また、**もともと頑張る気持ちになったのは、自分が入賞できるかもしれない**とのことでしたね。これがAの内容にあたります。

A・Bをうまくまとめて答えを作りましょう。

中心になるのは、Bに入る心情の方なので、こちらに多くの字数を使うようにします。まず、**「運動会に来られない母」**とまとめ、このことに対する、**私の心情**を考えます。「母が来られない」ことは「がっかりした」ことですが、「一層頑張ろう」という表現から、**「母を喜ばせたい」気持ち**であることを書きましょう。

● **運動会に来られない母を喜ばせたいという気持ち。**（23字）

Aは22・23行目の「一度でいいから、ちゃんと数字のある旗の列に並びたいと、ずっと思っていた。六年生の運動会で、そのチャンスが巡ってきた」の部分を簡単にまとめましょう。

● **旗の列に並ぶチャンスだが、**（13字）

これらを合わせて、わくにあてはめると、

● **旗の列に並ぶチャンスだが、それ以上に運動会に来られない母を喜ばせたいという気持ち。**（41字）

となります。字数が少ないので、Bの部分に**「母の心情」**を加えて形を整えましょう。

● **旗の列に並ぶチャンスであるが、それ以上に運動会に来られずに残念がっている母を喜ばせたいという気持ち。**（50字）

基本問題11 説明的文章

●本冊 p.74

ツァボ・イースト国立公園というと、ゾウに関心のある人の中には、みなしごゾウのことを思《おも》い浮《う》かべる人がいる。野生のゾウにいっさい関心を示さず、目をさらのようにして、みなしごゾウのみを追いかけている人々すらいる。「可愛《かわい》さ」を大事にする人々にとって、みなしごゾウは、アフリカの良心的な、ゾウの保護の代名詞《だいめいし》のようにまでなっている。それは「保護」ではなく、「愛護」だと自覚することもなく、多くの人々は「愛護」と「保護」とを混同している。

みなしごゾウとは、一九六〇年代にツァボ・イースト国立公園にいたイギリス系《けい》白人(故人)の夫人が中心になって、密猟者《みつりょうしゃ》にやられたゾウの孤児《こじ》を集めて、①人間の手で面倒《めんどう》をみて、野生に返そうという試みの対象となったゾウたちである。

このみなしごゾウは、夜は檻《おり》にいれられていて、餌《えさ》を与《あた》えられている。昼は、人間の見張り番つきで、檻の外、つまり、ツァボ・イースト国立公園内の一部に出している。何年かすると、野生に返すことを試みているようであるが、実際に人間の手に一度かかると、野生にはなかなか返らない。それどころか、②人間のいるところに寄ってくるようになる。その結果、人間に対しても、野生のゾウに対しても、被害《ひがい》を及《およ》ぼす。つまりみなしごゾウは、人間の手によって育てられた半飼育の動物といえる。

人間の介護《かいご》を受けていない野生のゾウと、人間の介護により育てられた飼育や半飼育のゾウは、全然違《ちが》う。野生の動物を人間の手元におくというのは、基本的に誤《あやま》りである。

野生のゾウは、中身も外見も正真正銘《しょうしんしょうめい》のゾウ、といえる。人間くさくないし、人間を必要としない。いやむしろ、人間のいない時代、場所の方が、野生のゾウにとってはありがたい。

一方で、飼育のゾウは「ゾウの皮をかぶった人間」といえる。つまり、人間の介護なしには生きられない。人間の介護がなくなると、介護を期待して、人間に近寄ってくる。

みなしごゾウの介護というのは、野生のゾウの世界から見ると、とどまるところ、動物愛という美名にのった人間のエゴイズム、または③みなしごゾウを利用した利潤《りじゅん》追求のビジネス、ともいえる。自然生態系《せいたいけい》における野生のゾウの保護とは、縁遠《えんどお》いところにある。

飼育動物への愛は、飼育できる状況《じょうきょう》でのみ許されるべきである。それを、自然界へ持《も》ち込《こ》んではいけない。自然界へ持ち込むことは、自然生態系を破壊《はかい》するための手助けとなってしまう。

つまり、飼育動物への愛と、野生動物への愛は、まったく異《こと》なるのである。

東アフリカなどに比べると、野生動物が壊滅的《かいめつてき》な状態の先進国では、身近な動物といえば、野生動物よりもペットであり、動物園動物であり、馬などの家畜《かちく》であるのはやむを得ないだろう。問題は、その価値観《かちかん》を野生動物の豊かな自然生態系の保存《ほぞん》されているところに持ち込むべきではない、ということである。④その意味では、日本国内でも同じである。飼育動物愛に満ちた人々による野生動物への餌付《えづ》けが、あちらこちらで、自然生態系をかき乱《みだ》す問題をおこしている例は、枚挙《まいきょ》にいとまがないであろう。

時間管理 目標時間＝25分

❶ 通読して話題と構成を確認《かくにん》する	5分
❷ 問1を確認する（後回し）	1分
❸ 問2を解く（――線中のキーワードをおさえる）	2分
❹ 問3を解く（本文全体をふまえる）	3分
❺ 問4を解く（直前の問題を活用する）	3分
❻ 問5を解く（本文全体から材料を見つける）	3分
❼ 問6を解く	4分
❽ 見直しをかねて問1を解く	3分

この文章のように、一つ一つ筆者の考えを積み上げていくタイプの文章では、全体をひと通り解いてから、最後に見直しをかねて答案を仕上げるといいでしょう。

話題と構成

●**話題** みなしごゾウの愛護と野生のゾウの保護について

●**構成**

自然「保護」と、「愛護」は、違う。

⑤野生ゾウの「保護」と、ゾウの「愛護」とは、異なるのである。私《わたし》が対象としているのは、野生のアフリカゾウである。動物園などにいる飼育ゾウやみなしごゾウのような半飼育のゾウではない。野生のゾウは、原自然生態系に、種として、歴史的・生態的に生活している動物である。人間が餌を与えて、野生のゾウが生活しているのではない。餌はいっさい与えられていない。人類がこの地球上に現れるより以前から、野生ゾウは生活している。

飼育ゾウは、原自然生態系に属《ぞく》しているわけではない。人間に餌を与えられ、人間の介護と世話のもとに生き長らえている動物である。生活史の上でも、野生のゾウとは全く異なっている。種としての特徴《とくちょう》はいくつか残していて、それを観察することはできても、基本的に、人間の管理下にある。野生動物ではないし、人間の管理下におかれた飼育動物が、原自然の野生に、本来の野生ゾウとして返ることは、ほぼ不可能に近い。飼育管理下にある人間くさくなった動物は、人間的にしか生活できず、その人間的であることが、野生動物の生活とは相容《あいい》れないからである。

また、研究の上でも、［ 6 ］動物にいえることをそのまま［ 7 ］動物にあてはめるのは、危険《きけん》である。飼育動物の研究は飼育下でいえることであって、野生の条件では、飼育下でいえることがそのまま いえることは少ない。だが［ 8 ］動物に必要な研究方法が、まだ確立されていない現在、［ 9 ］動物において用いられている方法を暫定的《ざんていてき》に用いざるを得ない、という状況《じょうきょう》が続いている。

ただ、その方法は、自然生態系に悪影響《あくえいきょう》を与える方法であってはならない。たとえば個体識別のために餌付けをする方法が、［ 10 ］動物の本来の生活を家畜的にさせずに、また、自然の生態系を壊《こわ》すことなくなされているのか、疑問《ぎもん》が多い。

究極的には、野生動物を究明するための方法が、いろいろな分野で開発されていかねばならないのだが、今はまだ過渡期《かとき》にある。ゾウの研究と保護の基本は、野生のゾウにある。動物園の飼育ゾウやみなしごゾウのような半飼育のゾウがいくら増え、心地《ここち》よく介護され、生活していたところで、また深く研究されたところで、自然生態系におけるゾウの保護に寄与《きよ》する部分は少ない。野生のゾウの研究と保護は、あくまで原自然生態系を保護し、それと相互的《そうごてき》に関わっていく仕事なのである。

問1 ――線①「人間の手で面倒をみて、野生に返そうという試み」とありますが、筆者はそのような試みの問題点を指摘しています。その問題点を指摘した部分を、本文中から二十五字以内でぬき出し、はじめと終わりの四字を答えなさい。

自然生態 ～ しまう。

問2 ――線②「人間のいるところに寄ってくるようになる」のはなぜですか。「～から。」と続くように本文中から十五字以内の語句をぬき出して答えなさい。

人間の介護なしには生きられない から。

話題
みなしごゾウの愛護と野生のゾウの保護について。
⇩
・野生のゾウとは、人間を必要としないゾウである。
・飼育のゾウは、人間の介護《かいご》を求めるゾウである。
⇩
意見
飼育動物への愛を自然界に持《も》ち込《こ》むことは、自然破壊《はかい》につながる。
⇩
野生ゾウの研究と保護は、原自然生態系《せいたいけい》を保護し、それと相互的《そうごてき》に関わっていく仕事である。

設問チェック

問1
□ 聞かれているのは「問題点」。
□ 場面の切れ目を目安にする。

問2
□ ――線の中にキーワードを探す。
□ よく似た表現を探す。

問3 ——線③「みなしごゾウを利用した利潤追求のビジネス」とありますが、みなしごゾウのどのような点が利用されるのですか。答えなさい。

親が殺されたことで、人々の同情をさそう点。〈同意可〉

問4 ——線④「その意味」とはどのような意味ですか。答えなさい。

飼育動物への愛だけが動物の保護につながるという価値感を、自然生態系の保存されているなかに持ち込むべきではないという意味。〈同意可〉

問5 ——線⑤「野生ゾウの『保護』と、ゾウの『愛護』とは、異なるのである」とありますが、A「野生ゾウの『保護』」とB「ゾウの『愛護』」とは、それぞれどのようにすることですか。ちがいがよくわかるように答えなさい。

A 動物本来の生活や自然の生態系を壊すことなく、相互的に関わること。
B 動物本来の生活や自然の生態系をかえりみることなく、一方的にかわいがること。〈同意可〉

問6 問題文中の［6］～［10］には、ア 野生 イ 飼育 のいずれを入れるのが適当ですか。それぞれ記号で答えなさい。

6 イ　7 ア　8 ア　9 イ　10 ア

問3
- □答えのわくは「～点。」。
- □本文全体をふまえて考える。
- □飼育ゾウと野生ゾウの対比に気づく。

問4
- □答えのわくは「～意味。」。
- □指示語の問題。
- □直前の文を活用する。

問5
- □本文全体から材料を見つける。
- □問題の指示を確認《かくにん》する。

問6
- □「野生」と「飼育」のちがいをとらえる。
- □記号を入れる部分の前後をよく読む。

基本問題11の解き方

読解チェック

「野生のゾウ」と「飼育ゾウ」のちがいを理解して、野生動物の保護に対する筆者の考えを読み取る問題です。

はじめの場面で、**「多くの人々は、『愛護』と『保護』とを混同している」**（4行目）とあります。このように、**世間の考え方を紹介《しょうかい》し、その誤解《ごかい》を正そうというのは、説明的文章でよくあるパターンの展開の仕方**です。

——線①で示されているような「密猟者《みつりょうしゃ》に親を殺されてみなしごになった動物を飼育して、野生に返す」というのが、当たり前のようになっている現状を、どのようにとらえていくべきなのかを読み取りましょう。

問1

ツァボ・イースト国立公園の例が終わる部分に注目します。22行目のツァボ・イースト国立公園の例が終わるところまで読まなければならないので、**後回し**にする問題です。

　みなしごゾウを介護《かいご》することは、人間のエゴイズム(利己的《りこてき》な考え方)、またはビジネス(金儲《かねもう》け)であると考えて、みなしごゾウの介護が**「自然生態系を破壊《はかい》するための手助けとなってしまう」**(21行目)危険性《きけんせい》を紹介しています。その部分に注目しましょう。

問2

ゾウが人間に寄ってくるというのは、——線②の後にも出てきます。**「人間に近寄ってくる」**といった意味の文があるはずなので、それをキーワードにしましょう。15・16行目に「人間の介護がなくなると、介護を期待して、**人間に近寄ってくる**」とあります。その前の15行目に答えとなる文章があります。

　また、**解答らんの後に「から。」があることにも注意**しましょう。

問3

　まず**——線の中の「利潤《りじゅん》追求のビジネス」に注目**します。「利潤追求」とはお金もうけのことですから、どのようにもうかるかを考えます。そして、野生のゾウとのちがいを考えましょう。

　次に**「みなしご」という表現に注目**します。「みなしごゾウ」については、5~6行目にまとめがあります。つまり、**「親を殺された」ということが、人々にどんな印象を与《あた》えるかを考える**ことになります。

問4

指示語なので、——線をのばして考えましょう。直前の一文の**「その価値観《かちかん》を野生動物の豊かな自然生態系の保存《ほぞん》されているところに持ち込むべきではない」**をもとにして、**「その価値観」の「その」を言いかえます。**20~25行目に書かれていることをまとめてみましょう。

問5

「保護」と「愛護」をキーワードにして、本文から材料を集めてみましょう。**「ちがいがわかるように書く」ということは、文の形をそろえることです。**

　野生ゾウの「保護」については、47行目にまとめがあります。

A　動物本来の生活や自然の生態系を壊すことなく、相互的に関わること。

　としておくと、Bはそれぞれに対応させた答えを用意すればいいとわかります。

B　動物本来の生活や自然生態系をかえりみることなく、一方的にかわいがること。

問6

　保護され、研究されてきたのは、保護された**「飼育」**動物です。したがって、6は**「飼育」**、7は**その反対**だとわかります。まだ研究方法が確立されていないのは**「野生」**のゾウでした。したがって、8は**「野生」**、**その逆**になるのが9です。10は家畜的にさせないのですから、**「野生」**となります。

基本問題 12

文学的文章

●本冊 p.78

来年小学校にあがる遊太の祖母は、母の姉（春子）夫婦《ふうふ》と一緒《いっしょ》に住んでいる。最近祖母が体調を崩《くず》したので、母と遊太は見舞《みま》いを兼《か》ねて春子夫婦の家に行った。祖母は元気だったが、薬の副作用で「幻視《げんし》（幻《まぼろし》が見えること）」が時々起きてしまう。

春子さんはお茶を淹《い》れる手をとめた。

「でも今頃《いまごろ》そんな幽霊《ゆうれい》みたいな昔に苦しめられているとしたら、なんだかくやしくてさ」

「そうだね」

①ママはこたつのある茶の間の方をふりかえった。

黄色っぽい電灯の下で、遊太がおばあちゃんを相手にごっこ遊びをしていた。遊太は見えないお茶をつぐまねをして、おばあちゃんは両手でそれを受けて飲むまねをする。

「だめだよ、おばあちゃん、お茶はあついんだから」

と、遊太はちょっといばっていう。「ふうふうして飲まなきゃ」

おばあちゃんは「はい、はい」と手を口元にもっていき、すぼめたくちびるで息をふく。それからすすっと音をたてて飲んだあと、さもおいしそうにほおっと声を出す。

満足げな遊太はつぎにケーキを出すまねをし、それもおばあちゃんに食べさせる。そのあともおせんべいやらチョコレートやらをならべたふりをする。おばあちゃんはその大盤振《おおばんぶ》る舞《ま》いに感嘆《かんたん》の声をあげる。

「ごうせいだねえ」

遊太は紙で折った鳥をつまむ。

「このすずめもね、おせんべいがだいすきなんだよ」

折り紙のすずめは、饅頭《まんじゅう》の箱の包み紙がきれいだからとおばあちゃんが折ったもの。おばあちゃんは折り紙がじょうずだった。とくに、ふっくらすずめという折り鶴《おづる》に似た鳥は、鶴よりもずんぐりしている分愛嬌《あいきょう》があり、遊太のお気に入りだった。

息を入れて丸くなったすずめを遊太はつまみ、ちょんちょんと見えないせんべいをついばむしぐさをさせる。

「ちゅんちゅん、おいしいです」

遊太にあわせて、おばあちゃんもすずめをつかんで、くちばしを上下にふる。

「けっこうな塩かげんです。ちゅん」

ふたりのまわりには、大きさも模様《もよう》もさまざまなすずめたちが、にぎやかに散らばっている。

ママは春子さんに身体をよせた。

「ねえさん、なんとかできないの？　そんな気味の悪いものは幻だって教えてもだめなの？　本当はいないんだって、そう教えてもだめなの？」

時間管理　目標時間＝18分

1. 通読して場面を確認《かくにん》する　4分
2. 問1を確認する（後回し）　1分
3. 問2を解く（前後の場面を確認）　3分
4. 問3を解く（直前の場面を確認）　3分
5. 問4を解く（直前の場面を確認）　3分
6. 見直しをかねて問1を解く　3分

文学的文章は、ひと通り解いて中心となるできごとや結末をとらえてから読むと、理解が進みます。わからない問題はいったん飛ばした方が、調子よく進むことが多いものです。一つの問題に時間をとられすぎて、ほかの問題が解けなくなるのも文学的文章に多いので、時間配分には気をつけましょう。

場面と構成

背景

祖母は薬の副作用のため幻《まぼろし》が見える。

春子さんと**ママ**の会話

春子さんのくやしさやママの不安。

⇩

「見えてるんだもの、かあさんには」

春子さんは首をふった。

「どうしておまえたちには見えないのって悲しそうな顔をされるだけよ」

「お医者さんはなんていってるの？」

「否定《ひてい》しちゃだめだって。じょうずに気持ちをそらして下さいって、そういわれた」

②きゅうすを少し乱暴《らんぼう》に盆《ぼん》に置くと、

「めずらしいことじゃないですよ、だって」

ママが何もいえずに大きなため息をついたときだ。

「あっちへいきなさい」

と、いきなりおばあちゃんが声を荒《あら》らげた。

「子どもにまでおかしな笑い方をして」

おばあちゃんが目をすえているのは窓《まど》のあたりだった。

「おまえたちの好きにはさせないよ」

そういうなり、近くに置いてあった毛糸の手袋《てぶくろ》を、その窓に向かってなげつけた。

③「おばあちゃん？」

遊太がかすれた声を出した。

「だいじょうぶ」

遊太を守ろうとでもするようにおばあちゃんは手を広げた。

「心配しなくていいんだよ。あんな連中の勝手にはさせないから」

目をきっとすえて、くちびるをかみしめたその形相にママは凍《こお》りついた。

④春子さんが窓の方にかけよった。そして、

「あらあら、もう夜なのにカーテンをあけっぱなしで」

と、いいながら、カーテンをしゃあっと音をたててしめた。

おばあちゃんはその瞬間《しゅんかん》、正気にかえったのか、あたりに目を泳がせた。

遊太は折ったすずめを胸《むね》にだいて、じっとしていた。

その夜、ママと遊太はおばあちゃんのとなりで寝《ね》た。

問1 ——線①「ママはこたつのある茶の間の方をふりかえった」とありますが、このときのママの気持ちとして最も適当なものを、次の中から一つ選び、記号で答えなさい。

ア ×おばあちゃんの苦しい心の中を思いやり、×温かく見守っていこうという気持ち。

イ ○おばあちゃんが幻を見ることに悩《なや》み、○これから先のことを心配する気持ち。

ウ ×おばあちゃんだけに見えるものがあることに驚《おどろ》き、×興味を持つ気持ち。

エ ○幻にさわぐおばあちゃんにいらだち、△何とかもとにもどってもらおうという気持ち。

イ

おばあちゃん と **遊太** の様子

⇦ **ママ** のせりふ……幻を見せないようにするにはどうしたらいいのか。

⇦ **春子さん** のせりふ……じょうずに気持ちをそらす。
↓自分の心配を理解してくれない医者への不満。

⇦ **おばあちゃん** が突然《とつぜん》幻に苦しめられる。
春子さんの対応と遊太のとまどい。

この場面の主題

- **病気や老いをかかえた家族の心の動き。**
- **それぞれの登場人物の気持ちの変化。**

設問チェック

問1

□ 前後を確認して後回しにする。

□ ママのおばあちゃんに対する気持ちを読み取る。

□ すべての選択肢《せんたくし》に○×をつける。

問2　――線②「きゅうすを少し乱暴に盆に置くと」とありますが、なぜ「春子」は「きゅうすを乱暴に」置いたのですか。その理由としてふさわしいものを、次の中から一つ選び、記号で答えなさい。

ア　母親の様子がとても気になるのに、医者がそれほど親身になってくれないことに不満を感じているから。
イ　母親の病状が少しずつ悪くなっているのに、妹が今日までお見舞《みま》いに来なかったことが許せないから。
ウ　自分は医者の指示に従《したが》っているのに、妹があれこれと口出ししてくることが不愉快《ふゆかい》だったから。
エ　母親はよくない状況《じょうきょう》だが、医者は心配していないようなので自分もしっかりしないといけないと思ったから。

ア

問3　――線③「『おばあちゃん？』遊太がかすれた声を出した」とありますが、この表現から読み取れる「遊太」の気持ちを説明したものとしてふさわしいものを、次の中から一つ選び、記号で答えなさい。

ア　怒《いか》りと絶望　イ　疑問《ぎもん》と不信　ウ　動揺《どうよう》と焦《あせ》り　エ　驚きと不安

エ

問4　――線④「春子さんが～しめた」とありますが、なぜ春子さんはこのようなことをしたのですか、それがわかる部分を本文中から一文で探《さが》し、はじめの五字を答えなさい。

じょうずに

問2
□せりふの前後の様子を確かめる。
□春子さんの気持ちを読み取る。
□すべての選択肢に○×をつける。

問3
□直前のできごとを読み取る。
□遊太の気持ちを答える。

問4
□春子さんの行動やせりふの理由を読み取る。
□直後のおばあちゃんの様子を確かめる。

基本問題12の解き方

読解チェック

おばあちゃんが、幻《まぼろし》を見てしまうことについての家族の気持ちを意識して読んでいく文章です。

おばあちゃんの様子は、ママと春子さんの会話を通じて読み取ることができます。

また、ママと春子さんの会話で出てくる**「じょうずに気持ちをそらせる」**ということが具体的にどういうことかは、おばあちゃんが幻に苦しめられた時の春子さんの行動を読み取ればわかります。

物語文はときに、一つところだけをじっくり読むのではなく、全体の流れがわかってから、じっくり読んだ方が読解の精度が上がります。

ここでは、おばあちゃんがどんな幻を見ているかはわかりません。**読み取りの中心は春子さんとママにおく**といいでしょう。

問1

本文のかなり前にある問題ですが、ママの気持ちを考えるには、――線①より前の部分では不十分です。**ママの心情に注意しなが**

ら読み進め、後回しにするのがいいでしょう。すぐに答えられそうに思っても、全体を通して確めることで、かえって正確に答えられます。

ふりかえったママが見ているのは「おばあちゃん」です。ここでは**「ママのおばあちゃんに対する気持ち」を読み取ることが中心**になります。

それぞれの選択肢《せんたくし》の文章の○×は、線引き例を参考にしてください。

ここでは、「おばあちゃん」と一緒《いっしょ》に暮《く》らしている「春子」さんと「ママ」のちがいについて考えてみましょう。春子さんとママ(この二人は姉妹です)は、ともに「おばあちゃん」の幻について悩《なや》みをかかえています。ママは、幻のことを「気味の悪いもの」(24行目)と表現しています。春子さんは、医者に相談しながら落ち着いて対処《たいしょ》していこうと思っています。

おばあちゃんが見ている幻について、**ア**「温かく見守っていこう」、**ウ**「興味を持つ」としている**ア**と**ウ**を、まず外します。

イ・**エ**と比べると、**エ**「何とかもとにもどってもらおう」という様子が、本文からは読み取れないので、**イ**の方がふさわしいということになります。

問2

まず、**前後の様子を確かめます**。前後を確認《かくにん》すると、医者は、おばあちゃんの幻を「否定《ひてい》しちゃだめだって。じょうずに気持ちをそらして下さいって」「めずらしいことじゃない」と言ったのですね。それに対して春子さんがどう思ったのかは、急須《きゅうす》を乱暴《らんぼう》に置く仕草から判断できます。

つまり、答えの中心は**「医者の態度に腹《はら》が立っているから」**となります。

そこで、選択肢の文章を確かめると、**イ**・**ウ**は、妹に対する気持ちになっているのでまちがいです。

エは、自分に対する気持ちになっています。

ここでは「自分の心配を理解せず、なんでもないことのように言う医者への不満」を表している**ア**が正解となります。

問3

遊太の心情を答える問題ですから、**遊太が直前に出会ったできごとを読み取りましょう**。

「おばあちゃん」の幻について知らない遊太からすると、「おばあちゃん」が突然《とつぜん》、騒《さわ》ぎ出したように見えます。それに対する**「驚《おどろ》き」**です。

また、遊太には「おばあちゃん」の見えているものが見えないのですから、**「不安」**な気持ちになっているはずです。

問4

近くにヒントがないので、やや難《むずか》しい問題です。手がかりは、この**春子さんの行動やせりふ**にあります。

――線④の後、おばあちゃんは「正気にかえったのか」とあります。幻に苦しむおばあちゃんに対しての、医者のアドバイスは「否定せずに、気持ちをそらすように」でしたね。

コラム

問題文が先か、設問が先か。

問題文を先に読むか、設問を先に読むかという質問が多く寄せられます。
結論《けつろん》から先に言うと「問題文は必ず先に読む」ということになります。
「設問を見て、傍線《ぼうせん》(——線)の周囲だけ読む」というテクニックが紹介《しょうかい》されることがありますが、それは解く側に十分な予備知識があって、傍線の周囲から本文全体を読み取ることができる場合に限られます。そのような場合ですら、設問を先に見る、というのは時間がない時の「非常手段《しゅだん》」にほかなりません。

国語が苦手で、問題文を読んでいると時間が足りなくなるという場合、根本的な解決方法は「読むスピードを上げる」ことです。家庭学習においては、まずスピードを上げていくことを目指して「問題文を先に読む」ことを徹底《てってい》してください。学習時間が十分にある時は、その後、設問をチェックして、設問を解く方針《ほうしん》(順番)を決めていく時間を取ってください。設問をチェックする時は、制限時間を気にせずともよいでしょう。難《むずか》しい言葉が並《なら》んでいると感じた時は、意味調べをしてもかまいません。そして、ある程度の下準備ができたら、制限時間から5分引いて問題演習をしてください。

「設問を先に見れば、本文を読まずとも答えがわかる」というのは、十分に力をつけた人が、解答を見て考えた解法です。ただし、そのような解法も役に立つ時があります。まさに非常手段ですから、考えてもわからない時に、「とりあえず設問から無理やり答えを作れるようになる」ということです。これは一点を争う入学試験では意味を持ちます。

まとめると、

ふだんの勉強はあくまで「本文優先《ゆうせん》」で、目指すのは「本文を読み通した後、設問チェック」。時間配分に失敗した時や、実力不足で明らかに時間がない時は、「非常手段」として設問から解くこともある、ということです。これは中学、高校、大学と進んでも変わりありません。

第2編

入試問題に挑《ちょう》戦《せん》

標準問題1

説明的文章

●本冊 p.84

時間管理

目標時間＝25分

❶ 通読して話題と構成を確認《かくにん》する　4分
❷ 設問をチェックする　2分
❸ 問1を確認して、後回しにする　2分
❹ 問2を解く（同じ意味段落《だんらく》で解く）　2分
❺ 問3を解く（本文の細部を確かめる）　2分
❻ 問4を解く（直後の内容を答える）　2つで3分
❼ 問5を解く（直前の内容から考える）　2分
❽ 問6を解く（通読の直後でも解ける）　2分
❾ 問1を解く（同時にここまでの見直しをする）　3分
❿ 問7を解く（全体を把握《はあく》する）　2分
⓫ 問8を解く（漢字の書き取り）　1分

答え

問1　人以外の天敵が近寄れないから
問2　稲の害虫を食べてくれる益鳥（だから）
問3　【スズメ】ア・オ　【ツバメ】イ・エ
問4　【ツバメ】風雨で壊れることもなく固定されて安全な点。〈同意可〉
【人　間】取り外すことが可能で、糞害を避けられる点。〈同意可〉
問5　ウ
問6　イ
問7　ア・エ
問8　a 生息　b 晩秋　c じゅうじ　d 容器　e かっき

話題と構成

●話題

ツバメはなぜ人の目の前で繁殖《はんしょく》するのか

人はなぜツバメの巣を壊《こわ》さないのか

●構成

多くの野鳥は天敵や人に発見されにくく、接近されにくい場所に巣を作る。

⇦ しかし

ツバメは、人の目に触《ふ》れやすいうえ、手を伸《の》ばせば届《とど》きそうな場所に巣を作る。

⇦

話題（疑問）

- ツバメはなぜ人の目の前で繁殖するのか。
- 人はなぜツバメの巣を壊さないのか。

⇩

ツバメは水田稲作《いなさく》にとって益鳥である。

（スズメとの比較《ひかく》）

⇩

人はツバメの有用性や農業生態系《せいたいけい》における重要性などに気づき、言い伝え（＝たたり）で教えてきた。

⇩

ツバメは人の近くにいることで、天敵による被害《ひがい》を減らすことができた。

⇩

新たな問題点

都心ではツバメは巣を作るのに苦労している。

⇩ そこで

人工巣が開発された。

著者の考え

今後、都市環境《かんきょう》の変化に伴《ともな》って、都会のツバメの生態がどのように変化するのか見守りたい。

標準問題1の解き方

問1

設問チェック

- □「理由」なので「〜から」と答える。
- □キーワードを見つけて目印にする。
- □探《さが》していく中でほかの問題を考えていく。
- □ある程度探して見つからないなら、後回し。

「最も恐《おそ》ろしい動物＝天敵」と考えて**「天敵」をキーワードにして探していきます**。84ページの中には「天敵」が見つからないので、**後回しの問題**とします。ある程度読み進めても手がかりが見つからない時は、次の設問に移った方が時間は短縮《たんしゅく》できます。

実際には30行目まで「天敵」という言葉は出てきません。31行目に答えが見つかります。**「〜から」**の形でぬき出しましょう。

問2

設問チェック

- □設問文の指示を活用する。
- □「益鳥」というキーワードをおさえる。

設問文の指示に**「直接的な理由」**とあることに注目しましょう。16行目には「ツバメが水田稲作の益鳥である」と書かれています。

そこで、今度は**「益鳥」をキーワードに、本文を読み進める**ことにします。

ツバメが具体的にどう益鳥なのかを考えていくと答えが見つかります。18・19行目に「ツバメが稲《いね》の害虫を食べてくれる益鳥であることを見抜《みぬ》いていたのだ」とあります。**「〜だから」に合うように**十三文字でぬき出しましょう。

問3

設問チェック

□ 段落《だんらく》に注意して細部を読み取る。

□ それぞれの鳥のあつかいにも注意する。

段落に注意して細部を読み取る問題ですが、ここでは本文の要旨《ようし》でもある、**「ツバメは益鳥」「スズメは害鳥」**という考え方を意識して選んでいくとまちがいが少ないでしょう。

——線③の前の段落、同じ段落にツバメの食べるものが、——線③と同じ段落にスズメの食べるものが書かれています。

つまり、ツバメは「空中のカやガガンボ、ウンカなどの飛翔昆《ひしょうこん》虫《ちゅう》」(17行目)、「空中を飛翔する昆虫《こんちゅう》や蛾《が》など」(21行目)を食べるのに対して、スズメは種子や農作物を食べるので、農家の人から害鳥あつかいされるというわけです。

問4

設問チェック

□ 答えの「わく」は「〜点。」。

□ 段落を決めて細部を読みこむ。

□ 「都合がよい＝利点」であることを意識して答えを作る。

58〜69行目あたりまでを読んでまとめます。ツバメについては**「ツバメ」というキーワードに印をつける**ことで答えが見つかりやすくなるはずです。

● **風雨で壊《こわ》れない**

● **固定されて安全である**

の二点をふくめましょう。

人間については、ツバメの後に書かれています。

● **取り外しが可能であること**

● **ツルツルしたビルの外壁《がいへき》にもつけられる**

● **糞害《ふんがい》を避《さ》けることができる**

● **取り外して清掃《せいそう》できる**

とありますが、設問の指示を見ると、そのうちの一つを書けばよいとわかります。

答えを書く時は、念のため二つをふくめておくといいでしょう。

問5

設問チェック

□ ここでの「シーズン」の意味をおさえる。

ここでの**「シーズン」とは、営巣《えいそう》のシーズン(季節)**ということです。ツバメが営巣をするのは何のためかを考えましょう。これより前の本文では、ツバメが巣を使って子育てをする様子が描《えが》かれていましたね。

問6

設問チェック

□ 副詞《ふくし》の問題(呼応《こおう》の副詞に注意する)。

(あ) 「安全なものでは**ない**」の**「ない」に対する呼応の副詞**を入れます。**「けっして〜ない」**の形です。

(い) ここで強調したいのは、スズメが農業にとって害鳥であることです。「スズメは農業にとってマイナスである**うえに**、一年中いる鳥である」という文脈です。

(う) **「たとえ〜とも」となる呼応の副詞**です。

(え) 「都心ではツバメはなかなか営巣してくれない**が**、よく観察すると、いろんな物を利用して巣を作っている」と、この後の人工巣へつながる文脈になっています。

問7

設問チェック

□ ○×問題は、本文全体を照らし合わせながら解く。

ア 12・13行目にあります。ツバメが民家の近くで繁殖《はんしょく》することを、歴史的資料で確認《かくにん》するという文脈でした。○

イ ツバメの人工巣の話と合いません。×

ウ 本文では、「『ツバメが繁殖すると商売が繁盛《はんじょう》する』というのもあながち誤《あやま》りとはいえない」(33行目)とあります。×

エ 人工巣の話として、くり返し紹介《しょうかい》されています。○

オ スズメは「害鳥」としてあつかわれています。×

標準問題 2

説明的文章

●本冊 p.91

時間管理

目標時間＝25分

❶ 通読して話題と構成を確認《かくにん》する　2分
❷ 設問をチェックする　2分
❸ 問1をチェックする（本文を読み進めながら考える）　2分
❹ 問2を解く（段落《だんらく》の内容を確かめる）　2つで2分
❺ 問3は本文を読み進めながら解いていく　2分
❻ 問4をチェックして後回しにする　1分
❼ 問5をチェックして後回しにする　1分
❽ 問6を解く（直前の内容から解く）　2分
❾ 問4を解く（指示語を活用して書く）　5分
❿ 問7を解く（本文全体の見直しもかねる）　3分
⓫ 問5を答える（要旨《ようし》を意識しながら書く）　3分

途中《とちゅう》では環境《かんきょう》以外の具体例を書かせる問題もあります。

今回の問題は、ヤマ場となる記述問題が多く、時間配分の難《むずか》しいところがあります。内容があやふやでも下書きをして書き進め、部分点をもらえるようにしましょう。

答え

問1　B

問2　①イ　③ウ

問3　Ⅰエ　Ⅱイ　Ⅲキ

問4　地球に優しいと自ら感じたことを自発的に実行し、生活まで変えていこうとする覚悟を持つ発想を身につけた人間が増えていくこと。（60字）〈同意可〉

問5　例 電卓を使うことで筆算をする能力がなくなってきた。

問6　道徳の代行をする技術（10字）

問7　技術が道徳の代行をすると、私たちが持つべき本来の道徳的な目標を忘れてしまい、私たちの道徳的な判断力が衰えて、社会が荒廃してしまう点。〈同意可〉

話題と構成

●話題　道徳が技術《ぎじゅつ》に肩代《かたが》わりされていくことで良いのだろうか

●構成

具体例
愛知万博《ばんぱく》では、技術によって余分なゴミを減らし、二酸化炭素の排出量《はいしゅつりょう》を減らした。

⇩

筆者の視点

道徳が技術に肩代わりされていくことで良いのだろうか。
（環境《かんきょう》を守ろうという道徳的な判断力が失われる危険《きけん》がある）

⇩

道徳心

良心と行動によって地球環境を守るため自発的に行動し、生活まで変えていこうという覚悟。

⇩

その他の例

- シャープペンシル……ナイフを使う能力
- クルマ……走力
- エアコン……体温を調節する力

⇩

主張

道徳を技術で置《お》き換《か》えると、人々は道徳心を育てることがなくなり、社会が荒廃してしまうかもしれない。

標準問題2の解き方

問1

設問チェック

- □ いきなり解こうとしない。
- □ 前後の文脈で判断する。

どこに入るかを選ぶのではなく、**挿入文《そうにゅうぶん》がそれぞれの空らんに入るかどうかを○×で判断しましょう。**

いきなり解くより、本文を読み進めながら、解いていく時に答えるといいでしょう。

挿入文はこのような構成になっています。

確かに、それらによって公衆《こうしゅう》の平和と安全が保たれ、地球環境に優しい行為《こうい》が自動的になされるようになるのだから、結構なことと言うべきかもしれない。

「確かに」「かもしれない」は、相手の意見をいったん認《みと》めて、その後、反論《はんろん》する時の形です。この後には、逆接の接続詞《せつぞくし》「しかし」「ところが」などがきて、反論が始まります。

ここではBに入れると、「確かに技術によって、環境が守られるのはいいことだ。しかし、そのために能力が失われることを忘《わす》れてはいけない」という文脈ができあがります。

問2

設問チェック

- □ 語句の意味を確かめる。
- □ 文章の中にあてはめて考える。

① **「肩代わり」**とは、「本来その人がするべきことを、だれかが代わりにしてやる」ことです。「優位《ゆうい》」になるわけではないので、**ウ・エはまちがいです。**

ここでは、人間が道徳的な判断をする代わりに、技術が「道徳的な」行動をとれるように工夫《くふう》してくれる、という意味です。

③ これは、①とよく似ていますが、選択肢《せんたくし》の文章の内容が複雑なので気をつけましょう。**「手を打つ」**とは「必要な処置《しょち》をとる」ことです。

まず、技術が問題を起こすわけではありませんから、ア・イはまちがいです。そして、技術によって準備をするのですから、ウを選びます。

問3 設問チェック

□ 接続詞《せつぞくし》・副詞《ふくし》の問題。

□ 前後のつながりを考えて解く。

Ⅰ 「環境を守るような技術が作られているが、**本来は**人間自身が環境に優《やさ》しい行動を判断して実行すべきだ」と述べている文脈です。

Ⅱ 「人間の行動を正していくことが人類の未来への希望になるはずである。**ところが**、技術によって前もって手を打っていくことによって、表面的には道徳を守っているような状態が作られている」という文脈です。

Ⅲ ケータイが使えなくなる妨害《ぼうがい》電波や車の速度を制御《せいぎょ》する装置《そうち》などを**並《なら》べて**紹介《しょうかい》するという文脈です。

問4 設問チェック

□ 直前を使って下書きをする。

□ 「どういうこと」とあるので、答えの「わく」は「〜こと。」。

——線を一文までのばすと、「道徳と言えば堅苦《かたくる》しいが、人間としての行動の規範《きはん》のことで、そのような発想(環境倫理《りんり》というべきかもしれない)を身につけた人間が増えていくことこそが②人類の未来への希望とも言えるだろう」とあり、直前に**「〜こそが」**とあるので、直前を使って下書きをします。

● **そのような発想を身につけた人間が増えていくこと。**(24字)

次に**「そのような発想」の指示語を言いかえます**。指示語なので前を見てみましょう。

● **地球に優しいと自ら感じたことを自発的に実行し、生活まで変えていこうとする覚悟《かくご》**

これは本文の言葉をほぼそのまま使っています。この二つの文章をうまく結びつけましょう。直前で答えの大半が作れますし、そこからの発展《はってん》も指示語の言いかえで解くことができます。

問5

設問チェック

□ 要旨《ようし》を読み取る問題。
□ 自分で考える問題なので、すぐに思いつかなければ後回し。

本文の流れから、**「文明の利器」を使うことで、「人間の能力」がなくなってきた**(例)を答えることになります。

答えにあげた例以外にも、**「携帯《けいたい》電話の電話帳にたよっていて、電話番号を覚えることができなくなった。」**なども考えられます。

問6

設問チェック

□ 指示語の問題。
□ ——線を一文にのばして考える。

——線を一文にのばして考えると、「このような技術はまだ一部でしか使われていないから考え過ぎと思われそうだが、⑤それが全面的に広がって当たり前になってしまったらどうなるかを想像する必要があるだろう」となります。**「それ」**とは、そのままの文脈では、**「このような技術」**を指しています。あとはこれまでの内容で「どのような」技術かを入れましょう。

前段落《だんらく》で、**「技術が道徳の代行をする」**(25行目)ことで、私《わたし》たちの判断力が衰《おとろ》えていくことが説明されていました。

問7

設問チェック

□ 本文全体をふまえて解く。
□ 直前を使って下書きをする。
□ 「どういう点」とあるので、答えの「わく」は「〜点。」。

まず、**——線の内容と似たところを探す**ことから始めます。25行目で「技術が道徳の代行をする〜」の一文があるので、線を引きましょう。すると、**「道徳的な判断力が衰える」**というポイントがわかりますね。

また、「危《あぶ》ない」とは何にとって危ないのかを考えます。すると、前行に**「社会は荒廃《こうはい》してしまう」**が見つかります。

この時点で下書きが可能です。

● **技術が道徳の代行をすると、道徳的な判断力が衰えて、社会が荒廃してしまう点。**

本文にもどって、補《おぎな》うポイントを考えます。25〜35行目までで、なぜ「道徳的な判断力が衰えるか」を考えましょう。

すると、**「本来の道徳的な目標が忘《わす》れられる」**という部分が28行目に見つかります。これをくわしく説明して答えを作りましょう。

● **技術が道徳の代行をすると、私たちが持つべき本来の道徳的な目標を忘れてしまい、私たちの道徳的な判断力が衰えて、社会が荒廃してしまう点。**

標準問題 3

説明的文章

●本冊 p.95

時間管理

目標時間＝30分

❶通読して話題と構成を確認《かくにん》する	3分
❷設問をチェックする	2分
❸問1を解く（同じ段落《だんらく》で答える）	1分
❹問2を解く（直前の内容で答える）	1分
❺問3を解く（段落ごとに考える）	3分
❻問4を解く（同じ段落と後の段落から考える）	2つで5分
❼問5を解く（前後の内容から考える）	2分
❽問6を解く（細部の内容を再確認する）	3つで6分
❾問7を解く（前後のつながりから考える）	1分
❿問8を解く（語句の知識問題）	1分
⓫見直しをしながら問9を解く	5分

設問チェックで気づくと思いますが、設問の数が多く、時間がかかります。ただし、全体を読み通してから解くという「後回し」の問題があまりないのも特徴的《とくちょうてき》です。

答え

問1 ア

問2 ウ

問3 4

問4 (1) （このサルは普通のニホンザルにくらべて）尻尾が長く、顔つきも幾分角ばっている（こと） （18字）

(2) 私は、サル

問5 イ

問6 (1) （カニクイザル）カ （タイワンザル）オ （アカゲザル）イ （ニホンザル）ア

(2) 最も暑さの厳しい（場所） （8字）

(3) 熱を効率よく放散させるため （13字）

問7 エ

問8 エ

問9 厳しい寒さに適応するために、体の表面積を減らすように尾を短くした。〈同意可〉

話題と構成

●話題 サルについて

●構成

具体例 京都市動物園

サル山のサル(アカゲザル)をニホンザルと思いこんで見ていた。

⇦

違和感の正体

ニホンザルに比べて尻尾《しっぽ》が変に長いこと。

⇦

カニクイザル・タイワンザル・アカゲザル・ニホンザルは近い種であるが、尻尾の長さに違《ちが》いがある。

⇦

理由 すんでいる土地の気候の違い

- 暑さの厳《きび》しいところのサル
  →熱を効率よく放散させるために尻尾が長い。
- 寒いところのサル
  →熱を逃《に》がさないように尻尾も短い。

⇦

まとめ

ニホンザルの尻尾が短いのは、サルにとって寒すぎる気候の中で尻尾を短く改造したためである。

標準問題3の解き方

問1

設問チェック

□ 空らんを一文にのばして考える。
□ 同じ段落《だんらく》を読んで考える。
□ 情景を思《おも》い浮《う》かべて解く。

動物園のサル山の様子を表すものを選びます。「サル山といっても動物園のことであるから」という少し否定的《ひていてき》な書き方になっています。つまり、**「人工的」**だということです(規模《きぼ》が小さいという意味もあるでしょう)。それぞれの選択肢《せんたくし》の言葉もよく出てくる言葉なので、意味をおさえておきましょう。

問2

設問チェック

□ ——線をのばして考える。
□ 同じ段落を読んで考える。
□ 直前の様子から考える。

——線をのばして直前の様子を確認《かくにん》します。岩から岩へ跳《と》び移《うつ》る様子にあてはまるものを選びます。

問3

設問チェック

□ 挿入文《そうにゅうぶん》からキーワードを考える。

「ニホンザル」と「アカゲザル」の話題は4段落です。あとは4段落の前に入るか、後ろに入るかを検討《けんとう》することになります。ただし、4段落の最初は「その疑問《ぎもん》は」となっていますから、3段落との間に切れ目がないということです。4段落の後ろに入れてみて、うまく文章がつながるか確認しておきましょう。

問4

設問チェック

□ 同じ段落と後の段落で解く。
□ 設問の条件に合うようにまとめる。

⑴は——線と同じ段落、⑵は後の段落で解くことができます。

まず、2段落ではサルの具体的な特徴《とくちょう》が述べられています。「ニホンザルなのに尻尾《しっぽ》が変に長い。そういえば顔つきも幾分《いくぶん》角ばっていて、あの愛らしいおサルさん顔のイメージとは大分かけ離《はな》れている」までを二十字以内でまとめましょう。

3段落では外見上の違和感《いわかん》を感じながらも、そのサルがニホンザルだろうと納得《なっとく》している段落です。

たねあかしと、思《おも》い込《こ》みにいたった理由は4段落にあります、

問5

設問チェック

□ 「どういうこと」は言いかえ問題。
□ 「偏見《へんけん》の目」のここでの言いかえを考える。

ここでの「偏見の目」というのが、どこを指しているかを考えましょう。6行目に「何しろ伝統ある京都市動物園のサル山ではないか」とありますから、「伝統ある動物園のサル」＝「ニホンザル」だと思い込んでしまったのです。だからこそ、目の前の「アカゲザル」を「少しかわったニホンザル」と思ってしまったのですね。

問6

設問チェック

□ 後ろの段落で解く。
□ サルの尾の長さを説明した6段落を参考に解く。

⑴は、6段落を参考にして解いていきます。⑵・⑶は、本文の後半にある、気候とサルの体型のちがいを考えていきましょう。

まず、それぞれの尾の長さの説明を確認しましょう。

カニクイザル…体長と同じくらいかやや長め
タイワンザル…体長より少し短め
アカゲザル……体長の約半分
ニホンザル……体長の五分の一未満

そして、**最も尾の長いサルはカニクイザル**です。**カニクイザルのすんでいる土地の説明**を探《さが》しましょう。**すんでいる土地の気候と尾の長さとの関係**についての説明は8**段落**にありました。

問7

設問チェック

□ 接続詞《せつぞくし》の問題。

□ 前後のつながりをチェックする。

段落の終わりにあるまとめの部分です。「サルによって、体長に違いはない。**ところが**、尻尾は短くなる」という意味です。つまり、サルとして大きな違いはないのだが、尻尾の長さだけが違うということを伝えたい文脈です。

問8

設問チェック

□ 知識（漢字）の問題。

「帯びる」は書き取りでもよく出題される漢字です。**送《おく》り仮名《がな》**が重要です。

問9

設問チェック

□ ニホンザルの尻尾の改造を考える。

□ ――線をのばして考える。

□ 前の段落を確認《かくにん》する。

□ 答えの「わく」は「～ために～。」となる。

日本はサルとしては寒すぎる気候のため、ニホンザルは尻尾を改造したわけです。**寒い地方ではどのように尻尾がなるか**ということをまとめましょう。8**段落**に書いてあります。

標準問題4

説明的文章

●本冊 p.100

時間管理

目標時間＝25分

❶ 通読して話題と構成を確認《かくにん》する	4分
❷ 設問をチェックする	2分
❸ 問1をチェックする（本文を読み進めながら考える）	2分
❹ 問2を解く（前後を確かめながら解く）	2分
❺ 問3は本文を読み進めながら解いていく	3分
❻ 問4を解く（直前を読んで考える）	2分
❼ 問5は近くにないことを確かめて後回しにする	2分
❽ 問6を解く（――線の中の指示語に注意する）	2分
❾ 問7を解く（前後を確かめながら解く）	2分
❿ 全体を見直して問8を解く	2分
⓫ 問5を解いて仕上げる	2分

答え

問1　ウ
問2　イ
問3　1エ　2ア　3ウ
問4　イ
問5　簡単便利な情報収集
問6　ア
問7　エ
問8　ウ

話題と構成

●話題　新聞について

●構成

昔の日本の家庭
新聞があるのが当たり前だった。
↓情報と実用日本語に日常的に接することができた。

⇦

ここ10年での変化
ネットの情報が大量にリアルタイムに届《とど》くようになった。

⇦　しかし

筆者の意見

簡単《かんたん》便利な情報収集のためではなく、子どもの実用日本語力を身につけるために紙の新聞に注目すべきだ。

⇦

子どもが基礎的《きそてき》な読む力を身につけ、論理的《ろんりてき》な考え方を身につけていくには、紙の新聞に優《まさ》るものはない。

⇦

紙の新聞はネットの情報とちがって「安定性」「確定性」を想起させるスローなメディアである。

⇦

考える技《わざ》を身につけていかなくてはならない子どもの頭には、スローなメディアが適している。

標準問題4の解き方

問1

設問チェック

□ キーワードを確認《かくにん》して解く。

まず、**挿入文《そうにゅうぶん》を確認**しましょう。「こうした『スローなメディア』」というのがヒントです。**「『スロー』なメディア」**は35行目に出てきます。「こうした」とあるので、「スローなメディア」の説明の後に入れることになります。

新聞を読むということが子どもの力をつけるという視点《してん》です。

問2

設問チェック

□ 空らんを一文までのばして考える。

一文までのばして考えましょう。「新聞配達という制度があり、それを宅配《たくはい》してくれた人たちがいてくれたおかげで、[あ]、[い]とに日常的に接することができた」という文脈です。

そこで、ここでは、新聞の持つ役割《やくわり》を考えることになります。毎日、**新聞が届《とど》けられるということの意義**を考えていきましょう。毎日、**実用的な日本語**と、**ニュース**が届けられていたというわけです。

問3

設問チェック

□ 接続詞《せつぞくし》・副詞《ふくし》の問題。

□ 前後の文脈を考える。

1 「筆者ですらネットを利用することがある。**しかし**、もういちど新聞の意味を考えてほしい」という文脈です。

2 「ネットの情報を見分ける能力は重要である。**ただし**、トレーニングは紙の新聞のほうがふさわしい」という文脈です。

3 「かつては紙の新聞はすばやいメディアだった。今では**むしろ**スローなメディアになった」という文脈です。

問4

設問チェック

□ 指示語は直前の場面から考える。

□ 伝えたい情景を考える。

問2と**関連させたい問題**です。新聞が家に届けられるというのは、世界でもかなり特別で独特な制度であると述べられています。**ア**の「祖父が新聞を音読していた」は、ここではまだ出てきていない内容です。

また、**ウ**の「母親や祖父母は父親のあとでないと新聞を読むことができなかった」は特別なこととは関係ないので、×。

イとエを比べると、**イ**が——線①の前をうまくまとめた文章であることがわかります。

問5

設問チェック

□「インターネット」「携帯《けいたい》サイト」というキーワードに○をつける。

□ 新聞と比べているところを探す。

□「インターネット」の話題は近くにないので、後回し。

「インターネット」の話題は近くにないので、**後回し**にする問題です。

23行目の「かつてのように」から後ろで**インターネットと新聞を比較《ひかく》**しています。「情報摂取《せっしゅ》という点では〜」とありますが、「情報摂取」では、字数に合いません。**「インターネット」という言葉をキーワードにして後ろを探す**と、すぐに見つけることができます。

27行目に答えの部分があります。

問6

設問チェック

□ ——線の中の指示語に注目する。

□ ——線を一文にのばして考える。

——線の中にある「その位置」の意味をおさえましょう。——線を上にのばして確認すると、「日本人の知的水準や社会的関心を高める上で大きな役割《やくわり》を果たしてきた新聞」とあります。つまり、**「新聞の地位」**について考える必要があります。

イの「時々刻々《じじこっこく》と新しい情報を人々に与《あた》える」のは、「ネット」の方なのでまちがいです。

ウは、インターネットに重点を置いているので外します。

エの「社会に対する興味を維持してきた」のは、「新聞」の方なのでまちがいです。

かつては毎日、家に届《とど》けられ、ニュースをどこよりも早く伝えていた新聞が、インターネットの登場で唯一《ゆいいつ》のメディアではなくなったということです。

問7

設問チェック

□ あてはまらないものを選ぶ。

□ 前後の段落《だんらく》を確認《かくにん》して解く。

――線を一文までのばすと、「このように」という指示語があるので、前の段落を確認します。また、――線の後ろには「『身体的』というのは、～」と具体的な説明が続いています。したがって、――線の前後の39～43行目をチェックすると、材料は集まります。新聞を声に出して読む人もいましたし、また、新聞は「紙」のメディアですから、印刷物としても質感があります。そして、ウのように書《か》き込《こ》むことも可能だったということです。

問8

設問チェック

□ 本文と照らし合わせながら解く。

□ 筆者の言いたいことを選ぶ。

イ「新聞を取ることによって所得水準をキープすることができる」、エ「同時に利用することで、地アタマ力をつける」というのは、本文にありません。

アとウを比べると、本文で中心として述べられていたのは、情報と子どもの関係です。筆者が言いたいのは、ウになります。

発展問題1 説明的文章

●本冊 p.106

時間管理

目標時間＝30分

❶ 通読して話題と構成を確認《かくにん》する	5分
❷ 設問をチェックする	2分
❸ 問1を解く（――線部までの本文を見直す）	2分
❹ 問2の内容をとらえつつ後回しにする	1分
❺ 問3を解く（表現の問題）	2分
❻ 問4を内容を考えつつ後回しにする	2分
❼ 問5を解く（本文全体の内容をふまえる）	3分
❽ 問6を解く（筆者の考えをふまえる）	2分
❾ 問7を解く（筆者の考えをまとめて書く）	5分
❿ 問2・問4を完成させる	6分

かなりの難問《なんもん》です。特に問2、問7と長い記述問題が二題あります。ここでは、問2は下準備をしてから後回しにして、最後に完成させるという時間配分を紹介《しょうかい》しました。

答え

問1　ウ
問2　（かつて明治時代の日本人は、）外国語に見合う自国語がなかったため、苦心惨憺して言葉を造ったが、昭和人は、原語を意味不明のカタカナ語に置き換えたり、日本語で表せる言葉まで英語に変換したから。（79字）〈同意可〉
問3　イ・オ
問4　たぶん、日
問5　エ
問6　ア
問7　外国語だけでなく、日本語で表せる言葉までも意味不明のカタカナ語に置き換える現状を改め、意味の明確な日本語を使うことによって、日本語を正確な伝達機能を持った言語に回復させる必要があるということ。（96字）〈同意可〉

話題と構成

●**話題**　最近の日本語について

●**構成**

具体例

・〈『徒然草《つれづれぐさ》』の例〉このごろの人たちの言葉づかいがひどく下品になったとなげいている。

→〈例の示すもの〉日本人は語感にこだわる民族だった。

●〈柳田国男《やなぎたくにお》の例〉「そうですか」という受け答えが使われるのは快いことではない。
↓〈例の示すもの〉日本は言葉の改まりやすい国だ。

筆者の意見

日本語そのものがかなりの勢いで変質しつつある。

⇦

変質の原因

●圧倒的《あっとうてき》な量のカタカナ語
↓異国《いこく》の文化の受容は明治からあった。

明治　外国の文化とともに流入した言葉を苦心して漢字に翻訳《ほんやく》した。

⇔

現代　翻訳せずカタカナ語にした。
↓日本語の姿《すがた》が根底から変わった。

⇦

日本人の心にある英語願望の表れ

●カタカナ語の乱用《らんよう》が本来の母国語の語彙《ごい》を消し去り、伝統的な表現を貧しくしている。
●美しくゆたかな日本語をめざすには、まずまともな言葉を使うべきだ。

発展問題1の解き方

問1

設問チェック

□ ――線までの本文の内容をつかむ。
□ 選択肢《せんたくし》の文章を前後に分けて○×をつける。

――線までの話題は、言葉づかいが下品になったということです。『徒然草』の例も柳田国男の例も、新しい言葉に対して違和感《いわかん》を覚えているということになります。ここでは**「下品」というキーワードを使って記号を選ぶ**ことにします。

そこで、「やたらとていねいな言い方」としているアをまず外します。

しかし、イ・ウ・エは候補《こうほ》として残ります。ただし、エはただ「上品」「下品」と言うだけで具体性がなく、また「ヘイヘイ」という言葉が上品とは言えないので外します。

イは「相手の意志を無視《むし》する」が本文からは読み取れません。

ここでは、ウのように**「そうですか」という言葉を、言葉通りに受け取って、「たずねかえすような言い方になっている」**と考えましょう。

問2

設問チェック

□設問文から、答えの「わく」は「〜から。」。
□キーワード「明治時代の日本人」に注意して読み進める。
□答えの方針《ほうしん》を決めたら後回しにする。
□本文を積極的に使う。

明治時代の日本人がどんなことをしていたかに注目して「後回し」にします。これは八十字の要素がうまくまとまるように、本文をもう少し読み進めるためです。実際には——線部のすぐ後に答えの手がかりがあります。線を引いて、ほかの問題を解いてから仕上げてみてください。

まず、本文から「明治時代の日本人」について書かれている部分を探《さが》します。すると、28行目からの段落《だんらく》でポイントが見つかります。そして、**「明治」と「昭和」が対比されている**ことを考えると、

●（かつて明治時代の日本人は、）**(33字)だったが、昭和人は、(33字)から。**

という仕組みで書けばよいとわかります。

明治の人については、

●**外国語に見合う自国語がなかったため、**(18字)
●**苦心惨憺《くしんさんたん》して言葉を造ったが、**(14字)

とまとめて、昭和人についても三十字程度でまとめてみます。32行目からの段落と、45行目からの段落を読み直してみましょう。

●**原語を意味不明のカタカナ語に置《お》き換《か》えたり、**(21字)
●**日本語で表せる言葉まで英語に変換《へんかん》するようになった**(24字)

これらを合わせて、八十字以内でうまくまとめましょう。

問3

設問チェック

□あてはまるものをすべて選ぶ。
□設問の内容を正しく考える。
□語句の問題はスピーディーに解く。

語句は「知らないものは知らない」と割《わ》り切《き》って、スピーディーにまず答えてください。

今回の出題は**「擬声語《ぎせいご》(擬音語《ぎおんご》)」**です。音ではなく様子をたとえた**「擬態語《ぎたいご》」**と区別しましょう。

ア「たらたら」、エ「ペラペラ」は擬態語、ウ「こらっ」は実際の声、イ「ごくごく」、オ「ぴよ」が擬声語です。

問4

設問チェック

□設問の中にキーワードがある。
□文章の構成に注意する。

——線④までには、理由が出てこなかったので、内容を考えつつ読み進めていくことになります。**同じ段落《だんらく》には見つからないので、**

後回しにしてもかまいません。

また、筆者の意見を示す時によく出てくる表現として「たぶん〜だろう」「きっと〜ちがいない」というものがあります。「NHKが集計した『外来意識調査』」の例の後にある段落を確認しましょう。56行目「たぶん、日本人の心の底には〜」の一文が答えとなります。

問5 設問チェック

- □「どういうことですか」は言いかえ問題。
- □選択肢《せんたくし》の文章を前後に分けて○×をつける。
- □本文全体の内容を把握《はあく》して答える。

これまでのまとめを作るつもりで○×をつけてください。

アは「情報に無関心な社会」が×。イは「漢字やひらがなを使う機会が減り」「情報が軽視《けいし》される社会」が×。ウは「情報操作《そうさ》が困《こん》難《なん》な社会」が×。これらは本文と合いません。

情報の伝達について触《ふ》れている、**エ**が正解です。

問6 設問チェック

- □選択肢の文章を前後に分けて○×をつける。
- □筆者の考えをふまえて答える。

「百人一首」という日本の伝統的な遊びの中にカタカナ英語が使われていることのおかしさを書いています。

イ「日本人の文化的よりどころ」、**ウ**「学力低下」は本文に出てきません。また、**エ**「カタカナ語を若者《わかもの》が使い始めたから」とは書かれていません。

問7 設問チェック

- □「どのようなこと」とあるので、答えの「わく」は「〜こと。」。
- □筆者がうったえたいことは「社会が変わってほしいということ」。
- □本文全体、前の方も確かめる。
- □本文を積極的に使う。

この記述のゴールは本文末尾《まつび》にある「このようなカタカナ語の乱用が〜貧しくしつつあることか！」という筆者の嘆《なげ》きに集約されています。

まず、**問2**などで確認した「カタカナ語への安易な置き換え」を改めること、そして、日本語の回復という流れで書くようにするといいでしょう。

答えの大きな「わく」は次のようになります。

〈今の問題点〉を改め、
〈筆者の求めるもの〉によって、
〈将来《しょうらい》の正しい姿《すがた》〉にすること。

●**将来の正しい姿**

＝

日本語を（どんなふうに？）回復させる必要がある。

＝

正確な伝達機能を持った言語にする

日本語を正確な伝達機能を持った言語に回復させる必要があるということ。（34字）

●**今の問題点である、どんな現状を改めるのか**は、**問2**で集めた手がかりを参考にします。

「『原語を意味不明のカタカナ語に置《お》き換《か》えたり、日本語で表せる言葉まで英語に変換《へんかん》するようになった』現状を改める」

としてみます。これではあまりに長いので、文章を整理してもう少し短くします。

「外国語だけでなく、日本語で表せる言葉までも意味不明のカタカナ語に置き換える現状を改める」（43字）

としておきましょう。

●**筆者の求めるもの**は

「意味の明確な日本語を使う」（12字）

と考えられます。

これらを合体させて一〇〇字以内に収まるように、答えを完成させましょう。

標準問題5 文学的文章

●本冊 p.114

時間管理

目標時間＝16分

❶ 通読して場面に分ける	3分
❷ 設問をチェックする	2分
❸ 問1はその都度書いていく（漢字の書き取り）	1分
❹ 問2を解く（前の部分に注目する）	2分
❺ 問3を解く（前後に注目する）	2分
❻ 問4を解く（同じ段落で解く）	2分
❼ 問5を解く（指示語の問題）	1分
❽ 簡単な見直しをして問6を解く	3分

答え

問1　a 接（する）　b 木製

問2　エ

問3　ウ

問4　エ

問5　ウ

問6　店主が「赤が一番似合う」と断言するように大きくうなずいた（から。）（28字）〈同意可〉

場面と構成

手袋 に対する思い

● 五本指の、紐《ひも》でつながっていない手袋＝正真正銘《しょうしんしょうめい》の手袋
（あこがれの気持ち）
⇩
● 上品で綺麗《きれい》な色の革製《かわせい》の手袋があれば手に入れたい。
⇩
フィレンツェの手袋専門店《せんもんてん》
● 大人になった自分に相応《ふさわ》しい手袋が手に入るかもしれない。
● 新美南吉《にいみなんきち》の童話を思い出す。
↓「私《わたし》の手にぴったりの手袋を下さい」という思い。
⇩
イタリア人店主の威厳《いげん》に満ちた態度。
⇩
自分に相応しい手袋が手に入ったことの満足感。

標準問題5の解き方

問2

設問チェック

□ 筆者の様子を答える問題。

□ ——線より前に注目して解く。

大人になってしもやけができなくなると、手袋《てぶくろ》はあまり必要でなくなるはずです。ここではアをまず、外しましょう。また、イ・ウともに、子どものころのできごとと混同しているので外します。

ここでは、エの**「いい手袋を身につけたい」**に注目です。

——線①の後も、自分に相応《ふさわ》しい手袋がほしいという心情が、たびたび出てきます。

問3

設問チェック

□ まちがっているものを選ぶ。

□ すべての記号と本文を照らし合わせる。

ここは、**筆者が出会った「手袋専門店《せんもんてん》」の様子を伝える重要な場面**です。「手袋専門店」の様子は、9〜14行目をていねいに読むとわかります。

ア・イ・エは、本文に書かれています。10・11行目に「観光客であふれる通りのにぎわいとは無縁《むえん》を装《よそお》うように、店内は薄暗《うすぐら》く、しんとしている」とあり、にぎわっているのは通りであって、店内はにぎやかではないので、ウがまちがいです。

この部分は、本文の内容の面でも大きな意味があります。観光客であふれるにぎやかな通りなのに、店内は薄暗くしんとしているというわけです。このことからかえって筆者は「いい手袋に出会えるかもしれない」という期待を持ったと考えられます。

問4

設問チェック

□ 場面を読み取る問題。

□ すべての記号に○×をつける。

アは、もう「勇気を出して中に入ってみた」後なので、×だとわかります。——線をのばしてみると、「カウンターの真ん中に、丸い小さなクッションが置いてある。ああ、そうか、この上に手を載《の》せるんだな、と私は承知する」とあるので、エだとわかります。

カウンターの丸い小さなクッションは、お客さんが手を載せる台になっていて、そこに手を置けば、店主がぴったりの手袋を探してくれるというわけです。

しかも、そのクッションが「思わず手を載せてみないではいられない」クッションだということも読み取っておきましょう。

問5

設問チェック

□ 指示語の問題。

□ 直前を点検する。

「それ」を最後に持っていって一文を書きかえてみましょう。

●(クッションの)丸い形の中に綺麗《きれい》に馴染《なじ》んでいるもの=それ

ですから、ウの「小さな窪《くぼ》み」であるとわかります。

問6

設問チェック

□ 同じ場面をしっかり読んで考える。

ここも——線をのばして考えましょう。

ふだんは赤色のものを買ったことがないのに、店主が大きくうなずいた(似合っているということでしょう)ことが、その赤い手袋を買うきっかけになったということですね。——線⑤より後ろの部分を三十字以内でまとめましょう。

標準問題 6

文学的文章

●本冊 p.119

時間管理

目標時間＝24分

❶通読して場面に分ける	4分
❷設問をチェックする	2分
❸問1を解く(語句の問題)	1分
❹問2を解く(前後を読んで解く)	2分
❺問3を解く(場面を考えて解く)	2分
❻問4を解く(語句の問題)	1分
❼問5を解く(前後を読んで解く)	2分
❽問6を解く(指示語の問題)	2分
❾見直しをする	2分
❿問7を解く(前後を読んで解く)	3分
⓫問8を解く(最後の場面から解く)	3分

答え

問1　①足　③胸

問2　新しい友だちを新しい家に呼んで遊ぶこと。〈同意可〉

問3　まゆをぐっとよせ(て)　(8字・9字)

問4　エ

問5　まごまご

問6　つつじの植えこみの前　(10字)

問7　自分だけが「よそもの」のような気がする(から)(19字)〈同意可〉

問8　ぼくが終わりの会のあと、まっすぐ家に帰ってきて、はやばやと宿題をすませてぼーっとしているから。〈同意可〉

場面と構成

幼稚園のころの家

都会にあったが部屋がせまかった。

→友だちを呼《よ》べない。

⇩

新しい町の家

自分専用《せんよう》の部屋がある。

→友だちを呼べるという期待。

入学式以降
- 各学年一クラスの小さな学校。
- 生徒たちは入学前から知り合い。

⇦

都会とのちがい

遊び方がちがう。

↓よそものあつかいされて友だちができない。

⇦

新しい環境になじめない「ぼく」
- 「よそもの」であるという引け目。
- 上級生へのおそれ。

できごとに注意し、ところどころに描《えが》かれている「ぼく」の心情を読み取っていく文章です。

会話が多い文章ですから、だれとだれが会話をしているかに注目して「／」を入れていきます。そのうえで時間や場所に注目して、大きな切れ目を入れて場面に分けるといいでしょう。

標準問題6の解き方

問1

設問チェック

□慣用表現の問題。

□（　）をふくむ場面を読み直す。

知識の問題は、知らないものは知らないと、わりきって考えることも大切です。その代わり、わからなかった問題は、見直しの時にきちんと覚えていくようにしましょう。

①**「足」**のふみ場もない……部屋がせまくて場所がないこと。

③**「胸」**をふくらませる……期待に満ちている様子。

問2

設問チェック

□指示語を考える問題。

□前後を確認《かくにん》して解く。

――線の中の指示語「これ」がポイントです。「これ」の指すものは**「新しい家が広くて、自分専用の部屋もあること」**です。幼稚園《ようちえん》の時は、友だちがいても、家には二人までしか遊びに来てもらえなかったわけですから、**広い部屋を与《あた》えられた時の「ぼく」の気持ちを考えて答える**ようにしましょう。

問3

設問チェック

□ 慣用表現の問題。
□ 場面を考えて解く。

慣用表現の問題ですが、**「顔をしかめる」にこめられた心情**も考えましょう。**「顔をしかめる」**とは、不快・心配などの気持ちから表情をゆがめることです。

この場面は、**新しい学校でのじゃんけんについていけない「ぼく」が、遊びのリズムを乱《みだ》してしまう場面**です。みんなは、そんな「ぼく」に不快だという表情をしているのです。30～50行目のじゃんけんでのやりとりをていねいに見ていきましょう。

――線④の後に、じゃんけんのリズムが合わなかった「ぼく」がとまどって言い訳をしている様子が描かれています。そうした「ぼく」に対する上級生の態度を確認します。不快な表情をしているのは、40行目「背《せ》の高い上級生は、まゆをぐっとよせて、ぼくを見下ろした」の部分です。

問4

設問チェック

□ 慣用表現の問題。
□ ぼくの心情を読み取る問題。

「蚊《か》の鳴くような声」は慣用表現として覚えておきましょう。どなりつけられて、すっかりちぢみあがってしまった「ぼく」の心情にも注意してください。

この慣用表現がわからない時は、**穴埋《あなう》め問題と考え、この場面に合う声の様子を選んでみましょう。**

問5

設問チェック

□ 擬態語《ぎたいご》の問題。
□ 場面と心情を読み取る問題。

ここでは、ぼくが、**みんなの遊びの輪に入っていけない場面であることが重要**です。

タイミングをつかめずにいる「ぼく」の様子は、21行目から始まる、学校の場面から探します。じゃんけんの前の運動場に飛び出していく場面で、「ぼくは、どのタイミングでその輪に入ればいいのかがわからなくて、いつもまごまごしていた」とあります。「ぼく」だけ一人、タイミングがわからなくて**「まごまご」**しているのです。

問6

設問チェック

□ 指示語の問題。
□ 場面を読み直して解く。

指示語の問題なので、——線の前の部分を探します。

ここは、鬼《おに》ごっこをしようとしていた友だちの輪を離《はな》れて、「ぼく」が植えこみの前にしゃがんで運動場をながめている場面です。

字数が指定されているので、注意してぬき出しましょう。

問7

設問チェック

□ 場面と心情を読み取る問題。

足がすくむ原因は「じゃんけんのタイミングをまちがえて、上級生にどなられる」ことで表現されています。「じゃんけんのタイミングをまちがえる」のは、「ぼく」が町から転校してきた生徒だからです。そして、上級生の言葉をたどると「ああ、よそもんか」と鼻で笑うシーンが見つかりますから、**「よそもの」がキーワード**になるとわかります。

——線の近くに使える部分があるので、線を引いて答えましょう。

問8

設問チェック

□ 「なぜですか」とあるので、答えの「わく」は「〜から。」。

□ 最後の場面を考えて解く。

68行目と74行目の**「母さん」のせりふを確かめます**。70行目に**「母さんは心配しているようだった」**とありますから、ここに注目しましょう。つまり、学校が終わってもだれとも遊ばず、家に帰ってきていることで心配しているのですね。

また、**「まっすぐに家に帰ってくる」だけでは不十分で、「はやばやと宿題をすませている」ことも答えに入れなくてはなりません。**

なぜなら、まっすぐに家に帰ってきて、ずっと宿題をしているのなら、それは友だちがいないのではなく、宿題がたくさんあるからということになるからです。

標準問題7 文学的文章

●本冊 p.125

時間管理

目標時間＝20分

❶ 通読して場面に分ける　4分
❷ 設問をチェックする　2分
❸ 問1を解く（前後を確かめて解く）　2分
❹ 問2を解く（前の状況《じょうきょう》から考える）　2分
❺ 問3を解く（細部を確かめる）　2分
❻ 問4を解く（直前のせりふから考える）　4分
❼ 問5を解いて全体を見直す　4分

答え

問1　自由ムード（5字）
問2　ウ
問3　イ
問4　いろいろな国をまわっていたので、外国で学ぶ子供やその両親の苦労が理解できるから。〈同意可〉
問5　学校ではつらい気持ちで過ごしていたけれど、家に帰ると心がやすらぎ、安心していやなことも話すことができたから。〈同意可〉

場面と構成

背景　アメリカでの生活

筆者の子供《こども》たちは週に五日間は現地の小学校にかよっている。

⇩

自由な校風に子供たちはすぐにとけこみ、よく遊ぶようになった。

⇩　しかし

淳《じゅん》は英語がうまく話せないことに苦しむ。
→しゃべることのできる友だちがほしい。
→学校でケンカをするようになる。

担任の先生との対話

- 淳の問題点を話し合う。
- 私たち両親のもどかしさを伝える。
- 先生たちは淳のいいところを理解してくれている。

⇩

先生も外国での子育てに苦労していた。
→先生に対する信頼《しんらい》が生まれた。

主題

外国で学ぶことの難《むずか》しさとそれを支える人たち、両親との心のつながりの大切さ。

標準問題7の解き方

問1

設問チェック

□ ——線部は具体例なので、まとめを探す。

□ 学校の様子が書かれている場面を区切る。

まず、**学校の様子が書かれている部分(具体例)が、どこからどこまでか**を考えます。**それをまとめた言葉ということは、具体例の後にある**はずだと考えるといいでしょう。学校の例の後、息子《むすこ》の淳の話が出てくる11~15行目を探《さが》しましょう。すると、13行目に**「クラスの自由ムード」**という言葉が見つかります。

また、——線①の描写《びょうしゃ》からは、筆者が「日本の小学校とちがう」と感じている様子も読み取ることができます。ただ、その「自由なムード」が、淳にとってはかえってつらい思いを引き起こしているところにも注意してください。

問2

設問チェック

□ ——線より前からキーワードを探す。

□ 選択肢《せんたくし》のキーワードを確かめる。

□ 選択肢の文章を前後に分けて○×をつける。

——線②の後は場面が変わるので、——線②より前を見ましょう。淳の状況を説明している11~15行目を確認《かくにん》すると、11行目に**「いらだち」というキーワード**が見つかります。この「いらだち」は、「ことばの問題が、やはり大きかった」とあるので、**ことばが通じないせいだと考えられます**。あとは、その「いらだち」の内容をくわしく説明することを考えるといいでしょう。

ア ×英語の勉強をなまけていたせいで／×両親に迷惑《めいわく》をかけ続ける自分が情けなくなるから。

イ ○英語が不得意なため／×学校の規則を守りたくても守れない自分に失望してしまうから。

ウ ○英語のかべにぶつかることで／○自分はみんなの仲間に入れずにいることを改めて実感するから。

エ ○英語ができないことが明らかになって／×みんなからばかにされてしまうことがわかっているから。

右にあげた選択肢の文章を見てください。注目するのは、**ア**以外の記号で、前半部分の「英語ができない」という部分がちがう言葉で表現されていることです。少しとまどいますが、この部分についてはどれも「○」になります。

あとは、選択肢を短くして、**イ**「規則を守れない」、**ウ**「仲間に入れない」、**エ**「ばかにされる」のどれがふさわしいかを考えるといいでしょう。

問3

設問チェック

□ふさわしくないものを選ぶ。
□ミセス・ローリーのせりふを細かく見ていく。

——線を上にのばすと「ミセス・ローリーがいったとき」とあるので、**ミセス・ローリーのせりふを細かく見ていく**といいでしょう。「ジュンは、サッカーがとてもうまい。みんなは、ジュンを、自分のチームにほしいといっている。算数もよくできる」とあります。それぞれの選択肢《せんたくし》のポイントを見ていきましょう。

ア　**先生は淳《じゅん》の良い面を話しているか。**

ウ　**クラスメイトが淳のことを評価していることを話してくれたか。**
先生は、淳がサッカーが得意でチームに必要とされていることを話しています。したがって、アとウの内容についてふれていることがわかります。

イ　**先生は「私《わたし》たち(両親)」のことにふれているか。**
先生たちは、両親のことも気遣《きづか》っているはずですが、それは淳のことがあってのことでしょう。答えはあくまで直前を参考にするべきなので、イをふさわしくないものとして選びます。

エ　**先生は淳のことを気にかけてくれているか。**
先生と私たちがいちばんに解決しなければならないのは淳のことです。そのために先生は「私たち」両親を呼《よ》びだし、アドバイスを与《あた》えていると考えられます。

問4

設問チェック

□「なぜ」とあるので、答えの「わく」は「〜から。」。
□——線の中の指示語に注目する。
□ミセス・ラットクリフのせりふに注意して解く。

ポイントは——**線の中にある指示語「そうか、それで」**です。指示語なので、**直前のミセス・ラットクリフのせりふを確認しましょう**。「私は、ギリシャや、イタリアや、いろいろの国をまわりました。小さかった息子は、苦労しました。私も苦労しました」とあります。つまり、**「ラットクリフ先生も、外国を転々としながら子どもを育てた」**ということです。

そして、先生も子供の教育で苦労してきたということですから、**「外国で学ぶ子供やその両親の苦労が理解できる」**ということを合わせて答えを作ります。

問5

設問チェック

□「どのような気持ちから」とあるので、答えの「わく」は「〜から。」。
□全体の内容を把握《はあく》して答える。
□その場面における淳の心情をとらえる。

この場面の前で描《えが》かれているのは「思春期のほんのすこし手前でことばの通じない環境《かんきょう》におかれて、傷《きず》つき、自分と戦う淳の姿《すがた》」です。それは「いらだち」という言葉で表されています。

学校から帰ってきた時に、家族がいると、淳は家族と過ごそうとします。それは安心感がもとになっていると考えられますね。このように傷ついた淳は、家に帰ってくると、心がなぐさめられ、やすらぐのです。

また、本文の前半からは、英語をうまく話せないために、しゃべる友だちがいないこともわかります。

●安心して話すことができたから。

——線の中に「いやなこと」とあるので、これを加えてみます。

●安心していやなことも話すことができたから。

ここに、学校で傷ついている淳の様子、家での淳の様子を入れましょう。

●学校ではつらい気持ちで過ごしていたけれど、家に帰ると心がやすらぎ、安心していやなことも話すことができたから。

標準問題 8

文学的文章

●本冊 p.129

時間管理

目標時間＝30分

1. 通読して場面に分ける　4分
2. 設問をチェックする　2分
3. 問1を解く（場面と心情に注意する）　2分
4. 問2は難問《なんもん》！　後回しにする
5. 問3を解く（場面と人物に注意する）　2つで4分
6. 問4を解く（場面と心情に注意する）　2分
7. いったん見直しをする　2分
8. 問5を解く（人物に注意する）　2分
9. 問6を解く（同じ場面を読んで解く）　2分
10. 問7を解く（語句の問題）　1分
11. 問8を解く（心情に注意する）　2分
12. 見直しの後、問9を解く　3分
13. 最後に問2を仕上げる　4分

答え

問1　エ

問2　義母からこれ以上話しかけられたくなかったから。（23字）〈同意可〉

問3　(1)　ウ　(2)　ウ・エ

問4　ア

問5　イ

問6　イ

問7　意

問8　イ

問9　1　○　2　×　3　○　4　×

場面と構成

背景　美智子（民子の母親）の死

1
- 母を失った悲しみから食事が進まない民子の様子。
- 妻を失った悲しみから立ち直れないが、日常の忙《いそが》しさに気のぬけない「俺《おれ》」の苦しみ。

⇩

2
民子と義母の言い争い
義母の気持ちも民子の気持ちもわかる。
→意を決して民子と話すことにする。

⇩

3
母の死を受け入れようとしている民子
（義母の立場も理解している）
→娘《むすめ》の成長に対する驚《おどろ》きと自分の無力さへの不安。

この場面の主題

家族の死に対するそれぞれの人物の反応と、母の死を経験し、成長しようとする娘の姿《すがた》、そして娘の成長にとまどう父の姿。

「美智子《みちこ》の死」は、それぞれの登場人物にとって、「母の死」「妻の死」「娘の死」であり、意味づけ、悲しみの性質が異《こと》なります。

会話が多い文章ですから、だれとだれが会話をしているかに注目して「／」を入れていきます。そのうえで時間や場所に注目して、大きな切れ目を入れて場面に分けるといいでしょう。

標準問題8の解き方

問1

設問チェック

□ 空らんを一文までのばして解く。
□ 場面と心情を考える問題。

娘が自分の部屋にこもってしまった後の**「俺」と「義母」の間の雰囲気《ふんいき》を考える問題**です。それぞれの選択肢《せんたくし》の言葉をきちんとおさえましょう。

問2

設問チェック

□ 「なぜ」とあるので、答えの「わく」は「〜から。」。
□ 「俺」の心情と情景を考えて解く。
□ 全体の心情がわかった方がいいので後回し。

民子が自分の部屋に入ってしまった後、二人きりで義母と会話をしながら食事をしていた場面から、「ごちそうさま」と立ち上がって、居間に移っています。そこで、——線②「すでに読み終えている朝刊を開いた」のです。**一度読んだ新聞ですから、新聞を読んだふりをしている**ことがわかります。

義母との会話の後の「俺」の気持ちに注目すると、「義母が俺と民子のために三度の食事をきちんと用意することが苦痛《くつう》だった」とあります。また、29行目には「息が詰《つ》まりそうだった」とあります。つまり、義母といることが苦痛《くつう》で、息が詰《つ》まりそうだったということです。これらのことから、**新聞を開くことで、義母との会話を断ち切りたかった**ことをつかみましょう。

問3

(1)

設問チェック

□ 「達観」の意味を確かめる。
□ 選択肢の文章を前後に分けて○×をつける。

登場人物の人がらをせりふや行動から読み取る問題です。

「達観」とは、ものごとの本質を理解し、細かいことに気をとられないこと、という意味です。

まず、アは、「無理矢理《むりやり》に目をそらし」が「達観」に合いません。イは、「軌道《きどう》に乗せる」が△、その後が×です。耐《た》えている様子がわかりにくいからです。

ウは、「娘の死への絶望」は△ですが、「左右されず現実の日常生活を送り」が○です。そして「人の死を悟《さと》る」が○です。

エは、「孫の教育だけを生きがいとして」が△としても、「人の死をあきらめる」は×としていいでしょう。

(2)

設問チェック

□「死を達観している」義母の態度を二つ選ぶ。

□直前の義母の様子をつかむ。

まず、**イ・オ**を外しましょう。**イ**「気分を害している」は、本文にその描写《びょうしゃ》はありません。**オ**「義母の腰《こし》が痛《いた》くなってしまった」は、ここではまだ出てきていません。

次に、**直前の場面を確かめます**。義母が「俺《おれ》」に父母を亡《な》くした時の気持ちをたずねていることに注意しましょう。「死を達観する」とあるので、「死」に対して気を取られていないように見える態度を選ぶことが必要です。

問4

設問チェック

□同じ場面を読み直してから解く。

□「俺」の想像を答える。

□選択肢《せんたくし》の文章すべてに○×をつける。

まず設問を整理します。一見すると「民子」の気持ちに見えますが、実は**「俺」の「想像」を答える設問であることに注意してください**。

とすると、**――線と同じ場面にある「俺」の気持ちを表現しているところがヒント**になります。「まだ小学生の民子にそこまで家事を強制しなくてもよいのではないか」（25・26行目）とありますから、「義母」が「娘」に家事を無理やらせているのではないかと、**「娘」に同情しているところ**であるとわかります。

エは、話の中心が食べ物になっているので、最初に外せます。また、**イ・ウ**は義母のしていることを好意的に見ているので外し、**ア**を正解とします。

問5

設問チェック

□全体の背景《はいけい》を考える。

□義母の行動やせりふに注目する。

□選択肢の文章を前後に分けて○×をつける。

ポイントは**選択肢の文章の前半がすべて同じ**ことです。したがって、**後半のみを比べればよい**ことになります。

ウの「性格」やエの「労働」は、本文と関係がないので、外しましょう。

選択肢の前半部分の「家事を無理にでもさせる」ことがどのような意味を持つかを考えると、**イ**であることがわかります。

問6

設問チェック

□同じ場面を読み直してから解く。
□選択肢の文章の中のキーワードに印を入れる。

選択肢の文章を短くしてみましょう。すると、ア「感動」、イ「いたわり」、ウ「なぐさめ」、エ「尊敬《そんけい》」とすることができます。

直前の部分で義母が何をしているかというと、「俺」や「民子」のために食事の支度《したく》をし、「民子」のために握《にぎ》り飯《めし》を作っているところです。その義母の背中《せなか》が小さく見えているのです。

──**線をのばす**と、「次第《しだい》に気の毒に思えてきた」とあります。このことから、**義母へのいたわり**が読み取れます。

問7

設問チェック

□「俺」の心情を考えて解く。
□慣用句の知識を確かめる。

「意を決する」＝決心する、という意味の慣用句です。

「俺」が「祖母」と「民子」の関係について、間に立って話をしようと決心した場面であることにも注意しましょう。

問8

設問チェック

□民子の心情を考えて解く。
□それぞれの選択肢でふれられている人物について考える。

あくまで**民子自身の気持ち**であることに注意しましょう。

ウ・エのように祖母や父親に対する気づかいを中心にしているものは×なので、外しましょう。ア・イを比べると、アの「生きることをあきらめている」は、明らかなまちがいです。

問9

設問チェック

□それぞれの選択肢の文章にあるキーワードに印を入れる。
□キーワードをもとに本文にもどって照らし合わせる。

それぞれのポイントを示していきます。

1 本当は悲しみを表に出したいが、民子や義母のこともあり、耐《た》えている姿《すがた》が描《えが》かれています。○
2 妻が亡《な》くなったことへの悲しみはあちこちに出てきます。×
3 31行目に、娘と向き合う時に、意を決して話をすることが描かれていました。○
4 義母に対して嫌悪《けんお》感は持っていません。×

発展問題2 文学的文章

●本冊 p.135

時間管理 目標時間＝30分

❶通読して場面に分ける 6分
❷設問をチェックする 2分
❸問1はその都度書いていく（漢字の書き取り） 1分
❹問2を解く（場面を確かめながら解く） 2分
❺問3を解く（場面を確かめながら解く） 2分
❻問4を解く（心情・性格に注意する） 4分
❼問5を解く（背景《はいけい》・性格に注意する） 4分
❽問6を解く（場面の心情を考える） 3分
❾問7を解く（場面を確かめながら解く） 3分
❿問8をこれまでの見直しをしながら解く 3分

通読をした後、設問チェックをします。後回しにする問題はありません。

答え

問1　a 裏　b 転　c 視野
問2　イ
問3　ウ
問4　大和田は被害を受けた側なのに、担任に大和田の校則違反や服装の乱れが騒ぎの原因だと言われたから。（47字）〈同意可〉
問5　園芸部の活動におもしろさを感じていたが、篠崎や庄司に比べると本気では取り組んでいなかったという状態。（50字）〈同意可〉
問6　オ
問7　オ
問8　エ

場面と構成

背景　園芸部としての活動が順調に進んでいるように思えたが、文化祭当日に園芸作品をこわされる。

● 篠崎《しのざき》（おれ）の悔《くや》しさ
・涙《なみだ》があふれてとまらない。
・顔を上げられない。

● 庄司《しょうじ》の気持ち
必ず花は元気になるので、また一緒《いっしょ》に頑張《がんば》りたい。

● 大和田の気持ち
園芸をしながらも校則違反《いはん》の格好をしているのは、中途半端《ちゅうとはんぱ》なところがあるからだ。
→自分を責める気持ちから園芸を断念しようとする。

⇦
● **篠崎(おれ)の気持ち**
呆然《ぼうぜん》としつつ、大和田の気持ちを思いやる(大和田は本気になれなかったのか、という思い)。
↓ストックの芽が出ていることを発見する。
⇦
大和田を呼《よ》び戻《もど》せるチャンスを見つけた。

発展問題2の解き方

問2

設問チェック

- □ 場面を整理する。
- □ 心情を表す言葉を考える。

まず、**直前のできごとをとらえます**。園芸作品をめちゃくちゃにされたことが描《えが》かれていますね。このできごとから、**篠崎の涙は悪い感情(マイナスの心情)の涙**とわかります。そこで、「嬉《うれ》しかった」とあるアを外しましょう。

また、**ウ・オ**は、――線①の悔《くや》し涙《なみだ》を流している場面の後に書かれていることですから、答えにはなりません。

最後に**イ・エ**をしぼりましょう。**イ・エ**の大きなちがいは、エの「大和田の知り合いだったこと」の部分です。つまり、このできごとの責任が大和田にあると(篠崎が)考えているかどうかにあります。**問4**なども参考にするとエを外せます。

問3

設問チェック

- □ 登場人物のそれぞれのふるまいを確かめる。
- □ 気持ちの変化に気をつける。

直前の様子を見ると、**「庄司《しょうじ》」のせりふがきっかけ**になっていることがわかります。そのうえで**気持ちが前向きになっている**ということを確かめましょう。すると、「不可能だとあきらめている」アを外しましょう。

そして、ここは庄司の気持ちが中心ではないので、**オ**もちがいます。また、庄司に調子をあわせているわけでもないので、**エ**もちがいます。大和田のことを待っているのですから、**イ**も外れます。

問4

設問チェック

- □ 「なぜ」とあるので、答えの「わく」は「〜から。」。
- □ ――線の中の指示語「それは」に注目する。
- □ 登場人物の性格をとらえる。
- □ マイナスの気持ちには「のに」を使う。

――線の中に「それは」という指示語があるので、前を確認して、23〜33行目の**大和田のせりふに注目**します。すると、**「ケンカの原因は大和田にある」**という内容に行きあたります。

「おかしい」という表現から、**先生の考え方に対する篠崎の反発心がわかります。マイナスの気持ちには「〜のに」を使いましょう。**

●大和田は被害者なのに、大和田が原因だと言われたから。（26字）

という下書きができるので、この下書きの不足を補《おぎな》います。

まず、**「だれに言われたか」**を補いましょう。**「担任《たんにん》に」**ですね。

次に、**大和田のどういうところに原因があったのか**が、大和田のせりふからわかるので、それを補います。**校則違反《いはん》や服装《ふくそう》のことに**ついて話していることに気づきましたか。

●大和田は被害者なのに、担任に大和田の校則違反や服装の乱れが原因だと言われたから。（40字）

あともう少し言葉を言いかえたり、付け足したりしてみましょう。

●大和田は被害を受けた側なのに、担任に大和田の校則違反や服装の乱れが騒ぎの原因だと言われたから。（47字）

問5

設問チェック

- □「どのような状態」とあるので、答えの「わく」は「〜状態。」。
- □大和田の性格をとらえる。
- □人物それぞれの行動を比べる。

あくまで、**大和田のせりふから答えを作ることを心がけてください。**46行目「おまえやBBと一緒になにかやるのはおもしろい」とありますから、園芸部の活動はおもしろいということがわかります。

まず、下書きをしてみましょう。

●園芸部の活動におもしろさを感じていたが、（20字）

この続きを短く書くと、こうなります。

●本気ではなかった状態。（11字）

これでは、四十一字以上をクリアできません。そこで、この場面の大和田のせりふに注目してください。

篠崎や庄司のことがたくさん出てきますね。**自分と二人とを比べている**ことがわかれば、ゴールはすぐそこです。

園芸についてのそれぞれの登場人物の取り組み方のちがいをここで確かめておきましょう。

●園芸部の活動におもしろさを感じていたが、篠崎や庄司に比べて本気ではなかった状態。（40字）

あともう少し言葉を足していきましょう。

●園芸部の活動におもしろさを感じていたが、篠崎や庄司に比べると本気では取り組んでいなかったという状態。（50字）

問6

設問チェック

- □しぐさからわかる心情をまとめる。
- □選択肢《せんたくし》の文章を分けて○×をつける。

「目を合わさず背《せ》を向けた」時の大和田の気持ちを考える問題です。選択肢の文章を確認《かくにん》してみましょう。

ア　本気で取り組んでいた篠崎とはあまりにもちがう感覚をもっていた自分がはずかしく／自分などもう篠崎や庄司たちと一緒に活動する資格などはないのだと思っている。

イ　悪い連中に飛びかかってまで園芸部の作品を守ろうとしてくれた篠崎やともに活動してきた庄司のためにも／一人で中学時代の仲間に仕返しをしに行こうと決意を固めている。

ウ　自分なりにがんばってきたのに先生たちに認めてもらえず／篠崎とは園芸に関してさえもうわかり合えないのだということに気づき／何もかもがいやになってしまっている。

エ　結局、自分の鉢だけ芽が出なかったことも／昔の友だちとつき合い続けたいということも／篠崎には理解してもらえなかったというあきらめが心を支配している。

オ　篠崎がどれほど本気だったのかを知り／また先生に自分のこれまでの状態を指摘されて／篠崎に対してすまないという思いと自分自身をふりかえる思いとが入り混じっている。

まず、仕返しを決意している**イ**を外しましょう。**ウ**は「がんばってきたのに認《みと》めてもらえない」「何もかもいやになる」が本文と合わないので、外します。

エは、かなり細かいところまで、言及《げんきゅう》していますが、「篠崎には理解してもらえなかった」の部分がおかしいので、まちがいです。

最後に**ア**と**オ**を比べます。**ア**に比べて**オ**の方がより細かい内容にふれています。篠崎の本気については、**ア**と**オ**はともに入っています。**オ**の先生の指摘《してき》について、大和田はそれも一理あると思っていましたね。ここでは、**オ**が最もふさわしいものとなります。

問7

設問チェック

□ ——線をのばして考える。
□ 選択肢の文章すべてに○×をつける。

——線をのばして考えてみましょう。56～64行目までを確認すると、大和田、おれ(篠崎)、庄司の三人が育ててきた草花についてくわしく書かれています。

まず、植物の様子だけについて書いている**ア**を外します。

また、ここは、三人でがんばってきたことを強調している場面なので、**イ**「自分の気持ちが、本気になった」、**ウ**「自分が、大和田を見る目が変わった」、**エ**「大和田のやる気が、限界にきた」もこの場面にはあてはまりません。

問8

設問チェック

□ 大和田の様子をとらえる。
□ 選択肢の文章を分けて○×をつける。

——線の中の「おまえのストック」がポイントで、大和田の植えたストックの芽が出ることは大和田の努力が実ったことを表します。

選択肢の文章を確認してみましょう。

ア　自分がまいたストックの芽だけが出ないことを気にして活動に熱中できなかった大和田も／これであらためて本気で活動に打ちこんでくれると思い／心からほっとしている。

イ　ストックの芽さえ出ればもっと本気になれるというようなことを大和田が言っていたことを思い出し／これで今まで以上に一緒にがんばれるようになるはずだと喜んでいる。

ウ　大和田も今回の事件で鉢をめちゃくちゃにこわされるまでは本気だったはずだから／ストックの鉢が無事だったということを知ればもどってきてくれると確信している。

エ　ストックの芽が出たというだけでは大和田が部の活動にもどってくる確信はもてないが／活動に呼びもどすきっかけになるような気がして、大和田に芽を見せたいと思っている。

オ　服装や行動のことにまでふれた先生の目を気にして逃げるように帰ってしまった大和田も／自分がまいたストックの芽を見ればまたやる気が出るだろうと希望をもっている。

まず、**オ**の「先生の目を気にして」は本文と照らし合わせておかしいので、外します。**ア**の「心からほっとしている」も状況《じょうきょう》から考えるとおかしいものです。**ウ**は「こわされるまで本気だった」が本文と合いません。

イと**エ**にしぼって考えましょう。**イ**は「もっと本気になれる」という部分が本文に書かれていないので、×にすることができます。

④